미국적인 너무나 미국적인
미국 영어 회화
1

미국 영어 회화 1

지은이 김아영
개정판 1쇄 발행 2021년 1월 28일
개정판 2쇄 발행 2023년 5월 15일

발행인 박효상   편집장 김현   기획 · 편집 장경희, 김효정   디자인 임정현
디자인 싱타디자인 고희선
마케팅 이태호, 이전희   관리 김태옥

종이 월드페이퍼   인쇄 · 제본 예림인쇄 · 바인딩

출판등록 제10-1835호   발행처 사람in   주소 121-839 서울시 마포구 양화로 11길 14-10 (서교동) 3F
전화 02) 338-3555(代)   팩스 02) 338-3545   E-mail saramin@netsgo.com
Website www.saramin.com

ISBN
978-89-6049-883-9 14740
978-89-6049-882-2 (세트)

우아한 지적만보, 기민한 실사구시 사람in

SPEAKING

〈미국 보통 사람들의 지금 영어〉
개정판

AVIS BERRY

WAYNE SCHIEFELBEIN

OWEN PROVENCHER

VIKI THOMPSON WYLDER

DENICE RODRIGUEZ

미국적인 너무나 미국적인

미국 영어 회화

1

김아영 지음

사람in
SARAM
IT.COM

Prologue 프롤로그

오랫동안 한국과 미국에서 영어를 가르치고 교과서를 제작하고 영어책을 출판하면서, 많은 학생들이 미국인들이 일상에서 실제로 쓰는 영어를 배우고 싶어한다는 걸 알게 되었습니다. 또 그런 경험들이 제게 가르쳐 준 건, 무엇보다 미국인들이 사용하는 영어를 자연스럽게 접하게 하는 것이 학생들이 영어에 흥미를 느끼게 하는 가장 효과적인 교수법이라는 사실이었죠. 그래서 미국인들과의 실제 인터뷰를 싣고, 그 내용을 바탕으로 어휘를 비롯한 여러 가지 표현과 문법 활용, 듣기, 말하기 등을 재미있게 공부하게 하는 이 책을 기획하게 되었습니다.

외국어 교육 분야의 많은 전문가들이 주장하듯이, Natural setting - 외국어 교육학 이론에서 Classroom setting (교실에서 교육적인 목적으로 만든 인위적인 상황에서의 대화)과 대비되는 표현으로 실제 상황에서의 대화를 말한다 - 에서의 언어 샘플을 가급적 많이 접하는 것이 해당 언어 습득의 지름길입니다. 그러니 독자들은 그저 재미있는 잡지를 읽듯이 이 책에 나오는 미국 보통 사람들과의 인터뷰를 편안하게 읽거나 들으면서 살아 있는 영어 표현과 그들의 Grammar-in-use (문법 사용)를 습득하면 됩니다.

이곳의 제 미국인 친구들이 들려주는 그들의 삶에 대한 흥미로운 이야기들을 느긋하게 읽고 듣는 가운데 독자들의 영어 실력이 늘고 나아가 미국 문화에 대한 이해, 그리고 작은 일상의 행복까지도 모두 가져갔으면 하는 욕심을 부려 봅니다.

플로리다에서 저자 **김아영**

영어를 글과 눈으로 배운
당신에게 전하는 글

대여섯 줄이 넘어가는 긴 문장도 정확히 이해하고 외국인과의 필담도 무리 없이 가능한 당신을 우리는 영어 중급자라고 부릅니다. 하지만, 그에 반해 회화 실력은 어떤가요? 눈으로 보면 술술 이해하는 독해력과 의사전달이 가능할 만큼의 작문 실력에 비례해 말로 하는 의사소통 즉, 회화를 제대로 하고 있나요? 글쎄요, 아마 **자신이 영어 중급자라고 생각하는 사람들 대부분은 독해력과 작문이 중급이지 회화는 절대 중급이 아닐 겁니다.** 마음 상해하지 마세요. 비난하려는 게 아니라 사실을 말하는 거니까요.

하지만, 왜 이런 사람들이 많은지 원인은 알아야겠죠. 바로 **영어를 글과 눈으로만 배웠기 때문입니다.** 많이 읽어서 독해력을 높이는 게 시험 점수와 직결된 교육 현실에서 이건 어쩌면 당연한 결과입니다. 게다가 학원이나 학교에서 듣는 회화 수업도 인위적인 상황 안에서 주어진 패턴을 가지고 훈련하고 그나마도 제대로 꾸준히 안 되었잖아요. 그래서 이렇게 독해, 작문의 다리는 길고, 회화의 다리는 짧아서 몸을 기울이며 걷는 것처럼 영어 실력이 불안한 상태가 된 것이죠.

이 책은 바로 그런 여러분을 위해 기획되었습니다. 독해력이나 작문에서는 꿀리지 않지만, 외국에서 오는 전화를 혹시라도 나한테 바꿔 주지 않을까 늘 노심초사하는 독해·작문 중급, 회화 초급자인 여러분들을 위해 말이죠.

이런 특수한 상황의 여러분들에게 영어 전 분야가 초급인 학습자용 대상의 회화 책은 맞지 않습니다. 그래서 여러분들에게는 어떤 책이 맞을까 고심했죠. 그리고 과연 어떤 것이 회화만 잡히면 진정한 중급 또는 고급이 될 수 있는 학습자들에게 효과가 있을지요. 그래서 찾아낸 것이 바로 미국 보통 사람들과의 인터뷰입니다.

무슨 근거로 미국 보통 사람들과의 인터뷰를 영어 불균형을 앓고 있는 독자들에게 효과 좋은 처방전으로 가져왔을까요? 또 그것이 영어의 균형 감각을 갖추는 데 어떻게, 또 얼마나 도움이 될 수 있을까요? 이에 대한 자세한 설명이 다음 페이지에서 펼쳐집니다.

보통 미국인의 인터뷰가
회화 불균형에 특효약인 이유

1 동시대인으로서 느끼는 공감이 흥미를 유발

공부나 인간 관계의 핵심을 관통하는 키워드는 바로 '공감'입니다. 여기 나온 다섯 명의 이야기를 읽다 보면 피부색과 환경은 다르지만 '아! 사람 사는 건 한국이나 미국이나 다 같구나!'라고 느끼게 될 겁니다. 이렇게 공감이 되면 마음이 열리고 영어가 어렵지 않습니다. 그 사람들이 이럴 때는 이 표현을 쓰고, 저럴 때는 저 표현을 쓰는구나 알게 되는 게 즐겁기 때문이죠. 그래서 하늘이 두 쪽이 나지 않고는 만나기 힘든 유명 인사가 아니라 지극히 평범한, 그러면서도 인생과 이야기의 주제가 있는 사람들을 선정해 담담히 이야기를 풀었습니다.

2 말을 던지고 받아치면서 익히는 양방향 소통이 가능

미드나 TED, 영어 학습에 정말 좋은 자료입니다. 하지만 모두에게 좋은 자료가 될 수는 없습니다. 더군다나 회화가 초급인 사람들에게는 말이죠. 이건 일방적으로 듣기만 하는 일방향 영어이기 때문입니다. 회화의 목적은 의사소통이고, 의사소통은 내가 던지는 말을 상대가 이해하고 또 반대로 상대가 던지는 말을 내가 맞받아칠 수 있어야 합니다. 그걸 현실성 없는 미드나 피드백 없이 혼자 말하는 스타일의 TED로는 할 수 없습니다. 그래서 택한 것이 바로 미국인들과의 인터뷰입니다. 인터뷰 하니까 어려워 보이지만, 음, 오프라 윈프리(Oprah Winfrey) 쇼에 톰 크루즈(Tom Cruise)가 나오는 걸 본 적이 있을 거예요. 둘이 편안하게 앉아서 이야기를 주고 받는 모습이요. 이 책이 그것의 보통 사람 버전이라고 보면 됩니다.

여기 나오는 미국인들은 질문을 던지고 반응하며 이야기를 이끌어 가는 인터뷰어와 함께 자신의 이야기를 풀어 놓습니다. 피드백을 던지는 사람이 있어서 그때그때의 반응에 맞게 말하는데, 이건 양방향 소통을 한다는 거죠. 이렇게 말을 던지고 받아치면서 이야기를 이끌어 가려면 많은 스킬이 필요합니다. 주제에 벗어난 이야기를 하다가도 다시 원래 주제로 돌아올 수 있어야 하고, 상대방이 이해를 못하거나 잘못 이해하면 그것을 정정해 주기도 해야 합니다. 때로는 반박하거나 찬성도 하고 말이 안 되는 얘기가 나오면 무시도 할 수 있어야 합니다. 바로 이런 게 우리가 회화에서 가장 중점적으로 배워야 하는 것이고, 이 모든 걸 가능하게 하는 것이 인터뷰이며, 이 책이 바로 인터뷰의 최적 모델이랍니다.

3 **자연스런 분위기의 인터뷰에 쓸어 담고 싶은 표현이 한가득!**

이런 인터뷰가 회화에 좋은 자료인 건 억지 설정을 하지 않고 편안한 분위기에서 이야기를 나누기 때문에 인터뷰어와 인터뷰이들의 화법과 자연스럽고 공감 가득한 표현, 화술을 그대로 익혀 실제 회화에 응용할 수 있다는 것입니다.

시중에 회화책들은 많이 나와 있지만, 내용면에서는 좀 천편일률적인 편입니다. 하지만 이 책은 배경과 출신이 다른 다섯 명이 말하는 걸 듣고 배울 수 있다는 묘미가 있습니다. 매사에 자신감이 넘치고 긍정적인 에너지가 샘솟는 사람, 타인을 바라보는 따뜻한 시선을 그대로 표현하는 사람, 만연하는 편견에 여리지만 꿋꿋하게 자신의 의견을 피력하는 사람 등, 듣고 말하다 보면 어느 하나 똑 같은 내용이 없고 똑 같은 시선이 없고, 똑같은 어법, 태도가 없습니다. 서로 비슷한 듯하면서도 개성 다양한 사람들의 이야기와 그들만의 이야기 전개 방식을 자기 것으로 만드는 과정에서 여러분의 회화 실력은 한층 업그레이드 될 것입니다.

4 **적은 돈으로 내 방에서 편하게 하는 톡톡한 효과의 어학 연수**

많은 사람들이 회화 실력을 늘이기 위해 외국으로 어학 연수를 가 볼까 고민합니다. 하지만, 들인 시간과 돈, 노력에 비해 실제로 얻는 게 그리 크지 않은 경우가 많습니다. 그리고 막상 어학 연수를 떠난다고 해도 보통 사람들과 만나서 이 책에 나올 정도의 대화를 하려면 나름의 노력과 수고를 들여야 합니다. 하지만 이 책은 여러분의 그런 수고를 덜어 줍니다. 어디서 이렇게 다양한 배경의 사람들을 만나서 심도 깊게 이야기하고, 그것을 온전히 내 머리와 마음에 이해시킬 수 있을까요? 여러분이 할 일은 하루에 한 시간만 시간을 내는 것입니다. 그리고 그 시간에 초집중하여 이들의 대화를 계속해서 반복해 듣고 말하는 것입니다. 그렇게 꾸준히만 한다면 최소의 비용으로 6개월 어학 연수의 효과를 볼 수 있다고 감히 장담합니다.

우리의 시선을 고정시키는
5명의 미국 보통 사람들

Avis Berry

초등학교 교사 겸 재즈 가수. FSU (플로리다 주립대) 4년 장학생으로 학부 전공은 성악, 대학원에서는 초등교육을 공부했고 FSU 재즈학과 교수들의 공연에 재즈 보컬 섭외자 1순위인 실력파 재즈 가수이자 플로리다 주 레온 카운티에서 주는 좋은 교사상(2012년)을 받을 정도로 헌신적인 교사이기도 합니다.

I think happiness is being at peace with yourself and other people.
저는 저 스스로와 또 다른 사람들과 평화로울 수 있는 상태를 행복이라고 생각해요.

Wayne Schiefelbein

철자가 어렵지만 이 푸근한 인상의 아저씨는 원래 뉴욕에서 변호사로 근무했어요. 쉰이 넘은 나이에 외국어 교육학 석사 과정을 공부하여 FSU 어학 연수원에서 강사로도 일하게 된 조금은 독특한 이력을 가지고 있답니다. 동물 애호가이기도 한 그가 플로리다 주 한 시골 마을에서 아름다운 부인과 알콩달콩 살아가는 이야기는 또렷하게 잘 들리는 발음만큼이나 매력적입니다.

Life is a lesson in humility, isn't it?
인생은 겸손에 관한 수업이지요, 안 그래요?

Owen Provencher

미국 보스턴 출신으로 세계 여러 나라를 다니며 영어를 가르친 경험이 있어요. 그 경험 때문에 외국어 교육에 관심이 많고 좋은 목소리 덕분에 방송국에서 성우로도 활동했습니다. 무엇보다 Owen의 가장 큰 장점은 사소한 일이어도 자신이 하는 일에 최선을 다하고 열정을 보인다는 점이에요. 약간은 무심한 듯한 Owen의 목소리는 서서히 빠져들게 하는 매력이 있습니다.

I think anything worthwhile in life is a challenge.
저는 무엇이든 인생에서 가치가 있는 일은 힘든 도전이라고 생각합니다.

Viki Thompson Wylder

흔히 쓰는 Vicky가 아닌, Viki라서 늘 이름 철자를 불러 줘야 했다는 이 페미니스트 큐레이터는 조금은 떨리는 목소리로 자신이 얼마나 많은 편견에 부딪히고 지금에 이르렀는지를 담담히 전하고 있어요. 풍부한 지식으로 부드러운 가르침을 전하는 Viki의 모습은 '강한 것이 아름답다'는 게 무엇인지를 실제로 보여 줍니다.

I feel like I'm always going to be striving to make some kind of change.
저는 항상 뭔가를 변화시키기 위해서 고군분투할 거라는 느낌이 들어요.

Denice Rodriguez

한국 드라마에 대한 관심과 애정이 남다른 미국 아줌마예요. 한국 사극 드라마에 대한 조예도 깊어 나름의 캐릭터 분석을 줄줄 내놓는, 열정이 넘치는 분이랍니다. 한국어를 잘하고 싶어 한국어 과외까지 받는 열성을 보인 Denice. 지금의 한국 신세대보다 더 많은 한국 드라마와 노래를 섭렵한 Denice의 이야기는 듣는 내내 흥미를 불러 일으킵니다.

"꿈을 따라 가세요. 그리고 절대로 포기하지 마세요."
- Denice가 한국어로 전한 인사말이에요.

이 책의 특징

중급으로 도약하려는 독자를 대상으로 한 최초의 영어 인터뷰 회화책
일반인을 게스트로 초대해 진행한 인터뷰를 그대로 실은, 최초의 회화책입니다. 가벼운 인사말을 시작으로 정치, 인종, 전문 분야 등의 수준 높은 이야기로 자연스럽게 전개되는 방식이 그대로 책 속에 펼쳐집니다. 누구나 공감할 만한 주제로 어떻게 대화를 이어 가는지, 해당 상황에는 어떻게 답변하는지 양방향 소통의 룰을 자연스럽게 익힐 수 있습니다.

자연스러운 분위기에서 행해지는 실용성, 활용도 120%의 영어 표현
연출한 상황이 아닌 자연스러운 분위기에서 인터뷰를 진행했고, 거기에 쓰인 회화, 어휘 등은 현실감이 톡톡 묻어나는 것으로 회화에 바로 활용 가능합니다. 인터뷰에 나온 주요 표현과 어휘, 문법 설명에 나온 짧은 대화문 역시 미국 현지인의 사고를 생생히 전달합니다.

실력이 향상되지 않고는 못 배기는 4단계 스피킹 트레이닝
인터뷰의 내용이 좋고 알아두고 싶은 표현과 문장이 아무리 많아도 또 그냥 눈으로 읽고 고개만 끄덕거린다면 아무 소용 없겠죠? 서 말인 구슬을 보배로 만들기 위해 실로 꿰어야 하듯이 회화 역시 듣고 입으로 훈련해야 합니다. 그래서 회화가 늘지 않고는 못 배기는 4단계 speaking 훈련 과정을 제시했습니다.

1단계	2단계	3단계	4단계
문장 또박또박 끊어 읽기	제시된 어휘로 문장 완성하기	자기 상황에 맞게 문장 완성하기	질문에 자기만의 표현으로 답하기
- 청크 단위로 끊어 읽으면서 입 근육을 풀어 줍니다.	- 앞서 공부한 내용을 얼마나 자기 것으로 만들었는지 확인하는 과정으로 회화 훈련에서 빼놓을 수 없습니다.	- 회화는 결국 자신의 상황에 맞게 응용할 수 있어야 훈련의 의의가 있습니다. 살짝 어렵지만 해봐야겠다 동기를 부여합니다.	- 회화 훈련의 최고난도 과정으로 머릿속에서 영어로 생각하는 과정과 입으로 나오는 과정을 동시에 훈련합니다.

현지에서 녹음한 생생한 음원
플로리다 현지에서 실제 저자-인터뷰이 실황을 녹음한 생생한 음원을 제공합니다. 기존 틀에 박힌 비슷하고 딱딱한 방식의 원어민 대화문이 아닌 다양한 지역 출신의 현지 미국인들이 말하는 스피드와 톤, 억양이 그대로 담겨 있어 듣는 것만으로도 굳었던 귀 근육을 말랑하게 하는 데 도움이 됩니다.

이렇게 활용하면
효과 UP!

외국어 교육학에서는 schema reading (배경 읽기)을 독해력을 높이는 요소로 보고 중요시합니다. 배경 지식이 전무한 상태에서 읽는 것보다 배경 지식을 갖추고 읽으면 이해력과 기억에 훨씬 더 도움이 된다고 하네요. 한글만 있다고 건너뛰지 말고 꼭 읽으셔야 합니다. 여기서는 인터뷰이의 현재 하는 일과 성장 배경, 저자와의 인연이 소개됩니다.

꽤 긴 인터뷰 풀 스크립트를 곧바로 제시하지 않고, 전체 인터뷰 내용을 적당한 분량으로 나누어 한글 해석을 먼저 제시하고 바로 옆 페이지에 영어 인터뷰가 보이게 했습니다. 이렇게 한 이유는 한글을 먼저 읽으면서 배경을 쌓고, 영어로 어떻게 말하는지 확인하는 과정에서 학습에 대한 심리적 부담이 줄기 때문입니다. 이건 영어로 어떻게 말하지?가 궁금한 문장은 한글 인터뷰 부분에 표시하면서 읽은 후 해당 영어 문장을 옆 페이지에서 찾아 보세요. 그런 다음 QR 코드를 찍어 문장을 여러 번 들어 보세요. 그리고 영어 대화문을 큰 소리로 여러 번 읽으세요. 대화 문에서 주요 어휘와 숙어, 문법 구문에는 강조 표시를 해두었고 바로 뒤에 설명이 나옵니다.

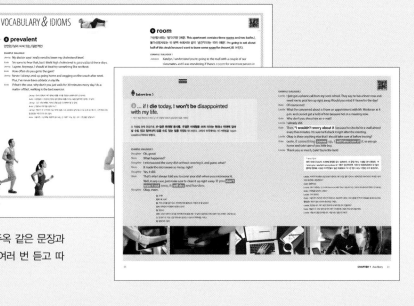

앞에 나온 영어 인터뷰 부분에 번호 표시된 어휘와 문법 사항을 다룬 부분이에요. 간결한 설명에 실용적인 회화문을 실었습니다. 영어 인터뷰 못지 않게 주옥 같은 문장과 표현들이 많이 나오니 역시 여러 번 듣고 따라 말할 것을 권합니다.

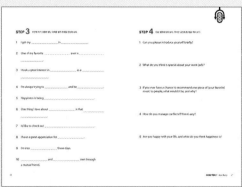

배운 것을 실제 스피킹으로 이어지게 하는 4단계 스피킹 트레이닝 섹션입니다.

*1단계에서는 정해진 상황에서 바로 응용할 수 있는 구문을 뽑아서 또박또박 끊어 읽기-자연스럽게 읽기를 연습합니다.

*2단계에서는 제시된 어휘로 문장을 완성합니다. 앞의 인터뷰를 열심히 했다면 쉽게 풀 수 있습니다. 문장을 완성한 후 여러 번 소리내어 읽는 연습을 하세요.

*3단계에서는 자기 상황에 맞게 문장을 완성합니다. 여기서부터는 응용 학습이므로 살짝 당황할 수 있지만, 걱정하지 마세요. 중급인 여러분은 할 수 있습니다.

*4단계에서는 질문에 자기만의 표현으로 답하는 걸 훈련합니다. 바로 답하기가 힘들다면 빈칸에 적어 가면서 생각을 정리한 후 큰 소리로 말하세요. 모두의 상황이 달라서 정해진 정답은 없지만 뒤에 예시 정답을 수록했으니 참고하세요.

이 4단계 부분을 빠뜨리고 가는 건, 알맹이는 먹지 않고 겉만 핥겠다는 것과 같습니다. 반드시 이 부분을 완벽히 하고 넘어가야 합니다.

앞에서 나누어 공부했던 인터뷰의 full script 버전입니다. 전체 이야기를 끊김 없이 죽 이어 듣고 싶을 때 활용하세요. 청취가 되어야 회화가 된다는 걸 기억하시고요.

저자가 미국에서 생활하며 느낀 생생한 문화 체험이 담겨 있습니다. 파티 문화, 인종 차별, 교육 체벌 등 흥미롭고 때론 민감한 이슈에 대한 저자만의 깊고도 날카로운 의견이 있어 미국 문화를 이해하는 데 도움이 될 겁니다.

Contents

Tell me
and I'll forget.
Teach me,
and I may remember.
Involve me
and I learn.

Benjamin Franklin

말해 주면 잊어버려요.
보여주면 기억할 수도 있겠죠.
내가 하면 깨달아요.

Benjamin Franklin 벤자민 프랭클린 1706−1790
출판업자이자 정치가, 과학자, 미국 건국의 아버지.

Chapter

1

낮에는
초등학교 교사,
밤에는
재즈 가수

Avis Berry

I think happiness is being at peace with
yourself and other people.

WHO

IS

SHE

2003년 8월 중순, 플로리다에 도착해서 어렵게 구한 학생 아파트는 깔끔한 현대식 시설과 근사한 가구를 갖추고 있었음에도 커다란 문제점을 안고 있었다. 그것은 바로 거기서 나와 함께 살게 될 끔찍한 룸메이트였다. 첫 만남부터 아시아인에 대한 편견을 적나라하게 드러내는 무지하다 못해 무식한 발언을 서슴지 않는 그 무례함은 둘째 치고라도, 이사 오자마자 대마초부터 피워대는 이 아이와 한집에서 어떻게 함께 살면서 유학생활을 해야 할지에 대한 고민으로 내 머릿속은 꽉 차있었다. 그 와중에 나는 일단 지도 교수님께서 주최하시는 학과 파티부터 가야만 했다. 파티에 가서도 온통 그 빌어먹을 룸메이트에 대한 생각뿐이었던 나는, 급기야 거기서 처음 만난 마음씨 좋아 보이는 한 흑인 친구에게 고민을 털어놓았는데, 그녀가 바로 Avis Berry였다. Avis는 털털하고 푸근해 보이는 첫인상처럼 마음씨가 아주 착한 친구였는데, 그날 생전 처음 만난 외국인인 나를 위해 성심을 다해 내 문제를 해결하는 것을 도와주려고 했다. 난생처음 플로리다에 와서 친구가 아무도 없었던 나는, 그때 그냥 내 말을 들어만 주는 것으로도 감사했을 텐데, Avis는 자신의 전화번호까지 주면서 도움이 필요하면 언제든지 연락하라는 친절까지 베푸는 것이었다. 그녀는 나와 같은 외국어 교육학과 학생도 아니었고 (Avis는 석사 과정으로 초등교육학을 전공했다), 게다가 당시 이미 졸업을 했기 때문에 나와 다시는 볼 일이 없을지도 모르는 상태였다. 그럼에도 불구하고 그렇게까지 해주니, 룸메이트 때문에 다소 좋지 않았던 플로리다에 대한 내 첫인상이 조금은 나아지는 듯했다. 하지만 미국에 오기

전부터 한국에서 미국인들을 접할 기회가 다소 많았던 나는, 미국인들이 예의상 하는 그런 말들이 때론 진심이 아니라는 것쯤은 알았기에 Avis에게 정말로 연락을 하지는 않았다. 이 부분에 대해서 사족을 덧붙이자면, 일본 문화 속에서 찾아볼 수 있는 '혼네'와 '다테마에'가 미국의 남부에도 사실상 존재한다.

그 후 3주쯤 지났을 때, 나와 석사 과정 첫 학기 수업을 함께 듣던 한 남학생이 자신의 부인이 재즈 가수라며 그녀의 재즈 공연에 나를 초대하는 것이었다. 나는 초대해줘서 고맙고 진심으로 가고 싶지만, 차가 없어서 어떻게 가야 할지 모르겠다고 했는데, 그는 내 학생 아파트로 자기 부인과 함께 나를 데리러 오겠다고 했다. 나의 아파트에 그와 그의 부인이 함께 나를 데리러 왔을 때, 나와 그의 부인은 놀라서 거의 동시에 서로에게 이렇게 말했다. "Was that you?" (너였어?) 재즈 가수라는 그의 부인이 바로 Avis였던 것이다. 우리는 그렇게 친구가 되었고, 그 후 지금까지 아주 오랜 시간을 함께하면서 이제는 커리어와 아이들 키우는 문제를 비롯한 많은 것들을 공유하는 아

주 가까운 사이가 되었다.

Avis는 플로리다 주립대학교 음대를 4년 장학금으로 다녔고, 졸업 후에는 초등교육 석사과정을 공부하고 플로리다의 공립 초등학교 교사가 되었다. 아이들을 좋아하고 음악을 사랑하는 그녀는 전공이 오페라였음에도 불구하고 재즈에 대한 애정이 각별해서, 졸업 후 일주일에 한 번 정도 재즈 공연을 하고 있다. 플로리다 주립대 음대에는 재즈학과(Department of Jazz Studies)가 있는데 그곳의 교수들이 공연할 때마다 1순위 재즈 보컬 섭외자는 언제나 내 친구, Avis Berry다. Avis는 이 재즈 교수진들과 플로리다 주 곳곳은 물론이고 때로 조지아 주나 하와이 주까지 초청받아 공연을 다니는 실력파 재즈 가수다. 물론 본업인 교사 일에도 성실하게 임해서 2012년도에는 플로리다 주 레온 카운티에서 주는 좋은 교사상도 받았다.

그럼, 이 책의 첫 번째 인터뷰이인 자랑스러운 내 친구, Avis Berry의 이야기를 그녀에게 직접 들어보자.

Interview

Avis Berry

우리말 인터뷰 문장을 읽고 영어로 말하고 싶은 표현을 표시한 후 옆 페이지 영어 대화문에서 어떻게 쓰이는지 확인해 보자. QR 코드로 여러 번 듣고 크게 따라 말해 보자.

Kim: 에이비스 씨, 먼저 한국의 독자분들께 자신의 이야기를 들려주시기 위해 오늘 시간을 내주셔서 대단히 감사합니다.

Avis: 천만에요. 얼마든지요!

Kim: 간단하게 자기 소개 좀 해주시겠어요?

Avis: 제 이름은 에이비스 베리입니다. 플로리다 주의 클리어워터 출신이고요. 플로리다 주립대학교에 가기 위해서 탈라하시에 왔어요. 학부 전공은 성악이고, 그 후 초등교육학 전공으로 석사 학위를 받았습니다. 현재는 문헌 정보학 학위 과정을 공부하고 있어요. 제 두 번째 석사 학위가 되겠네요.

Kim: 와, 정말 대단하시네요! 플로리다 주의 클리어워터라... 고향에 대한 자랑을 조금만 해주시겠어요?

Avis: 네. 클리어워터는 플로리다 주의 서쪽 해안가에 있어요. 만 쪽에 위치해 있으며, 햇살이 풍부하고, 아름다운 해변과 멋진 축제가 있는 곳이에요. 블루스 축제와 또 10월에는 제가 가보고 싶은 재즈 축제도 있어요.

Kim: 아름다운 해변가가 있는 정말 멋진 도시인 것 같네요. 저도 곧 그곳에 꼭 가볼게요. 에이비스 씨는 선생님이시면서 재즈 가수이신데요, 어떤 직업으로 불리는 것이 더 좋으세요?

Avis: 음... 둘 다예요. 왜냐하면 제 인생에서 둘 다 중요하기 때문에 둘 다랍니다.

Kim: 플로리다 주립대에서 성악을 전공하시면서, 가곡과 오페라를 배우시고 부르셨다고 하셨는데요. 왜 프리마돈나(오페라의 주연 여가수) 대신에 재즈 가수가 되었나요?

Avis: 그게, 저는 클래식 음악의 진가를 깊이 이해하고 있어요. 클래식 음악이 제 노래의 기초를 쌓았다고 생각하지만, 제게는 저 자신을 표현할 수 있고 좀 더 창의적일 수 있도록 해주는 음악이 필요했고, 그런 의미에서 재즈를 하는 것이 제게 좋은 기회였다고 생각해요.

Kim: Avis, first of all, thank you so much for taking the time to talk to the Korean readers today.

Avis: You're welcome! No problem!

Kim: Can you please introduce yourself briefly?

Avis: Well, my name is Avis Berry. I'm from Clearwater, Florida. I came up to Tallahassee to go to school at FSU. I majored in voice performance for my bachelor's degree. Then, I got my master's degree in elementary education, and I'm currently working on my second master's degree in library and information studies.

Kim: Wow, that's totally awesome! So Clearwater, Florida! Do you want to brag about your hometown a little bit?

Avis: Sure, it's on the west coast of Florida. It's right off the gulf, and there's lots of sunshine, and it has beautiful beaches and some great festivals; there's a blues festival there, and there's a jazz festival that I like to ❶ **check out** in October.

Kim: Sounds like a pretty cool town with beautiful beach areas. I'll make sure to visit there sometime very soon. So you are a teacher and jazz singer. Which profession would you like to be called by?

Avis: Hmm… You can call me both because both are very important in my life, so I'm both.

Kim: I understand you majored in voice performance at Florida State University, which included learning and performing art songs and operas. What prompted you to become a jazz singer instead of a ❷ **prima donna**?

Avis: Well, I have a great appreciation for classical music. I think it set my foundation in singing, but I needed music that allowed me to express myself and be creative, and I feel that jazz was a great opportunity for that.

VOCABULARY & IDIOMS

❶ check out

많은 뜻이 있지만, 이 문맥 속에서는 '(식당, 가게, 행사 등을) 한번 해보다 / 가보다'라는 의미로 쓰였다.

EXAMPLE DIALOGUE

(Kate and Vicky are roommates.)

Kate   Do you feel like eating out tonight?

Vicky   I'd love to, but I can't. I'm flat broke now.

Kate   Dinner's my treat!

Vicky   Well, if that's the case, why not? Do you have anything in mind?

Kate   I kind of wanted to **check out** the new Mexican restaurant down the street.

Vicky   I love Mexican food as well! Let's **check** it **out**!

Kate   Fabulous!

(케이트와 비키는 룸메이트이다.)

Kate: 오늘 외식하고 싶지 않니?

Vicky: 하고 싶지만, 못해. 지금 돈이 하나도 없어.

Kate: 저녁 내가 살게!

Vicky: 음… 그렇다면 못할 것도 없지? 뭐 생각해 둔 것이라도 있어?

Kate: 요 아래 새로 생긴 멕시코 식당 한번 가보고 싶어.

Vicky: 나도 멕시코 음식 좋아해. 한번 가보자!

Kate: 좋지!

❷ prima donna

오페라의 주연 여가수를 말하지만, 실제 생활 회화에서는 '자기가 너무 잘나서 특별한 대접을 받아야 한다고 생각하는 사람들'을 비꼬는 말로 쓰이는 경우가 많다. 재미있는 사실은 프리마돈나가 여가수를 뜻하는 말임에도 이런 문맥 속에서는 남자와 여자 모두에게 쓸 수 있다는 사실!

EXAMPLE DIALOGUE

Brian   I didn't bring my lunch today. Do you wanna go out for lunch with me?

Becky   Sure! Where do you wanna go? McDonald's and Burger King are right there.

Brian   Becky, I never eat fast food. You know that.

Becky   Oh, sorry. What about the pizza place right beside McDonald's?

Brian   Gross! They put too much oil in their pizza dough, and I can't stand greasy pizza!

Becky   Okay, if that's the case, do you wanna check out the steak restaurant next to the bus stop?

Brian   Becky, that's not a five-star restaurant. I eat steak only at five-star restaurants.

Becky   (With a sigh) **Prima donna**! You find a place to eat lunch, and I'll just follow you.

Brian: 오늘 점심을 안 싸왔어. 나랑 점심 밖에서 할래?

Becky: 좋지! 어디 가고 싶어? 맥도날드와 버거킹 바로 앞에 있잖아.

Brian: 베키, 나는 패스트 푸드는 절대 안 먹어. 너도 알잖아.

Becky: 어, 미안. 그럼, 맥도날드 바로 옆에 있는 피자집은 어때?

Brian: 우웩! 그 집은 피자 빵에 기름을 너무 많이 뿌리는데, 난 기름진 피자는 딱 질색이야.

Becky: 오케이, 그렇다면, 버스 정류장 옆에 있는 스테이크집 한번 가볼래?

Brian: 베키, 거기는 오성급 레스토랑이 아니야. 난 오성급 레스토랑에서만 스테이크를 먹는다구.

Becky: (한숨 쉬면서) 잘났어, 정말! 네가 점심 먹을 곳 정하면, 내가 그냥 따라갈게.

Interv²ew

Avis Berry

우리말 인터뷰 문장을 읽고 영어로 발하고 싶은 표현을 표시한 후 옆 페이지 영어 대화문에서 어떻게 쓰이는지 확인해 보자. QR 코드로 여러 번 듣고 크게 따라 말해 보자.

Kim: 누가 봐도 에이비스 씨가 재즈에 푹 빠져 있다는 사실을 알 수 있는데요. 재즈의 어떤 점이 그렇게 특별하다고 생각하세요?

Avis: 재즈 음악은 미국 음악입니다. 제가 재즈에 대해서 좋아하는 한 가지 사실은 재즈가 모든 장벽을 넘나든다는 점입니다. 성의 장벽, 인종의 장벽, 사회 경제적인 장벽 등등... 당신이 부자이건, 가난하건, 흑인이건, 백인이건, 남자건, 여자건, 어리든, 나이가 들었든 상관없이 재즈는 모든 종류의 사람과 지위에 매력적인 요소가 있어요. 그리고 나는 재즈 음악의 그런 점을 사랑해요. 게다가 재즈가 세련되었으면서도, 또 동시에 파격적일 수 있다는 점도 좋아요. 재즈는 즉흥적으로 창의적일 수 있도록 해주는 음악이지요. 재즈에는 매일 밤 다른 쇼를 보여줄 수 있는 즉흥성이 있으며, 그래서 나는 그것이 항상 신선하고 또 항상 새롭다는 점이 그 진가라고 생각해요.

Kim: 정말 환상적인 음악이네요! 재즈 음악을 딱 한 곡만 한국 사람들에게 추천하실 기회가 주어진다면, 어떤 곡을 추천하시겠어요? 그리고 그 이유는요?

Avis: 음... 아휴, 이거 곤란한 질문이네요, 왜냐하면 좋아하는 것을 하나만 선택한다는 것은 너무 어려우니까요. 하지만 말할게요. 제가 좋아하는 재즈 가수 중 한 명은 엘라 피츠제럴드입니다. 나는 그녀가 부른 가장 대표적인 곡이 "How high the moon"이라고 생각하는데, 솔직히 지금까지 그 곡을 그녀가 부른 것처럼 잘 소화해낸 사람을 본 적이 없어요. 그래서 제게는 좋아하는 곡들이 많이 있음에도, 그 곡이 아주 특별하답니다.

Kim: 탁월한 재즈 가수이신 것 외에도, 에이비스 씨는 길크리스트 초등학교의 훌륭한 선생님이시기도 한데요. 2008년도에는 (미국 연방 정부에서 실력 있는 교사들에게 주는) national board certification을 받으셨고, 2007년과 2014년에는 뛰어난 교육자에게 주는 글렌하웰상 후보로 지명되셨어요, 그렇죠? 이렇게 교사로서 성공한 비결은 무엇인가요?

Kim: It's apparent that you're crazy about jazz. What do you think is so special about jazz music?

Avis: Well, jazz music is American music. One thing I love about jazz is that it seems to cross all barriers. Gender, racial, socio-economic; it doesn't matter if you're rich or poor, black or white, male or female, young or old… Jazz has a way of appealing to all categories and statuses, so I love that about the music, and I love that it's sophisticated, yet it can be funky. It allows for creativity ❸ **on the spot**. It has spontaneity that gives a new show every night, and I appreciate that it is always fresh and always new.

Kim: That's fabulous! If you ever have a chance to recommend one piece of jazz music to Korean people, what would it be, and why?

Avis: Hmm… Gosh, that's a ❹ **loaded question** because to have a favorite is so difficult, but I will say this. One of my favorite jazz singers ever is Ella Fitzgerald. I think a very ❺ **pivotal** song that she performed was "How high the moon", and honestly I have yet to hear someone come close to owning that song as much as she did when she performed it. So for me, I have many favorites, but that one is pretty special.

Kim: On top of being an outstanding jazz singer, you're a superb teacher at Gilchrist elementary school. You also received your National Board Certification in 2008 as well as being nominated for the Glenn-Howell distinguished educator in 2007 and 2014, right? What's your secret of success as a teacher?

VOCABULARY & IDIOMS

❸ on the spot

즉석에서 / 바로 그 자리에서

EXAMPLE DIALOGUE

Julie Ryan, how did the job interview go?

Ryan It went very well! They actually offered me the job right after the interview, and I accepted their offer **on the spot**!

Julie Fantabulous! Congratulations!

Ryan Thanks!

> Julie: 라이언, 면접은 어땠어?
> Ryan: 아주 잘됐어! 인터뷰 끝나자마자 일자리를 줘서 그 자리에서 바로 수락했거든!
> Julie: 정말 잘됐다! 축하해!
> Ryan: 고마워!

❹ loaded question

대답하기 곤란한 질문 / 어떤 대답을 유도하는 듯한 질문

EXAMPLE DIALOGUE

Vicky John, do I look fat in these clothes?

John No, not at all.

Vicky Come on, John! I need your honest answer. I think white clothes make me look chubby sometimes.

John Vicky, you're asking me a **loaded question**, so I'm not going to answer it.

Vicky Got it! Thanks for being honest with me, John. I won't buy them.

John What? I didn't make any comment on you or the clothes.

> Vicky: 존, 나 이 옷 입으면 뚱뚱해 보여?
> John: 아니, 전혀 안 그래.
> Vicky: 존, 그러지 말고! 솔직하게 말해봐. 흰옷이 나를 살찌게 보이게 할 때가 있거든.
> John: 비키, 네가 나한테 대답하기 곤란한 질문을 하고 있어서, 난 대답 안 할 거야.
> Vicky: 알았어! 나한테 솔직하게 말해줘서 고마워, 존. 나 이 옷 안 살 거야.
> John: 뭐? 난 너나 그 옷에 대해서는 아무 말도 하지 않았다구.

⑤ pivotal

중추적인 / 중심이 되는

EXAMPLE DIALOGUE

Felicia Avis, who's your favorite actress?

Avis Meryl Streep. I think she's an outstanding actress. She always displays an excellent performance in any movie she stars in. Among her movies, <The Devil Wears Prada> is one of my favorites. What about you? Who's your favorite actress?

Felicia I love Viola Davis.

Avis Who's that?

Felicia Have you watched <The Help>?

Avis Oh, yeah! It was a fabulous movie!

Felicia She played a **pivotal** role in the movie.

Avis Oh, now I remember! Is she the one who starred as Aibileen there?

Felicia Yes, she is. Viola Davis was nominated for the best actress Oscar for her performance in The Help as well.

Avis That doesn't surprise me at all. She truly did an excellent job, and the movie blew me away.

Felicia: 에이비스, 네가 좋아하는 여배우는 누구야?

Avis: 메릴 스트립. 난 그녀가 정말 뛰어난 배우라고 생각해. 그녀는 출연하는 모든 영화에서 언제나 훌륭한 연기를 보여주지. 그녀의 영화 중에서, 〈악마는 프라다를 입는다〉가 내가 좋아하는 영화 중 하나야. 너는? 좋아하는 여배우가 누구야?

Felicia: 난 비올라 데이비스를 좋아해.

Avis: 누구지?

Felicia: 〈헬프〉 봤어?

Avis: 응. 봤어! 정말 좋은 영화였어.

Felicia: 그녀가 그 영화에서 중심이 되는 역할을 했어.

Avis: 아, 이제 생각나. 그 영화에서 에이빌린으로 나온 사람이지?

Felicia: 맞아. 비올라 데이비스가 〈헬프〉 연기로 오스카 여우 주연상 후보로도 올랐었어.

Avis: 전혀 놀랍지 않은 사실이야. 그녀는 연기를 잘했고, 그 영화는 참 인상적이었거든.

Interview 3
Avis Berry

우리말 인터뷰 문장을 읽고 영어로 말하고 싶은 표현을 표시한 후 옆 페이지 영어 대화문에서 어떻게 쓰이는지 확인해 보자. QR 코드로 여러 번 듣고 크게 따라 말해 보자.

Avis: 교사로서 제 성공의 비결은 학생들과의 관계 속에 있습니다. 저는 제가 가르치는 아이들과 저를 이어주는 뭔가를 찾는 것이 아주 중요하다고 생각해요. 제가 그런 것들을 토대로 했을 때, 아이들에게 "얘야, 넌 내게 소중하단다. 그리고 네가 좋아하는 것을 나도 좋아한단다"라고 알려줄 수가 있게 돼요. 이를테면, 야구를 아주 좋아하는 학생을 보면, 야구 속에서 과학 또는 수학의 법칙들을 가르쳐주는 식이죠. 저는 또한 교실 밖에서의 아이들의 삶에도 관심이 있다는 것을 보여주려 해요. 그들의 운동 경기를 보러 가고요. 그들의 공연을 보러 가지요. 그저 그들의 선생임을 넘어서서 그들에게 관심을 가지고 있다는 것을 보여줘요. 즉, 사람 대 사람으로서도 그들을 아낀다는 말이지요.

Kim: 제 학창 시절에 에이비스 씨 같은 선생님이 계셨더라면 하는 아쉬움이 있네요. 정말 진정한 교육자이신 것 같아요. 그리고 저는 에이비스 씨가 두 가지 다른 분야에서 성공하신 점이 정말 존경스러워요. 게다가 에이비스 씨는 아이 둘을 둔 일하는 엄마이시기도 한데요. 대체 어떻게 그 모든 일을 그렇게 효과적으로 해내시는지요?

Avis: 하하… 제가 이 일들을 효과적으로 하고 있는지는 잘 모르겠고요, 이렇게 하실 것을 권해드리고 싶지도 않아요. 왜냐하면 제 생각에 미국인들은 정말 너무 바빠요. 하지만 많은 부분이 저의 훌륭한 파트너이자 남편인 아몬 리토 씨 덕분이라고 생각해요.

Kim: 멋지시네요. 남편을 어떻게 만나셨어요?

Avis: I think the secret of my success is my relationship with the students. I think it's very important for me to find something that connects me to the kids that I teach. When I can build that foundation, it lets the kids know, "Hey, I care about you, and ➏ **I'm into** what **you're into** as well." For example, if I see that my student is into baseball, I can show how science or math can relate to that. I also try to show that I'm interested in their life beyond the classroom. I go to their games. I go to their performances. I show them I care about them beyond just being their teacher. I care about them as a person as well.

Kim: Gosh, I wish I had had a teacher like you during my school days. You seem to be a true educator. Moreover, I really admire you because it's incredible that you're successful in two different fields. Plus, you're a working mom with two children. How do you manage all of that so effectively?

Avis: Ha ha… I don't know if I'm doing this effectively, and I certainly wouldn't recommend it because I think Americans are too busy, but I owe so much to an amazing partner, my husband, Amon Rwito.

Kim: That's lovely! How did you meet your husband?

Interv⁴ew

Avis Berry

우리말 인터뷰 문장을 읽고 영어로 말하고 싶은 표현을 표시한 후 옆 페이지 영어 대화문에서 어떻게 쓰이는지 확인해 보자. QR 코드로 여러 번 듣고 크게 따라 말해 보자.

Avis: 제 남편과 저는 함께 알고 있던 친구를 통해서 만났어요. 제 친구가 저를 아몬 씨의 아파트에서 하는 파티에 초대했고, 제가 거기 갔을 때, 친구는 어디에 마실 것을 사러 갔었나 해서 없었어요. 그래서 저는 거기 아무도 아는 사람 없이 혼자였고, 거기 아프리카 유학생 커뮤니티에서 많은 사람들이 와 있었어요. 그들은 모두 서로 어울리고 있었는데, 아몬 씨가 내가 기다리는 동안 내게 와서 말을 걸어 주었어요. 그리고 난 케냐 사람으로서의 그의 삶이 대단히 흥미로웠고, 그는 뮤지션으로서의 나의 삶에 흥미가 있었죠. 그래서 우린 서로 잘 맞았고, 대화하기 시작했어요. 하지만 난 그게 전부라고 생각했어요. 난, 그래, 즐거운 저녁이었고 재미있었어 라고 생각한 것이 다였는데, 그 다음 날 그가 내게 전화를 했어요. 그리고 그건… 그건 사실 나를 많이 놀라게 했어요. 왜냐하면 난 "나한테 왜 전화를 해요?"라는 반응을 보였는데, 그는 우리의 대화가 정말 즐거웠고 내가 좋아져서 나에 대해서 더 알고 싶어져서 전화했다고 했어요. 난, 뭐 그냥, "좋아요!"라고 했고요. 그건 정말 기분 좋은 일이었고, 그래서 거기서부터 우리는 계속해서 대화를 나눴고, 그리고 함께 석사 과정을 마쳤어요. 제 생각에 그렇게 시작된 것 같아요. 그게 우리의 이야기랍니다.

Kim: 이야기를 들어보니, 두 분은 서로에게 인생의 동반자이신 것 같아요.

Avis: 맞아요. 그래요.

Kim: 남편께서 케냐 분이라고 하시니, 이 질문을 한번 드려볼게요. 문화 차이로 인한 갈등이 혹시 있으시다면, 어떻게 해결하세요?

Avis: My husband and I met through a mutual friend. Our friend had invited me over to a party at Amon's apartment, and when I got there, my friend had left to go, I think, get drinks or something. I was there, kind of alone, not really knowing anyone, and there were a lot of people there from the African community. They were all socializing, so Amon made a point to come and talk to me while I waited, and I took a great interest in his life as a Kenyan, and he also took an interest in my life as a musician. We kind of ❼ **hit it off** and started talking, but I thought, that was it. I thought, okay, that was a nice evening, and we had fun, but he called me the next day, and that kind of blew me away 'cause I was just like "Why are you calling me?"… and he was just calling to tell me that he really enjoyed our conversation, and he liked me, and he wanted to get to know me more. I was like "Cool!" That was cool, so I think from there, we just continued to talk, and we both got our Master's degrees together. I guess you could say that… that was it. That was history.

Kim: Sounds like you guys are life time partners.

Avis: We are. We are!

Kim: Since your husband's from Kenya, let me ask you this question. How do you manage intercultural conflicts if there's any?

VOCABULARY & IDIOMS

❻ be into ~

～에 관심이 많다/～를 많이 좋아하다 ('He's Just Not That Into You' 라는 영화 제목처럼)

EXAMPLE DIALOGUE

(Jen's laughing, watching TV)

Denice   It looks like someone's having lots of fun here. What are you watching?

Jen   I'm watching <Heard It Through the Grapevine>. It's a Korean drama which is full of satire on people in power, and it's hilarious!

Denice   So you're into Korean dramas these days, aren't you?

Jen   Well, to be more precise, I am into Korean culture. I like K-pop, Korean movies, Korean food and anything Korean.

> *(젠이 TV를 보면서 웃고 있다.)*
>
> Denice: 여기 재미난 시간을 보내고 있는 사람이 있네. 뭐 봐?
>
> Jen: 〈풍문으로 들었소〉 보고 있어. 권력자들에 대한 풍자로 가득한 한국 드라마인데, 되게 웃겨!
>
> Denice: 너 요즘 한국 드라마에 푹 빠져 있네, 그렇지?
>
> Jen: 음, 좀 더 정확히 말하자면, 한국 문화에 빠져 있어. 난 한국 노래, 한국 영화, 한국 음식 그리고 한국에 대한 모든 것이 좋아.

❼ hit it off (with ~)

(~와) 금세 친해지다/서로 (죽이) 잘 맞다

EXAMPLE DIALOGUE

Olivia   How was the *potluck party last night?

Tim   It was fantastic! I met an amazingly attractive girl there, and we **hit it off** right away.

Olivia   Great! Do you think you're gonna see her again?

Tim   Oh, yeah! Actually, we're going to the movies tonight.

Olivia   Good for you! I hope you're going to have some real quality time with her.

Tim   Thanks!

Olivia: 어젯밤 *팟럭 파티 어땠어?

Tim: 환상적이었어! 나 거기서 끝내주게 매력적인 여자를 만났는데, 우린 금방 서로 잘 맞았어.

Olivia: 잘됐다! 그 여자 또 만날 것 같아?

Tim: 물론이지! 사실, 오늘 밤 우리 함께 영화 보러 가.

Olivia: 잘됐다! 그녀와 정말 오붓한 시간 가지기 바라.

Tim: 고마워!

＊ 여기서 잠깐!
〈아선생의 미국말 미국문화 1: 미국식 품앗이, Potluck Party!〉 참고

Interview 5

Avis Berry

우리말 인터뷰 문장을 읽고 영어로 말하고 싶은 표현을 표시한 후 옆 페이지 영어 대화문에서 어떻게 쓰이는지 확인해 보자. QR 코드로 여러 번 듣고 크게 따라 말해 보자.

Avis: 물론 있어요. 몇 가지 있었어요. 아시다시피, 처음에는 더 자주 그랬어요. 난 그의 언어를 몰랐기 때문에, 특히 그가 그의 가족들과 이야기를 할 때면 자주 소외감을 느꼈어요. 왜냐하면, 도대체 무슨 일이 벌어지고 있는지를 알 수가 없었으니까요. 하지만 마치 와인처럼, 시간이 갈수록 더 좋아지는 것 같아요, 그렇지 않아요? 그래서 우리 관계는 계속 진전된 것 같아요. 지금은 훨씬 더 좋아졌어요. 우리는 지금 서로 더 잘 소통하며, 그리고 그러기 위해 요구되는 많은 인내심과 사랑도 우리에겐 있고요. 그리고 문제가 있을 때는, 우리는 서로를 이해하는 시간을 함께 가지려 해요. 난 우리가 서로 사랑하지 않는다면, 서로를 이해하기 위한 그런 시간을 가지려고 하지 않을 거라고 생각해요. 각자 무슨 생각을 하고 있는지, 그러니까 각자가 가지고 있는 각자의 관점 말이에요. 그런 점에서 시간이 많은 것을 해결해 주었어요.

Kim: 감동적인 이야기네요. 에이비스 씨의 이야기를 우리에게 들려주셔서 정말 감사합니다. 자, 이제 이것이 에이비스 씨에게 드리는 마지막 질문이 될 텐데요. 에이비스 씨는 자신의 삶이 행복하세요? 그리고 행복이 무엇이라고 생각하세요?

Avis: 네, 저는 제 삶이 행복합니다. 하지만 그것이 더 발전할 여지가 없다는 걸 의미하지는 않아요. 저는 저 스스로와 또 다른 사람들과 평화로울 수 있는 상태를 행복이라고 생각해요. 그리고 저는 평화롭기는 하지만, 그럼에도 제 삶에서 살짝 바꾸고 싶은 것들도 몇 가지 있긴 해요. 그래도, 제가 오늘 죽는다고 해도, 저는 제 삶에 대해 실망하지 않을 거라고 말할 수 있어요. 저는 너무나 많은 일을 했으며, 좋은 사람들과 삶을 함께할 수 있는 축복을 받았거든요. 내가 감사할 것들이 너무나 많기 때문에 (내 삶에) 상당히 만족해요. 하지만 동시에 모든 것은 언제나 더 좋아질 수 있다고 난 믿어요. 그렇게 믿지 않는다면, 난 결코 더 좋아지기 위해 노력하지 않을 거예요. 계속해서 배우려고 하거나, 시도하거나, 노래하거나, 뭔가를 추구하기 위해서 고군분투하지도 않겠죠. 그래서 난 언제나 더 좋아지려고, 또 더 나은 사람이 되려고 노력해요.

Kim: 에이비스 씨, 시간 내 주셔서 정말 감사합니다. 마지막으로, 한국의 독자들을 위해서 재즈 한 곡 불러주실 수 있으세요?

Avis: 오, 물론이죠!

34

Avis: Oh, yeah. There have been some. You know, I think in the beginning of our relationship, it was more **❽ prevalent** because I didn't know his language, and I oftentimes felt left out, especially when he talked to his family members because I never knew what was going on…but I guess, you know like wine, it's better with age, right? So our relationship has kind of evolved. It's even better now. We're communicating better, and there's just lots of patience and love that goes into it. Also, I feel that if there are problems, we find ways to take time to understand one another. I think **❶** if we didn't love one another, we wouldn't take the time to try to understand each other, and where each person is coming from – each perspective that each person has, so time has definitely helped in that regard.

Kim: It's such a touching story. Many thanks for sharing your story with us. Now, this is going to be my last question for you. Are you happy with your life, and what do you think happiness is?

Avis: Yes, I am happy with my life, but that doesn't mean there's no **❾ room** for improvement. I think happiness is being at peace with yourself and other people…so I would say that I am at peace, but there are things that I would like to **❿ tweak** in my life. I can say, **❷** if I die today, I won't be disappointed with my life. I think I've done so many things, and I've been so blessed to have wonderful people in my life. There's so much that I'm grateful for, so I'm quite satisfied. However, I believe things can always be better. **❸** If I didn't, I would never **⓫ strive for** more. I would never strive to keep learning, keep doing, and keep singing and keep pursuing, so I'm always trying to evolve and be a better person.

Kim: Avis, thank you so much for your time. Lastly, would you mind singing a jazz song for Korean readers?

Avis: Uh, sure!

VOCABULARY & IDIOMS

❽ prevalent

만연한/널리 퍼져 있는/일반적인

EXAMPLE DIALOGUE

Jenny   My doctor says I really need to lower my cholesterol level.

Avis   I'm sorry to hear that, but I think high cholesterol is **prevalent** these days.

Jenny   I agree. Anyways, I should at least try something like workout.

Avis   How often do you go to the gym?

Jenny   Never. I always end up going home and vegging on the couch after work.
        Plus, I've never been athletic in my life.

Avis   If that's the case, why don't you just walk for 30 minutes every day? As a
        matter of fact, walking is the best exercise.

Jenny: 의사 선생님이 내가 콜레스테롤 수치를 정말로 낮춰야 한다고 하시네.

Avis: 그 말 들으니 유감이긴 한데, 높은 콜레스테롤 수치는 요즘 일반적인 문제인 것 같아.

Jenny: 그건 그래. 어쨌든, 적어도 운동 같은 건 해봐야 할 것 같네.

Avis: 넌 얼마나 자주 헬스장에 가니?

Jenny: 전혀 안 가. 난 언제나 퇴근 후에 집에 가서 소파에서 꼼짝 않고 누워 있게 돼. 게다가, 내 인생에 운동
을 즐겼던 적은 단 한 번도 없어.

Avis: 그렇다면, 그냥 매일 30분씩 걸어 보는 건 어때? 사실, 걷는 것이 가장 좋은 운동이야.

❾ room

가산명사로는 '방'이지만 (예문: **This apartment contains three <u>rooms</u> and two baths.**), 불가산명사로는 이 문맥 속에서와 같이 '공간'이라는 의미 (예문: **I'm going to eat about half of this steak because I want to leave some <u>room</u> for dessert.**)로 쓰인다.

EXAMPLE DIALOGUE 1

Jessica   Katelyn, I understand you're going to the mall with a couple of our classmates, and I was wondering if there's **room** for one more person in your car.

Katelyn   Yes, there is. Do you need a ride to the mall as well?

Jessica   Yes, please. I should pick up my car at the repair shop right next to the mall. You know, my car broke down in the middle of the road last weekend.

Katelyn   Not a problem! Let's go.

> Jessica: 케이틀린, 반 친구들이랑 쇼핑몰에 간다고 들었는데, 네 차에 한 사람 더 탈 자리가 있는가 해서.
> Katelyn: 응, 있어. 너도 쇼핑몰까지 차편이 필요해?
> Jessica: 응, 필요해. 몰 바로 옆에 있는 차 수리 센터에서 내 차를 찾아와야 하거든. 사실은, 내 차가 지난 주말에 길 한복판에서 고장 났었거든.
> Katelyn: 문제 없어! 가자.

EXAMPLE DIALOGUE 2

Boss   Sam, you're still working here? You made rapid progress within a short time, so why don't you take it easy from now on?

Subordinate   Thank you for the compliment, but I think there's still a lot of **room** for improvement.

Boss   You're such a modest guy. I want you to know that I really appreciate your hard work.

Subordinate   Thank you, ma'am. I really appreciate your support all the time.

> 상사: 샘, 아직도 여기서 일하고 있어요? 짧은 시간에 많은 발전이 있었으니, 이제부터는 좀 쉬엄쉬엄 하지 그러세요?
> 부하직원: 칭찬해주셔서 감사합니다. 하지만 여전히 개선되어야 할 여지가 많이 있다고 생각합니다.
> 상사: 샘은 정말 겸손한 사람이에요. 샘이 열심히 일하는 것에 대해 제가 정말 고맙게 생각한다는 것을 알아주셨으면 해요.
> 부하직원: 감사합니다. 저도 항상 지원해주시는 것에 대해 대단히 감사드립니다.

❿ tweak

수정하다/변경하다/단점을 보완해서 개선하다

EXAMPLE DIALOGUE

Jen   So how did the meeting go?

Owen   Gosh, I think we're in trouble now. The vice president doesn't seem to like our plan at all. I guess this is why there should always be plan B.

Jen   Well, instead of coming up with something completely new, why don't we **tweak** our original plan and resubmit it?

Owen   That's not a bad idea. Let's give it a try one more time!

Jen   Okie dokie!

Jen: 그래, 회의는 어땠어?

Owen: 이런, 내 생각에 우리 지금 곤란한 상황인 것 같아. 부사장님께서 우리 계획을 전혀 좋아하시지 않는 것 같아. 이래서 대체 계획이 항상 있어야 하는 건가 봐.

Jen: 그렇다면, 뭔가 완전히 새로운 것을 만들기보다는, 원래 계획을 수정해서 다시 제출하면 어떨까?

Owen: 나쁘지 않은 생각이야. 자, 다시 한번 해보자고!

Jen: 오케이!

⑪ strive for

~를 위해 노력하다/분투하다

EXAMPLE DIALOGUE

Kyle   Hey, Young-min, I've never tried any Korean food before and want to try some tonight. What do you think the best Korean restaurant in town is?

Young-min   Definitely <Korean BBQ & More> on West Tennesee Street!

Kyle   Well, I always pass by the place on my way to work, and I heard lots of good things about the place, but the thing is it lacks in atmosphere, I think.

Young-min   Don't judge a book by its cover. The taste and service there is amazing! Plus, the chef is my friend, and he always **strives for** perfection.

Kyle   All righty! Then, I'll check it out tonight.

> Kyle: 이봐, 영민아, 내가 지금까지 한국 음식을 한번도 먹어본 적이 없어서 오늘 저녁에 한번 먹어보고 싶은데 말야. 이 도시에서 가장 맛있는 한국 식당이 어디야?
>
> 영민: 당연히 웨스트 테네시 거리에 있는 〈Korean BBQ & More〉이지!
>
> Kyle: 그게, 내가 출근길에 항상 거기를 지나치고, 또 그곳에 대해 좋은 이야기를 많이 듣긴 했는데, 내 생각에 그 식당이 근사한 분위기는 아닌 것 같아서 말이야.
>
> 영민: 뚝배기보다는 장맛이라고, 그곳은 음식 맛과 서비스가 끝내줘! 게다가, 거기 주방장이 내 친구인데 그 친구는 언제나 완벽을 추구하지.
>
> Kyle: 좋아! 그렇담, 오늘 밤 한번 가보지 뭐.

GRAMMAR

이 챕 터 에 서 주 목 할 문 법

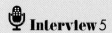

Interview 5

① ... if we **didn't love** one another,
we **wouldn't take** the time to try ~.

… 만약 우리가 서로 사랑하지 않는다면, ~하려 노력하는데 시간을 보내지 않을 거예요.

② If I **didn't**, I **would never strive** for more.

만약 내가 안 그렇다면, 더 얻기 위해서 노력하지 않을 거예요.

》 가정법 과거 문장들이다. 볼드체 부분에서 보시다시피, **If-절과 주절 모두 단순 과거형 동사를 쓰지만, 의미는 현재 사실에 반대되는 상황을 가정**할 때 쓰인다. *이 책에 나오는 모든 문법 사항은 저자의 「미국에서 가르치는 영문법」 시리즈를 참고하세요.

EXAMPLE DIALOGUE 1

Debbie   Geez, I've been on a diet for almost a month, but I don't seem to lose any weight.

Jill   What kind of diet are you talking about?

Debbie   I'm eating only one meal a day.

Jill   Do you work out?

Debbie   No, I'm not athletic at all. Gosh, life is so unfair! You seem to eat a lot, but you're always so skinny.

Jill   Debbie, I spend an hour at the gym every single day. **If I didn't exercise, I wouldn't be slim.** In fact, I was kind of chubby when I was a teenager.

> Debbie: 이런, 나 거의 한 달 동안 다이어트 했는데, 몸무게가 하나도 안 빠지는 것 같아.
> Jill: 어떤 다이어트를 말하는 거야?
> Debbie: 나 하루 한 끼밖에 안 먹어.
> Jill: 운동은 해?
> Debbie: 아니, 나 전혀 운동 체질 아니거든. 에이, 인생은 정말 불공평해! 넌 정말 많이 먹는데도 항상 날씬하잖아.
> Jill: 데비, 난 매일 매일 헬스장에서 한 시간씩 운동해. 내가 운동을 안 한다면, 난 날씬하지 않을 거야. 사실, 나 10대 때는 통통한 편이었거든.

EXAMPLE DIALOGUE 2

Calyn I have a coworker who is a kind of weirdo, and working with him stresses me out.

Emily How so?

Calyn There are tons of things that I don't like about him, but most of all, he loves gossiping about other coworkers there.

Emily Sounds like he's the worst type of coworker. If I were you, I would just stay away from him.

Calyn: 나 좀 이상한 사람인 직장 동료가 있는데, 그 사람과 함께 일하는 건 정말 스트레스야.

Emily: 왜, 어떤데?

Calyn: 그 사람에 대해서 싫은 점이 한둘이 아니지만 무엇보다도, 그 사람이 그곳의 다른 동료들에 대해서 험담하는 걸 너무 좋아한다는 사실이 제일 싫어.

Emily: 들어보니 최악의 직장 동료 같네. 내가 너라면, 되도록 그 사람 피하겠어.

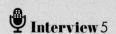

Interview 5

③ ... if I **die** today, I **won't be** disappointed with my life.

… 제가 오늘 죽는다고 해도 난 내 인생에 대해서 실망하지 않을 거예요.

>> 가정법 현재 문장으로, **if-절**은 현재형 동사를, 주절은 미래형을 쓰며 의미는 현재나 미래에 일어날 수도 있고 일어나지 않을 수도 있는 일을 가정할 때 쓰인다. 그래서 미국에서는 이 가정법을 'open condition'이라고 부른다.

EXAMPLE DIALOGUE 1

Daughter   Oh, gross!

Mom   What happened?

Daughter   I microwaved the curry dish without covering it, and guess what?

Mom   It made the microwave so messy, right?

Daughter   Yes, it did.

Mom   That's why I always told you to cover your dish when you microwave it. Well, in any case, just make sure to clean it up right away. If you don't wipe it out now, it will dry and harden.

Daughter   Okay, mom.

딸: 우웩!

엄마: 왜 그래?

딸: 카레 요리를 덮지 않고 전자레인지에 돌렸는데, 어떻게 된 줄 알아요?

엄마: 전자레인지가 엉망이 됐겠지, 맞지?

딸: 맞아요.

엄마: 그래서 엄마가 음식을 전자레인지에 돌릴 때는 꼭 덮어서 돌리라고 항상 말한 거야. 어쨌든, 당장 청소하는 것 잊지 마. 지금 그걸 닦아내지 않으면, 다 말라서 딱딱해질 거라고.

딸: 알았어요, 엄마.

EXAMPLE DIALOGUE 2

Leslie I just got a phone call from my son's school. They say he has a fever now and need me to pick him up right away. Would you mind if I leave for the day?

Gale Of course not!

Leslie What I'm concerned about is I have an appointment with Mr. Workman at 4 p.m. and cannot get a hold of him because he's in a meeting now.

Gale Why don't you shoot him an e-mail?

Leslie I already did.

Gale Then, ***I wouldn't worry about it** because he checks his e-mail almost every five minutes. I'm sure he'll check it right after the meeting.

Leslie Okay. Is there anything else that I should take care of before leaving?

Gale Leslie, **if something** **comes** **up, I** **will take care of** it, so you go home and take care of you little boy.

Leslie Thank you so much, Gale! You're the best!

> *** 여기서 잠깐!**
> 대화 속에서 Gale의 세 번째 문장을 잠시 살펴보자. 이 문장 역시, 가정법 과거 문장인, "If I were you, I wouldn't worry about it." (제가 당신이라면, 걱정 안 하겠어요)에서 if-절이 생략된 형태로 사실상 미국인들이 일상 회화에서 가~장 많이 쓰는 가정법 과거 문장이다.

Leslie: 아이의 학교에서 방금 전화가 왔어요. 애가 지금 열이 있어서 나한테 당장 데려가라고 하네요. 제가 지금 퇴근해도 괜찮겠어요?
Gale: 물론이죠!
Leslie: 제가 걱정되는 건, 4시에 Workman씨와 약속이 있는데 지금 그분이 회의 중이라 연락이 안 돼서요.
Gale: 이메일을 보내지 그래요?
Leslie: 이미 했어요.
Gale: 그렇다면, (저라면) 걱정 안 하겠어요. 왜냐하면 그분은 거의 5분에 한 번씩 이메일을 체크하시니까요. 틀림없이 회의가 끝나자마자 체크하실 거예요.
Leslie: 알겠습니다. 제가 퇴근 전에 뭐 또 해야 할 것이 있을까요?
Gale: 레슬리 씨, 무슨 일이 생기면, 제가 처리할 테니 집에 가서 아이 돌보세요.
Leslie: 게일 씨, 정말 감사합니다. 게일 씨는 정말 최고예요!

SPEAKING TRAINING

STEP 1 다음 글을 또박또박 정확하게 읽고 암송해 보자. (읽은 후엔 V 표시)

1 나를 소개할 때
문단 읽기 ☐ ☐ ☐ ☐ ☐

My name is Avis Berry./ I'm from Clearwater, Florida./ I came up to Tallahassee/ to go to school at FSU./ I majored in voice performance/ for my bachelor's degree./ Then,/ I got my master's degree/ in elementary education,/ and I'm currently working/ on my second master's degree/ in library and information studies.

2 내가 좋아하는 것을 말할 때
문단 읽기 ☐ ☐ ☐ ☐ ☐

One of my favorite jazz singers ever/ is Ella Fitzgerald./ I think/ a very pivotal song/ that she performed/ was "How high the moon",/ and honestly/ I have yet to hear/ someone come close to owning that song/ as much as she did/ when she performed it.

3 누군가를 소개할 때
문단 읽기 ☐ ☐ ☐ ☐ ☐

My husband and I/ met through a mutual friend./ Our friend had invited me over to a party/ at Amon's apartment…/ Amon made a point to come/ and talk to me./ I took a great interest in his life/ as a Kenyan,/ and he also took an interest in my life/ as a musician./ We kind of hit it off/ and started talking.

4 내 인생의 모토를 말할 때
문단 읽기 ☐ ☐ ☐ ☐ ☐

Yes,/ I am happy with my life,/ but that doesn't mean/ there's no room for improvement./ I think/ happiness is being at peace/ with yourself/ and other people./ So I would say/ that I am at peace,/ but there are things/ that I would like to tweak/ in my life./ I can say,/ if I die today,/ I won't be disappointed with my life.

STEP 2 주어진 단어를 사용해서 우리말을 영어로 말한 다음 빈칸에 써 보자.

1 초등 교육학 전공으로 석사 학위를 받았어요.
(elementary education / get / master's degree)

_____

2 내가 가장 좋아하는 재즈 가수 중 한 사람은 엘라 피츠제랄드예요.
(favorite / one of / Ella Fitzgerald)

_____

3 나는 케냐인으로서의 그의 인생에 큰 관심이 있었어요.
(take / great interest / as a Kenyan)

_____

4 내가 오늘 죽는다고 해도, 내 인생에 대해서 실망하지 않을 거예요.
 (disappointed with / if / won't)

_____

5 그와 나는 서로 아는 친구를 통해서 만났어요.
(through / mutual friend)

_____

6 나는 나 스스로와 또 다른 사람들과 평화로울 수 있는 상태를 행복이라고 생각해요.
(being at peace with ~ / other people)

_____

STEP 3 빈칸에 자기 상황에 맞는 어휘를 넣어 문장을 완성해 보자.

1 I got my _____ in _____.

2 One of my favorite _____ ever is _____

_____.

3 I took a great interest in _____ as a _____

_____.

4 I'm always trying to _____ and be _____.

5 Happiness is being _____.

6 One thing I love about _____ is that _____

_____.

7 I'd like to check out _____.

8 I have a great appreciation for _____.

9 I'm into _____ these days.

10 _____ and _____ met through

a mutual friend.

STEP 4 다음 질문에 답해 보자. (주어진 공간에 할 말을 적어 보기)

1 Can you please introduce yourself briefly?

2 What do you think is special about your work (job)?

3 If you ever have a chance to recommend one piece of (your favorite) music to people, what would it be, and why?

4 How do you manage conflicts if there's any?

5 Are you happy with your life, and what do you think happiness is?

I think happiness is being at peace with yourself and other people.

Kim: Avis, first of all, thank you so much for taking the time to talk to the Korean readers today.

Avis: You're welcome! No problem!

Kim: Can you please introduce yourself briefly?

Avis: Well, my name is Avis Berry. I'm from Clearwater, Florida. I came up to Tallahassee to go to school at FSU. I majored in voice performance for my bachelor's degree. Then, I got my master's degree in elementary education, and I'm currently working on my second master's degree in library and information studies.

Kim: Wow, that's totally awesome! So Clearwater, Florida! Do you want to brag about your hometown a little bit?

Avis: Sure, it's on the west coast of Florida. It's right off the gulf, and there's lots of sun shine, and it has beautiful beaches and some great festivals; there's a blues festival there, and there's a jazz festival that I like to check out in October.

Kim: Sounds like a pretty cool town with beautiful beach areas. I'll make sure to visit there sometime very soon. So you are a teacher and jazz singer. Which profession would you like to be called by?

Avis: Hmm… You can call me both because both are very important in my life, so I'm both.

Kim: I understand you majored in voice performance at Florida State University, which included learning and performing art songs and operas. What prompted you to become a jazz singer instead of a prima donna?

Avis: Well, I have a great appreciation for classical music. I think it set my foundation in singing, but I needed music that allowed me to express myself and be creative, and I feel that jazz was a great opportunity for that.

Kim: It's apparent that you're crazy about jazz. What do you think is so special about jazz music?

Avis: Well, jazz music is American music. One thing I love about jazz is that it seems to cross all barriers. Gender, racial, socio-economic; it doesn't matter if you're rich or poor, black or white, male or female, young or old… Jazz has a way of appealing to all categories and statuses, so I love that about the music, and I love that it's sophisticated, yet it can be funky. It allows for creativity on the spot. It has spontaneity that gives a new show every night, and I appreciate that it is always fresh and always new.

Kim: That's fabulous! If you ever have a chance to recommend one piece of jazz music to Korean people, what would it be, and why?

Avis: Hmm.. Gosh, that's a loaded question because to have a favorite is so difficult, but I will say this. One of my favorite jazz singers ever is Ella Fitzgerald. I think a very pivotal song that she performed was "How high the moon", and honestly I have yet to hear someone come close to owning that song as much as she did when she performed it. So for me, I have many favorites, but that one is pretty special.

Kim: On top of being an outstanding jazz singer, you're a superb teacher at Gilchrist elementary school. You also received your national board certification in 2008 as well as being nominated for the Glenn-Howell distinguished educator in 2007 and 2014, right? What's your secret of success as a teacher?

Avis: I think the secret of my success is my relationship with the students. I think it's very important for me to find something that connects me to the kids that I teach. When I can build that foundation, it lets the kids know, "Hey, I care about you, and I'm into what you're into as well." For example, if I see that my student is into baseball, I can show how science or math can relate to that. I also try to show that I'm interested in their life beyond the classroom. I go to their games. I go to their performances. I show them I care about them beyond just being their teacher. I care about them as a person as well.

Kim: Gosh, I wish I had had a teacher like you during my school days. You seem to be a true educator. Moreover, I really admire you because it's incredible that you're successful in two different fields. Plus, you're a working mom with two children. How do you manage all of that so effectively?

Avis: Ha ha… I don't know if I'm doing this effectively, and I certainly wouldn't recommend it because I think Americans are too busy, but I owe so much to an amazing partner, my husband, Amon Rwito.

Kim: That's lovely! How did you meet your husband?

Avis: My husband and I met through a mutual friend. Our friend had invited me over to a party at Amon's apartment, and when I got there, my friend had left to go, I think, get drinks or something. I was there, kind of alone, not really knowing anyone, and there were a lot of people there from the African community. They were all socializing, so Amon made a point to come and talk to me while I waited, and I took a great interest in his life as a Kenyan, and he also took an interest in my life as a musician. We kind of hit it off and started talking, but I thought, that was it. I thought, okay, that was a nice evening, and we had fun, but he called me the next day, and that kind of blew me away 'cause I was just like "Why are you calling me?"… and he was just calling to tell me that he really enjoyed our conversation, and he liked me, and he wanted to get to know me more. I was like "Cool!" That was cool, so I think from there, we just continued to talk, and we both got our Master's degrees together. I guess you could say that…that was it. That was history.

Kim: Sounds like you guys are life time partners.

Avis: We are. We are!

Kim: Since your husband's from Kenya, let me ask you this question. How do you manage intercultural conflicts if there's any?

Avis: Oh, yeah. There have been some. You know, I think in the beginning of our relationship, it was more prevalent because I didn't know his language, and I oftentimes felt left out, especially when he talked to his family members because I never knew what was going on… but I guess, you know like wine, it's better with age, right? So our relationship has kind of evolved. It's even better now. We're communicating better, and there's just lots of patience and love that goes into it. Also, I feel that if there are problems, we find ways to take time to understand one another. I think if we didn't love one another, we wouldn't take the time to try to understand each other, and where each person is coming from – each perspective that each person has, so time has definitely helped in that regard.

Kim: It's such a touching story. Many thanks for sharing your story with us. Now, this is going to be my last question for you. Are you happy with your life, and what do you think happiness is?

Avis: Yes, I am happy with my life, but that doesn't mean there's no room for improvement. I think happiness is being at peace with yourself and other people… so I would say that I am at peace, but there are things that I would like to tweak in my life. I can say, if I die today, I won't be disappointed with my life. I think I've done so many things, and I've been so blessed to have wonderful people in my life. There's so much that I'm grateful for, so I'm quite satisfied. However, I believe things can always be better. If I didn't, I would never strive for more. I would never strive to keep learning, keep doing, and keep singing and keep pursuing, so I'm always trying to evolve and be a better person.

Kim: Avis, thank you so much for your time. Lastly, would you mind singing a jazz song for Korean readers?

Avis: Uh, sure!

아선생의 미국말 미국문화

: 미국식 품앗이, Potluck Party!

아선생이 가장 좋아하는 미국 문화 중 하나는 바로 Potluck 문화이다. 파티를 좋아하고 사람들을 좋아하는 아선생이지만, 많은 사람을 초대해 놓고 그 모든 사람을 위한 요리를 나 혼자서 다 한다는 것이 노동 중에서도 중노동인 것은 어쩔 수 없다. 그러나⋯⋯⋯⋯⋯!!!! 미국에서는 그런 걱정 없이 언제든 마음껏 많은 사람을 초대해도 된다. 바로 이 Potluck 문화 때문이다. Potluck이란 초대된 모든 사람이 각자 요리를 한 가지씩 해 가지고 오는 파티를 말한다. 예를 들어, 아선생이 영자, 영구, 땡칠이, 칠득이를 모두 집으로 초대했다고 하면, 아선생 혼자서 밥, 국, 찌개, 반찬을 다 만드는 것이 아니라, 영자는 밥을 해 오고, 영구는 국을 끓여 오고, 땡칠이는 찌개를 만들어 오고, 칠득이는 김을 가져오고, 아선생은 김치만 내놓으면 되는 시스템이 바로 Potluck이란 말씀! 그러니 각자의 입장에서는 간단하게 한 가지 요리만 했을 뿐이지만, 함께 모이면 근사한 뷔~페가 되니, 이거 정말 좋지 아니한가? 그래서 많은 사람이 모이는 대부분의 미국 파티는 당연히 Potluck이다. 아선생은 이것이 한 개인에게만 부담을 지우지 않으려는 합리적인 미국인들이 창조해낸 하나의 문화유산이라고까지 생각한다. 어쨌든 그래서 미국인 친구가 자기 집으로 초대하면서 "It's a potluck!"이라고 하면, 물론 빈손으로 가서는 절대로 안 되는 법! 그럴 땐, 냉장고에 있는 먹다남은 빈대떡이라도 예쁜 그릇에 담아서 가지고 가야 한다. 물론 Potluck 파티에도 가끔 빈손으로 오는 사람들이 있긴 하다. 빈대가 지구 상 어디에나 있는 것처럼, 빈대 붙는 사람도 어디를 가나 존재하더라.

그런데 한번은, 새로운 직장을 구해서 텍사스로 떠나는 친구를 위한 고별파티(Going Away Party)를 Potluck으로 했는데, 그 많은 사람이 가져온 음식 중에 음식이라고 부를 만한 것은 달랑 두 가지였고, 나머지는 모두 월마트 등의 슈퍼마켓에서 사 온 감자 칩이 아닌가! 매우 짠 감자 칩, 적당히 짠 감자 칩, 소금 안 친 감자 칩, 바비큐 맛 감자 칩, 식초 맛 감자 칩, 양파 맛 감자 칩, 구운 감자 칩, 유기농 기름에 튀긴 감자 칩 등. 이건 감자 칩 뷔페가 따로 없는 것이었다! 이런 감자 칩 같은 결과가 나오게 된 원인은, 말할 것도 없이 바로 그 파티에 초대된 대부분의 사람이 요리를 하기가 싫어서 달랑 감자 칩만 두어 봉지씩 사 들고 온 데에 있었다. Potluck을 한다고 잔뜩 기대하고 밥도 안 먹고 갔던 아선생은 그날 결국 각종 감자 칩으로 배를 채워야 했다. 집으로 돌아와서 김치를 한 줌 쥐어 먹고서도 해결되지 않았던 그 느끼함이란.

세상의 모든 경험에서 교훈을 얻으려는 아선생은 그 날 두 가지 교훈을 얻게 되었다. 하나는 다른 모든 일이 그렇듯이 Potluck도 Potluck 나름이라는 것, 너나 할 것 없이 편리함을 숭배하는 미국 사회에 살면서 Potluck이 언제나 다양한 홈 메이드 푸드의 환상적인 향연일 거란 기대는 하지 말아야 한다는 것이다. 그리고 다른 하나는 모두들 '나 하나쯤이야~'하고 사온 감자 칩이 태산, 아니 감자 칩 산을 만들 수도 있다는 걸 보면서 깨달은 것, 즉, 바로 '나 하나쯤이야~'라는 마음가짐은 그 어떤 상황에서도 결코 바람직한 태도가 아니라는 사실이다. 세상에 이기적인 생각을 하는 것이 단지 나 하나뿐이라면 얼마나 좋겠는가?

그럼에도 불구하고 초대한 사람에게만 독박을 씌우기보다는 다 함께 요리하는 고통을 분담하는 합리적인 Potluck 문화의 장점은 우리도 한번쯤 생각해볼 만한 것 같다. 솔직히 사람 초대한 것이 무슨 죄도 아니고, 한국의 주부들이 짊어진 짐을 보면 좀 너무하다는 생각이 든다. 아선생이 다시 한국에 가서 살 기회가 생긴다면, 우리 대한민국 주부들의 고충을 덜어주기 위해서라도 합리적이고 건전한 이 Potluck 문화가 뿌리 깊게 정착할 수 있도록 힘써 보고 싶다.

학생들과 함께 한 Potluck Party!

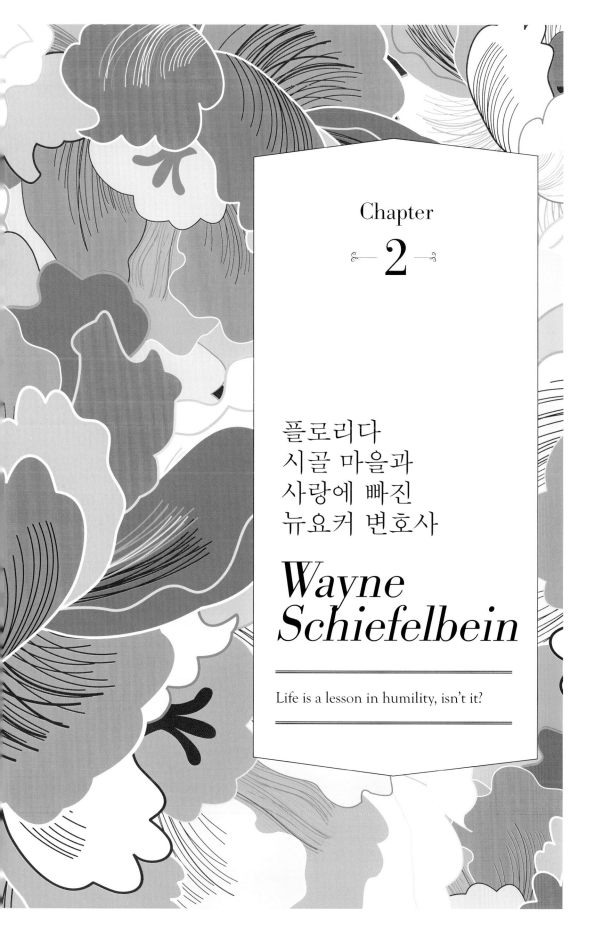

Chapter

2

플로리다
시골 마을과
사랑에 빠진
뉴요커 변호사

Wayne
Schiefelbein

Life is a lesson in humility, isn't it?

WHO

오랫동안 변호사 생활을 해온 뉴욕 출신의 Wayne 씨는 어느 날 변호사라는 그의 직업에 회의를 느끼게 되어, 영어(ESL: English as a Second Language)를 가르치겠다면서 쉰이 넘은 나이에 외국어 교육학 석사 과정에 새로이 도전을 했다. 그 결과, 지금은 우리 대학의 어학원에서 시간 강사로도 일하게 되어, 요즘 대세라는 '투잡스족'에 합류하게 된다. 아침에 두 시간 정도 영문법, 독해 강의를 하고 오후에는 자신의 변호사 사무실로 출근하는 Wayne 씨는 뉴욕 출신답게 냉소적인 농담을 즐기는 편이지만, 또 한편으로는 그의 매너에 깊게 배인 겸손함이 무척이나 인상적인 사람이다.

Wayne 씨와 4여 년간 함께 일하면서 내가 배운 점이라면, 무엇보다 삶에 대한 그의 긍정적인 태도다. 일례로, 그는 두 번의 이혼을 겪었음에도 지금의 부인이 자신에게 너무나도 완벽한 아내이기 때문에, 그 두 번의 실패로 인한 아픔을 상처라기보다는 행복해지기 위한 과정이었다고 받아들인다고 한다. 사실 나를 포함한 대부분의 사람은 살면서 그런 상처를 두 번씩이나 겪다 보면 그렇게 긍정적이기가 참으로 힘들기 마련이다. 하지만 Wayne 씨는 그런 풍파를 겪은 후에도 여전히 현 부인에게 따뜻하고 로맨틱한 남편이고, 학생들에게는 자상하고 편안한 선생님이며, 함께 일하는 우리에게는 유머 감각이 뛰어난 유쾌한 동료이며, 무엇보다 사람을 우선으로 생각하는 변호사로 살아가고 있다.

IS

Wayne 씨에 관한 또 다른 특이점이 있다면, 그가 진정한 동물 애호가라는 점인데, 그는 자신을 'Bunny-hugger'(동물 애호가를 칭하는 표현으로, 환경 운동가를 뜻하는 'Tree-hugger'와 함께 주로 빈정대는 투로 말할 때 쓰이는 단어)이라고 칭하곤 한다. 그는 집 잃은 개와 고양이를 여러 마리 돌보며 키우고 있으며, 가능한 상황에서는 반드시 육식이 아닌 채식을 한다. 게다가, 동물의 희생으로 탄생되는 가죽 제품, 이를테면

HE

가죽 소파 같은 것들은 소비하지 않는 것을 철칙으로 삼고 있다고 하니, 그의 동물 사랑은 진심임이 틀림없다. Wayne 씨의 그런 점

때문에 그의 수업을 들었던 어느 한국인 유학생은 그가 유별나다는 말을 했지만, 나는 나름의 인생철학을 가지고 그것을 생활 속에서 실천하면서 살아가는 Wayne 씨 같은 사람들이 그렇지 않은 사람들보다 훨씬 더 의미 있는 삶을 살고 있다고 믿는다.

이 챕터에서는 이렇게 자신이 아끼는 동물들을 여러 마리 돌보면서, 뒤늦게 찾은 진정한 사랑과 함께 북부 플로리다의 한 시골 마을에서 알콩달콩 재미있게 살아가는 뉴욕 출신 변호사 Wayne Schiefelbein 씨의 이야기를 들어보자.

Interview

Wayne Schiefelbein

우리말 인터뷰 문장을 읽고 영어로 말하고 싶은 표현을 표시한 후 옆 페이지 영어 대화문에서 어떻게 쓰이는지 확인해 보자. QR 코드로 여러 번 듣고 크게 따라 말해 보자.

Kim: 오늘 시간 내주셔서 감사합니다. 한국의 독자들에게 자기 소개 좀 해주실래요?

Wayne: 안녕하세요, 여러분. 저는 웨인입니다.

Kim: 안녕하세요, 웨인 씨. 웨인 씨는 어디서 오셨어요?

Wayne: 저는 뉴욕에서 나고 자랐습니다. 제 양가 가족 모두 맨해튼 섬에서 많은 세대에 걸쳐 살아왔습니다.

Kim: 그럼, 뉴요커로 북부 플로리다에 살면서, 문화 충격 같은 것을 겪은 적은 있으세요?

Wayne: 저는 제 인생의 3분의 2를 선벨트(미국의 따뜻한 남부 지방을 일컫는 말) 지방에서 살았어요. 애리조나에서 대학을 다녔고, 마이애미에서 로스쿨을 다녔지요. 북부 플로리다에서는 30년을 살았고, 그래서 이곳에 아주 익숙하답니다. 제 아내는 남부 출신 여자고요. 하지만, 필요할 때면 제가 뉴요커적인 기질을 보여줄 수는 있어요. 제게 가장 큰 변화는 플로리다의 주도인 탈라하시에서 플로리다 팬핸들(플로리다 북서부 지역을 일컫는 말) 지역의 작은 마을로 이사 온 후인 지난 일 년 반쯤이었던 것 같아요.

Kim: 그래요? 그럼, 뉴욕과 북플로리다의 가장 큰 문화 차이는 무엇이라고 생각하세요?

Wayne: 가장 큰 차이는 삶의 속도죠. 도시에서의 그것은 빠르고 또 붐비는 반면, 시골에서는 사람들이 느리고, 관대하며, 예의가 바른 편입니다. 또, 작은 마을은 자연에 훨씬 더 가까워요. 멋지고 다양한 벌새들, 명금, 사슴, 너구리, 토끼, 주머니쥐, 그리고 다른 야생 동물들이 우리 뜰을 항상 지나다녀요.

Kim: 웨인 씨는 수십 년 동안 변호사셨는데요. 미국에서는 할리우드 영화, 이를테면, 짐 캐리의 '라이어 라이어'를 보면 보통 변호사에 대한 이미지가 주로 부정적으로 그려져요. 이에 대해서 어떻게 생각하세요?

Wayne: 그 영화보다는, 그레고리 펙이 출연하는 '앵무새 죽이기'를 보세요.

Kim: 아, 그런가요?

Wayne: 예. (우리도) 어느 다른 직업과 마찬가지로 정직한 사람도 있고, 정직하지 못한 사람도 있어요. 그렇기 때문에 주의 깊게 변호사를 선택하는 것은 아주 중요합니다. 어떤 사람들은 사기꾼이고, 어떤 사람들은 성자예요. 일반적인 모든 사람을 봐도 그렇듯이 말이지요.

Kim: Thank you for taking time to meet with me today. Can you please introduce yourself to the Korean audience?

Wayne: Hi, everybody! I'm Wayne.

Kim: Hi, Wayne! So where are you from?

Wayne: I ❶ **was born and raised in** New York City. My family on both sides goes back many many generations on the Island of Manhattan.

Kim: So living in North Florida as a New Yorker, have you gone through any kind of culture shock?

Wayne: I have lived in the sunbelt for two-thirds of my life. I went to college in Arizona and law school in Miami. I've lived in North Florida for over 30 years, so ❷ I'm very **used to** it. My wife is a southern belle, but I can turn on that New Yorker personality when I need to. Maybe the biggest adjustment for me has been this past year and a half when I moved from Tallahassee, the capital of Florida, to a small town in the Florida panhandle.

Kim: Is that a fact? Then, ❶ what do you think the biggest cultural difference between New York and North Florida is?

Wayne: The biggest difference is the pace of life. ❷ In the city, it's fast and crowded while in the country, people are slow, gracious and polite. Also, it's much closer to nature in a small town. We have a nice variety of hummingbirds, songbirds, deer, raccoon, rabbits, possums, and other critters that pass through our yard all the time.

Kim: I understand you've been a lawyer for decades. When we watch Hollywood movies like Jim Carrey's "Liar Liar", the stereotype of the lawyer is described usually in a negative way in the States. What do you think about that?

Wayne: ❸ Rather than that movie, you should watch "To Kill a Mockingbird" with Gregory Peck.

Kim: Is that right?

Wayne: Yes. Like any profession, there are honest and dishonest people… that's why it's so important to carefully select a lawyer. Some are crooks; some are saints. Just like people ❸ **in general**.

VOCABULARY & IDIOMS

❶ be born and raised in

～에서 나고 자라다

EXAMPLE DIALOGUE

Jerry   How was your first class at Florida State University?

Young-min   It was fabulous! We had a meaty discussion about behaviorism.

Jerry   Wonderful! How do you like the professor?

Young-min   He's great! Moreover, all the international students in the class also like the fact that he has a very clear English accent.

Jerry   Good for you! Do you know where he's from?

Young-min   I don't, but it seems like **he was born and raised** in Boston.

> Jerry: 플로리다 주립대에서의 첫 수업이 어땠어?
> 영민: 기가 막혔어! 행동주의에 관해서 알찬 토론을 했지.
> Jerry: 잘됐네! 교수님은 어떠셔?
> 영민: 훌륭하셔. 게다가, 그 수업을 듣는 모든 국제 유학생들이 그분의 영어 발음이 명확한 것도 좋아해.
> Jerry: 잘됐네! 그분이 어디서 오셨는지 알아?
> 영민: 모르겠지만, 보스턴에서 나고 자라신 것 같아.

❷ be used to ~

～에 익숙해지다

EXAMPLE DIALOGUE

Eun-young   I like whatever you cook. You're a born chef!

Maggie   Thank you for the compliment. Next time, I'll cook some Korean food for you.

Eun-young   You can even cook Korean food? You're amazing, girl!

Maggie   Since my mom's Korean, I **am used to** cooking Korean food.

Eun-young   That's great! You**'re used to** cooking Korean food, and I**'m used to** eating Korean food. No wonder we're best friends.

> 은영: 난 네가 요리하는 건 뭐든 좋아! 넌 타고난 셰프야!
> Maggie: 칭찬 고마워. 다음에는 너를 위한 한국 음식을 만들어볼게.
> 은영: 한국 음식도 만들 수 있어? 넌 정말 대단한 여자야!
> Maggie: 우리 엄마가 한국분이라 난 한국 음식을 요리하는 것에 익숙해.
> 은영: 그거 잘됐다! 넌 한국 음식을 만드는 것에 익숙하고, 난 한국 음식을 먹는 것에 익숙하고, 우리가 베프라는 건 전혀 놀라운 사실이 아니네.

❸ in general

일반적으로/대체로

Ah-young   Hey, Avis, I invited several people over and don't know what to cook for them. **In general**, what kind of food do American people like?

Avis   Well, it all depends. Exactly how many people did you invite over?

Ah-young   Eight people.

Avis   Eight people? Why don't you throw a potluck party then? Americans, **in general**, would host a potluck in this case. It's going to be less burdensome for you as well.

Ah-young   What a brilliant idea! Thanks!

아영: 에이비스, 내가 몇 사람을 우리 집에 초대했는데, 무슨 요리를 해야 할지 모르겠어. 보통, 미국 사람들은 어떤 요리를 좋아해?

Avis: 그게, 사람마다 다 달라. 정확히 몇 명 초대했어?

아영: 8명.

Avis: 8명? 그렇다면 팟럭으로 하는 게 어때? 미국 사람들은 대체로 이런 경우 팟럭으로 해. 그게 너한테도 덜 부담스러울 거야.

아영: 기막힌 생각이네! 고마워!

Interv²ew

Wayne Schiefelbein

우리말 인터뷰 문장을 읽고 영어로 말하고 싶은 표현을 표시한 후 옆 페이지 영어 대화문에서 어떻게 쓰이는지 확인해 보자. QR 코드로 여러 번 듣고 크게 따라 말해 보자.

Kim: 무슨 말씀인지 알 것 같아요. (어딜 가나 무슨 직업군이나) 사람들은 다 똑같다는 말씀이시지요?

Wayne: 바로 그거죠!

Kim: 그렇다면, 웨인 씨는 어떤 면에서 좋은 변호사세요?

Wayne: 그것은 다른 사람들이 판단할 일이지요. 저에게는 강점과 약점이 있습니다. 강점 중에는 제가 두려움이 없다는 점이 있어요. 저는 글을 잘 쓰고요. 저는 인내심 있는 탐색자이기도 해요. 저는 정부 소속 변호사로서, 기업의 변호사로서, 또 개인 변호사로서도 다양한 경험들을 가지고 있어요.

Kim: 멋지시네요! 그렇다면, 더 좋은 변호사가 되기 위해서 개선할 점은 있다고 생각하세요?

Wayne: 제가 지나치게 특수화된 것 같아요. 그래서 제 전문성의 폭을 좀 더 넓히고 소송 기술을 좀 더 향상하려고 노력 중입니다.

Kim: 그런데 성공한 변호사이시면서 왜 영어 교육 쪽에도 몸담으시게 되었습니까?

Wayne: 읽기와 쓰기 과외 교사로 자원봉사를 한 적이 있었어요. 제게 맨 처음 주어진 임무는 한 일 년간 연방 정부 교도소에서 일주일에 몇 시간 정도 가르치는 것이었죠. 수감자들의 읽기 능력 문제의 많은 부분이 영어가 외국어라서 생기는 문제였고, 그래서 외국어로서의 영어 교육을 공부해야겠다고 생각하게 되었지요. 저는 또 직업적인 변화도 필요했어요… 30여 년간 변호사 일을 한 후라 그 일은 조금 쉬고 싶었어요.

Kim: I know what you mean.

❹ People are people, right?

Wayne: Yes, they are!

Kim: In what way, do you think you're a good lawyer then?

Wayne: That's for other people to judge. I have strengths and weaknesses. Among my strengths, is that I'm fearless. I write well. I am a very patient researcher too. I have a diverse background as a government lawyer, a corporate lawyer and in private practice.

Kim: Great! Then, do you think you have things to improve to become a better lawyer as well?

Wayne: I've overspecialized. I'm working to broaden my expertise and improve my **❺ litigation** skills.

Kim: Being an accomplished lawyer, what brought you to this English teaching field?

Wayne: I volunteered as a literacy tutor. In my first major assignment, I worked a few hours a week for about a year in a federal prison. So much of some prisoners' literacy problem was really an ESL problem, and this led me to study ESL. I also needed a career change…a break from practicing law after three decades of work.

VOCABULARY & IDIOMS

❹ People are people

어디든 좋은 사람도 있고 나쁜 사람도 있다

EXAMPLE DIALOGUE

Wanda   Kim, correct me if I'm wrong, but having lived in the United States for over 10 years, I realize that southerners tend to be more racist and ignorant about other cultures than northerners here in America.

Kimberly Stereotyping, right?

Wanda   Hmm… Well, I guess you're right.

Kimberly I kind of know what you mean, but I always try to fight against biases and stereotypes.

Wanda   Yeah, you're right because **people are people**, correct?

Kimberly Yes, they are! *(Singing)* People are people, so why should it be? You and I should get along so awfully~

> Wanda: 킴, 내가 틀렸다면 고쳐줘. 미국에 10년 넘게 살다 보니까, 남부 사람들이 북부 사람들보다 더 인종차별적이고 다른 문화에 대해서 무지한 경향이 있다는 알게 됐어.
>
> Kimberly: 고정관념…. 아니야?
>
> Wanda: 음… 글쎄, 네 말이 맞긴 하지.
>
> Kimberly: 네가 무슨 말 하는지는 알지만, 난 항상 그런 편견과 고정관념에 맞서는 편이야.
>
> Wanda: 그래, 맞아, 왜냐하면 어디든 좋은 사람도 있고 나쁜 사람도 있으니까, 그렇지?
>
> Kimberly: 바로 그거지! *(노래)* 사람들은 다 똑같아요, 왜 그래야 하죠? 당신과 내가 잘 어울리지 못해야 하는 자~ ♫

⑤ litigation

소송

EXAMPLE DIALOGUE

Do-jun Would you proofread my research paper before I submit it to the professor?

Jenny Do-jun, your English is perfect, and I don't think you need my help.

Do-jun Oh, stop it! I'm not really confident about my grammar-in-use especially about my article and preposition usage.

Jenny Well, if you insist, I'll give it a try. Let's see… It's a research paper about the litigation between Samsung and Apple. Yeah, I remember this news. Samsung was in litigation with Apple over some patent technology or something, right? So who won the case in the end?

Do-jun According to Forbes, both parties agreed to drop all litigations between them.

도준: 교수님께 제출하기 전에 내 리서치 페이퍼를 좀 교정해줄 수 있어?

Jenny: 도준, 네 영어는 완벽해. 그러니 넌 내 도움이 필요하지 않다고 생각해.

도준: 그만하고! 내 문법 사용에 대해서 자신이 없어서 그래. 특히 관사와 전치사 사용.

Jenny: 뭐, 정 그렇다면, 한번 보자고. 자⋯ 이 리서치 페이퍼는 삼성과 애플사의 소송에 관한 것이군. 그래, 나도 이 뉴스 기억해. 삼성이 애플사와 무슨 특허 기술인가 뭔가에 대해서 소송에 걸려 있었어, 맞아? 그래서 마지막에 누가 그 소송에서 이겼지?

도준: 포브즈에 따르면, 양쪽 다 둘 사이에 걸린 모든 소송을 취하하기로 합의했다고 해.

Interv³ew

Wayne Schiefelbein

우리말 인터뷰 문장을 읽고 영어로 말하고 싶은 표현을 표시한 후 옆 페이지 영어 대화문에서 어떻게 쓰이는지 확인해 보자. QR 코드로 여러 번 듣고 크게 따라 말해 보자.

Kim: 그 두 분야 각각의 장단점에 대해서 이야기 해주실 수 있으세요? 또, 영어 선생님이실 때 어떤 점이 좋으신지, 또 변호사일 때는 어떤 점이 좋으신지요?

Wayne: 난 어릴 때부터 선택이 언제나 교육이나 법조계 둘 중 하나였죠. 저는 법률가로서의 길을 걸어왔고 직업상 진정한 변화를 오랫동안 기다렸어요. 영어 교육에 대해 내가 좋아하는 일은 세계 평화를 한번에 한 클래스씩 추구할 수 있다는 점이에요. 변호사라서 좋은 점이라면 한번에 소송 한 건씩 정의를 추구할 수 있다는 점이죠. 두 직업 모두 장단점이 있지만, 학생에게 격려와 영감을 줄 때마다 그의 삶에 변화를 줄 수 있다는 점에서 가르친다는 것은 보람된 일이에요.

Kim: 감동적인 답변이네요. 이제 한국의 독자들에게 웨인 씨의 개인적인 이야기를 조금 들려주실 수 있으실까요? 이를테면, 로맨스 같은...?

Wayne: 그러죠. 지난달, 저는 쉴라를 만난 지 10년 된 것을 기념했어요. 그녀는 제 세 번째 부인이에요. 미국에는 이런 말이 있어요. '삼세번만의 행운' 그리고 또 다른 말은 '삼진아웃'. 운 좋게도, 제게는 삼세번만의 행운이었어요. 제 아버지와 어머니는 60년을 넘게 함께 하셨어요. 저는 아이가 없어요. 두 번째 결혼에서 10대 아이를 키우는 것을 도우려고 했었죠. (삶에서) 어떤 언덕은 너무 높아서 오르기 힘들어요.

Kim: Could you please tell me the ❻ **pros and cons of** each of the fields? Also, what is it that you love about being an English teacher, and what do you love about being a lawyer?

Wayne: Well, for me, since childhood, the choice was always teaching or law. I followed the path of law and waited too long for a true career change. What I like about teaching ESL is seeking world peace one class at a time. The good thing about being a lawyer is I can pursue justice one case at a time. There's pros and cons to both, but teaching is rewarding since you can make a difference in someone's life every time you give encouragement or inspiration to a student.

Kim: Wow, that's pretty inspiring. Now, would you like to share a little bit of your personal story with the Korean audience such as your romantic life?

Wayne: Okay. Last month, I celebrated 10 years since meeting Sheila. She is my third wife. In America, we have two sayings. ❼ **"The third time's a charm."** The other is ❽ **"Three strikes and you're out."** Luckily, for me, it's a charm! My Dad and Mom have been together for over 60 years. I have no kids of my own. I tried to help raise a teenager in my second marriage. Some hills are just too steep to climb.

VOCABULARY & IDIOMS

➏ pros and cons of ~

~의 장단점

EXAMPLE DIALOGUE

Mi-ae   Candace, living in America, I notice that people host potluck parties a lot here. Do you prefer to throw potluck parties as well?

Candace   Well, there are **pros and cons** of hosting a potluck. **The pros** are you don't need to cook for all your guests because everyone brings a dish, which is less burdensome for the host and the hostess. Besides, you get to taste all different types of food because everyone cooks things in a different way. Oh, especially if it's an international potluck, you get to taste a variety of ethnic foods, and I love it!

Mi-ae   Then, what are **the cons**?

Candace   I can't think of any. Maybe, it's that you can't show off your cooking skills?

> 미애: 캔디스, 미국에 사니 여기 사람들이 팟럭 파티 많이 하네. 너도 팟럭하는 것 좋아해?
> Candace: 그게, 팟럭을 하는 것에 대해 장단점이 있어. 장점이라면, 네가 초대하는 모든 사람을 위해서 너 혼자 요리를 다 하지 않아도 된다는 거지. 왜냐하면 모두가 음식을 하나씩 가져오니까. 그리고 그게 초대하는 사람이랑 초대받는 사람들에게 덜 부담스럽기도 하고. 게다가, 다른 종류의 음식을 맛보게 되기도 하고. 모두들 다른 방식으로 요리하니까. 특히, 외국인들의 팟럭은 다양한 여러 나라 음식들을 맛볼 수 있어서 난 정말 좋아!
> 미애: 그렇다면, 단점은 뭐야?
> Candace: 아무것도 생각이 안 나는데.... 뭐, 자기 요리 실력을 뽐낼 수 없다는 것 정도?

➐ The third time's a charm

삼세번만의 행운

EXAMPLE DIALOGUE

Becky   Rick, why the long face?

Rick   I couldn't pass the LSAT again, and I guess this means I should just give up.

Becky   Don't be silly! You've dreamed of being a lawyer since you were 10. Plus, you've only taken the test two times.

Rick   Do you think I should try again?

Becky   Sure! People say **the third time's a charm**!

Becky: 릭, 왜 그렇게 우울한 얼굴을 하고 있어?

Rick: 나 LSAT(Law School Admission Test: 미국의 법대 입학시험) 또 통과 못 했어. 이건 아마도 내가 포기해야 한다는 뜻인 것 같아.

Becky: 바보처럼 굴지 마! 넌 10살 때부터 변호사가 되는 꿈을 꿨어. 게다가, 그 시험을 두 번밖에 안 쳤잖아.

Rick: 넌 내가 또다시 도전해야 한다고 생각해?

Becky: 물론이지! 사람들이 '삼세번만의 행운'이라고 하잖아!

❽ Three strikes and you're out

삼진아웃

EXAMPLE DIALOGUE

Brian   I think Natalie's gonna break up with me. I don't think she's gonna forgive me this time.

Kimberly   What happened?

Brian   We were supposed to eat out yesterday, and I blew her off by mistake. I was extremely busy with my work and completely forgot about it.

Kimberly   Why don't you just ask her for a second chance? You know, everybody makes mistakes.

Brian   The thing is it's not even the first time. It's the second time that I've done this.

Kimberly   Well, then, come up with a way to make amends, and make sure you don't make the same mistake ever again. As you know, **three strikes and you're out**!

Brian: 나탈리가 나와 헤어질 것 같아. 이번에는 그녀가 나를 용서 안 해줄 것 같아.

Kimberly: 무슨 일 있었어?

Brian: 우리가 어제 외식을 하기로 했는데, 내가 실수로 그녀를 바람맞혔어. 내가 일로 너무 바빠서 그 약속을 까맣게 잊고 있었거든.

Kimberly: 그녀에게 한번 더 기회를 달라면 어때? 사실, 실수는 누구든 하는 거니까.

Brian: 문제는 이번이 처음이 아니라는 거야. 내가 이런 실수를 한 것이 두 번째야.

Kimberly: 실수를 만회할 방법을 찾고, 다신 같은 실수 안 하게 해. 알다시피 삼진아웃!

Interv⁴ew
Wayne Schiefelbein

우리말 인터뷰 문장을 읽고 영어로 말하고 싶은 표현을 표시한 후 옆 페이지 영어 대화문에서 어떻게 쓰이는지 확인해 보자. QR 코드로 여러 번 듣고 크게 따라 말해 보자.

Kim: 부인을 깊이 사랑하시는 것 같아요. 웨인 씨께서 아내가 완벽하시다고 말씀하셨던 것이 기억나는데, 제게는 그 말씀이 굉장히 인상적이었어요. 왜냐하면 저는 사람을 수식하는 말로 '완벽한'이라는 단어를 절대로 쓰지 않거든요. 웨인 씨는 왜 아내가 완벽하다고 생각하세요?

Wayne: 제 아내는 매우 똑똑합니다. 매우 친절하고요. 예술가입니다. 동물을 사랑하고요. 훌륭한 유머 감각이 있으며, 우린 많이 웃어요. 그녀는 내 삶을 구원했고 가치 있게 만들어줬어요.

Kim: 정말 감동적이네요… 그럼, 웨인 씨의 개인적인 경험을 토대로, 우리 젊은 독자들에게 성공적인 결혼 생활을 위한 조언을 좀 해주실 수 있으세요?

Wayne: 예. 마음을 따라 가세요. 사랑으로 결혼하라고요. 자신의 모든 것을 주세요. 자신의 짝에게 꿈을 좇으라고 격려하세요…. 그리고 짧은 기억력을 키우세요.

Kim: 짧을 기억력을 키우라는 건 무슨 말씀이세요?

Wayne: 그러니까, 말다툼을 하게 되면 나쁜 감정을 품지 말라는 뜻이죠. 뉴욕 사람들이 늘 하는 "그냥 다 잊어버려!"라는 말처럼요.

Kim: 충고 감사드립니다. 저도 명심할게요. 이 질문은 어떻게 받아들이실지 모르겠지만, 지금의 웨인 씨와 젊은 시절의 웨인 씨를 비교해보실 수 있으실까요?

Wayne: 지금이 훨씬 더 잘생겼어요!

Kim: 정말요? 흥미로운 사실인데요.

Wayne: 좀 더 진지해 보자면, 자신만만했던 젊은 시절의 저에 비하면 요즘의 제가 훨씬 더 겸손해졌어요. 결국, 인생은 겸손에 관한 수업이지요, 안 그래요?

Kim: It looks like you're deeply in love with your wife. I remember you saying that she is a perfect wife, and that was pretty impressive to me because I never use the word 'perfect' when I describe a human being. What makes her 'perfect' to you?

Wayne: She's very smart. She's very kind. She's an artist. She loves animals. She ❾ **has a** wonderful **sense of humor**; we laugh a lot. She has saved my life and made it worthwhile.

Kim: It's pretty touching…so from your personal experience, can you please give our younger audience some tips for a successful marriage?

Wayne: Yes. Go with your heart. ❿ **Marry for** love. Give 100%! Encourage the other person to follow their dreams…and develop a short memory!

Kim: What do you mean by developing a short memory?

Wayne: Well, if you have an argument, don't hold a grudge. As we say in New York, forget about it!

Kim: Thank you for your advice. I'll keep that in mind as well. I'm not sure how you will take this question, but can you compare yourself now to when you were younger?

Wayne: I'm so much better looking now!

Kim: Really? That's interesting!

Wayne: More seriously, nowadays I'm a lot more humble than I was as a brash youth. Life is a lesson in humility, isn't it?

VOCABULARY & IDIOMS

❾ have a sense of humor

유머 감각이 있다

EXAMPLE DIALOGUE

Avis Jen, how was your date?

Jen I had some real quality time with him.

Avis Great! How long have you been going out with him?

Jen It'll be three years next month.

Avis Wow, so do you think your relationship is becoming more serious now?

Jen I don't know. I like him a lot, but he's so different from me.

Avis How so?

Jen He's such a homebody, and I'm a party-goer.

Avis Well, I can see that, but to me, it doesn't sound like a critical issue though.
You know, he **has** a wonderful personality and a good **sense of humor**. Most of all, he loves you.

Avis: 젠, 데이트는 어땠어?

Jen: 그와 정말 오붓한 시간을 보냈어.

Avis: 잘됐네! 그 사람하고 얼마나 오래 만났지?

Jen: 다음 달이면 3년이야.

Avis: 와, 그래서 관계가 좀 더 진지해지는 것 같아?

Jen: 잘 모르겠어. 그가 참 좋긴 한데, 나와는 너무 달라서 말이야.

Avis: 어떻게 다른데?

Jen: 그는 집에서만 있는 것을 좋아하는데, 난 파티에 가는 걸 좋아하거든.

Avis: 그게 그런 것 같긴 한데, 내가 보기에는 그런 건 그렇게 치명적인 문제는 아닌 것 같아. 그러니까, 그는 좋은 인격과 유머 감각을 겸비했잖아. 무엇보다 널 사랑하고.

⑩ marry for ~

~ 때문에 결혼하다

EXAMPLE DIALOGUE

Maggie   I don't see Jeff and Michelle here.

John   Oh, you didn't hear that?

Maggie   Hear what?

John   They got divorced last week.

Maggie   Oh, my God! Where did you hear that?

John   I ran into Jeff at Wal-mart last night, and he told me so.

Maggie   Do you know why they got divorced?

John   Jeff says Michelle **married for** money and not **for** love. Well, then again, I didn't really get to hear much of Michelle's side of the story.

Maggie   That's so sad.

Maggie: 요즘 제프와 미셸이 안 보이네.

John: 어, 못 들었어?

Maggie: 뭘?

John: 그 부부 지난주에 이혼했어.

Maggie: 세상에! 어디서 들은 이야기야?

John: 어젯밤 제프를 월마트에서 우연히 마주쳤는데, 나한테 그렇게 말해줬어.

Maggie: 그 부부가 왜 이혼했는지 알아?

John: 제프는 미셸이 사랑 때문이 아니라 돈 때문에 결혼했다고 해. 하긴, 내가 미셸 쪽의 이야기는 듣지 못했으니까, 뭐.

Maggie: 서글프네.

Interview 5

Wayne Schiefelbein

우리말 인터뷰 문장을 읽고 영어로 말하고 싶은 표현을 표시한 후 옆 페이지 영어 대화문에서 어떻게 쓰이는지 확인해 보자. QR 코드로 여러 번 듣고 크게 따라 말해 보자.

Kim: 물론이죠! 웨인 씨는 자신을 '동물 애호가'라고 부르시기도 하는데요, 또 채식주의자시라고 알고 있어요. 게다가, 기억하실지 모르겠는데, 한번은 저한테 가죽 제품이나 가구를 절대로 안 사신다고 말씀하신 적도 있어요. 이렇게 동물 권리 운동가가 되신 특별한 이유라도 있으세요?

Wayne: 아뇨, 저는 운동가는 아닙니다. 그저 동물을 사랑할 뿐, 순수주의자도 아닙니다. 인간 생존에 필요하다면, 필요한 것을 하는 것에 반대하지는 않습니다. 그저 동물성 식품/제품 사용을 줄이려고 노력할 뿐입니다. 집에서는 채식만 하지만, 집 밖에 나가면 어떤 때는 그렇게 할 수 없을 때도 있지요. 그리고 부끄럽지만, 제가 아주 아끼는 가죽 카우보이 부츠도 한 켤레 있어요.

Kim: 어머, 그건 몰랐어요. 웨인 씨의 이야기를 듣고 있다 보니, 웨인 씨의 인생철학이 무엇인지 묻고 싶어졌어요.

Wayne: 매사 감정적으로 받아들이지 말자. 침착하고 인정이 많으며 건설적이고 호기심이 많은 사람이 되기를 갈망하자. 그리고 원수를 사랑하려 노력하자.

Kim: 최종적으로 이것이 마지막 질문이 될 텐데요. 많은 한국의 십 대들이 변호사나 의사가 되려고 해요. 그들은 의사가 되거나 변호사가 되는 것이 성공적인 삶이라고 생각하기 때문이지요. 웨인 씨에게 '성공한 삶'이란 무엇인가요?

Wayne: 제 생각에 그들 모두 의사가 되어야 해요. 변호사는 너무 많기 때문에!

Kim: 하하하…

Wayne: 농담이고요. 성공은 그 사람의 직업이 정의해 주지 않습니다. 저는 성공의 의미가 사람마다 다르다고 생각해요. 제게는 성공이란 적게 후회하고, 사랑하고, 사랑받는 것입니다.

Kim: 그렇다면, 웨인 씨는 성공적인 삶을 살고 계세요?

Wayne: 지금까지는 좋아요!

Kim: 웨인 씨, 오늘 정말 즐거웠습니다. 시간 내주신 것, 다시 한 번 감사드립니다.

Wayne: 감사합니다.

Kim: Yes, it is! You also call yourself a "bunny hugger", and I know you're a vegetarian as well. Plus, I'm not sure if you would remember this, but you once told me you would never buy leather goods or furniture. Is there any particular reason why you became an animal rights activist?

Wayne: No, I'm no activist. I just love animals, but I'm not a purist. If necessary for human survival, I'm not against doing what is necessary. I just try to reduce my use of animal products. I eat only veggies at home, but away from home, sometimes that doesn't work out. I also am ashamed to say I have a pair of leather cowboy boots that I like very much.

Kim: Oh, I didn't know that. While listening to all your stories, I'd like to ask you what your philosophy in life is.

Wayne: Try not to ⑪ **take things** too **personally**. Aspire to be calm, compassionate, constructive, and curious…and try to love my enemy.

Kim: Finally, this is going to be the last question. Many Korean teenagers want to become lawyers or doctors because they think being a doctor or a lawyer is a successful life. What is a "successful life" for you?

Wayne: I think they all should become doctors because we have too many lawyers!

Kim: Ha ha ha…

Wayne: Just kidding. Success is not defined by one's profession. I think success is different for different people. For me, success is to have few regrets, to have loved and to have been loved.

Kim: Then, have you had a successful life?

Wayne: ⑫ **So far so good**!

Kim: Wayne, I really enjoyed our conversation today. Again, thank you so much for your time.

Wayne: Thank you.

VOCABULARY & IDIOMS

⑪ take it personally

감정적으로 (기분 나쁘게) 받아들이다

EXAMPLE DIALOGUE

Timothy Eun-young, are you enjoying your first semester at Florida State University?

Eun-young All in all, I am, but there's one professor who kind of scares me.

Timothy You're talking about Dr. Brooks, aren't you?

Eun-young How did you know? She is too strict. She never even smiles at me, and I feel kind of intimidated in class. I'm under the impression that she doesn't like international students. Maybe… she's racist.

Timothy Don't **take it personally**. Even American students say how rigid she is, which means it's just her style, I guess.

Eun-young I try hard not to **take it personally**, but sometimes it's too difficult for me.

> Timothy: 은영, 플로리다 주립대에서의 첫 번째 학기를 즐겁게 보내고 있어?
> 은영: 대체로 괜찮은데, 좀 무서운 교수님이 한 분 계셔.
> Timothy: 브룩스 교수님이지, 안 그래?
> 은영: 어떻게 알았어? 그분은 너무 엄격하셔. 날 보고 절대로 웃으시는 일도 없고, 그래서 수업 시간에 좀 겁이 나. 그분이 국제 유학생들을 별로 안 좋아하시는 것 같은 인상을 받았어. 아마도 인종차별주의자이신 것 같아.
> Timothy: 그렇게 감정적으로 받아들이지는 마. 미국 학생들도 그분이 얼마나 엄격한지 이야기하는 걸 보면, 그게 그냥 그분의 스타일인 것 같아, 내 생각엔.
> 은영: 나도 감정적으로 받아들이지 않으려고 노력은 하지만, 그게 나한테는 때로 힘드네.

⓬ So far so good!

지금까지는 좋아!

EXAMPLE DIALOGUE

Zoe	Hi, Marilyn! How are you?
Marilyn	Pretty good! Long time no see! How's it going with your new job?
Zoe	**So far so good!** I think I'm cut out to be a yoga teacher.
Marilyn	Good for you!
Zoe	Oh, actually, there's a free yoga class this Saturday afternoon. Do you wanna come and join us?
Marilyn	Can I take a rain check? I'm taking the GRE test on Saturday.
Zoe	Sure, on the rain check! Good luck with the test!
Marilyn	Thanks!

Zoe: 안녕, 매릴린! 요즘 잘 지내?

Marilyn: 잘 지내. 오랜만이야! 새 직장은 어때?

Zoe: 현재까지는 좋아! 난 요가 강사가 되기 위해 태어났나 봐.

Marilyn: 잘됐다!

Zoe: 사실, 이번 주 토요일 오후에 무료 요가 수업이 있어. 너도 와서 함께 해볼래?

Marilyn: 다음 기회에 해도 될까? 내가 토요일에 GRE 시험을 치거든.

Zoe: 물론이지, 그럼, 다음 기회에! 시험 잘 봐!

Marilyn: 고마워!

GRAMMAR

이 챕 터 에 서 주 목 할 문 법

 **Interview** 1

① ...**what** do you think **the biggest cultural difference between New York and North Florida is?**

···뉴욕과 북부 플로리다의 가장 큰 문화 차이가 무엇이라고 생각하세요?

〉〉 볼드 부분은 전체 문장에서 목적어 구실을 하는 명사절이다. 주목할 점은 명사절의 어순이 여느 의문사가 들어간 의문문(Wh-questions)과 다르다는 사실! 이것이 뭔 말인가 하시는 분들은 다음의 문장을 보자.

"What is the biggest cultural difference between New York and North Florida?"

이렇게 〈What + 동사 + 주어〉와 같이 전형적인 의문사가 들어간 의문문의 어순을 갖추고 있는 이 문장이 명사절이 되었을 때는 〈What + 주어 + 동사〉와 같이 어순이 바뀌게 된다. 그래서

"Do you think what the biggest cultural difference between New York and North Florida is?"

가 되었다가, think나 believe와 같이 생각하는 류의 동사가 쓰일 때는 'what'과 같은 의문문은 문장의 맨 앞에 와야 한다는 법칙을 따라서 최종적으로

"What do you think the biggest cultural difference between New York and North Florida is?"

가 되었다는 말씀! 여기까지 이해가 안 되는 독자들은 더 이상 머리 아프게 생각할 것 없이 다음의 대화를 여러 번 들으면서 이 문법의 쓰임새를 자연스럽게 익혀서 직감(intuition)을 키워보자. 사실 이게 더 좋은 영어 습득 방법이다.

EXAMPLE DIALOGUE 1

Rude student	Dr. Wylder, why did you give me a B⁺ instead of an A?
Professor	You did well on the midterm and final exams, but it looks like you did not follow my instructions when writing your research paper. Did you read the rubric carefully?
Rude student	Of course, I did, but the rubric was not clear enough.
Professor	Then, you should've let me know before the semester ended. As stated in the syllabus, my office hours are Monday through Wednesday, from 1 p.m. to 4 p.m., and you could've gotten some help from me. However, you did not communicate with me.
Rude student	I really think I deserve an A.
Professor	Oh, my Gosh! **Who** do you think you **are**?

무례한 학생: 와일더 교수님, 왜 저한테 A가 아니라 B+를 주셨어요?

교수: 학생이 중간고사와 기말고사는 잘 봤지만, 연구 보고서를 쓸 때 내 지시를 따르지 않은 것 같네요. 지시문을 주의 깊게 읽었나요?

무례한 학생: 물론 읽었지만, 지시문이 충분히 명확하지가 않았어요.

교수: 그렇다면, 학생이 나에게 학기 끝나기 전에 알렸어야죠. 강의계획서에 적힌 것처럼, 난 월요일에서 수요일까지 오후 1시에서 4시 사이 내 연구실에 있고, 학생은 나에게 충분히 도움을 받을 수 있었어요. 하지만 나와 소통조차 안 했잖아요.

무례한 학생: 저는 정말 A를 받을 자격이 된다고 생각하는데요.

교수: 세상에! 대체 지금 자신이 뭐라고 생각해요? (누가 교수고 누가 학생인지 모르는 태도로 일관하는 학생에 대한 교수의 일침)

EXAMPLE DIALOGUE 2

Sandy Come here, Mandy. I think this soup is a little thin. I know we can make a thick soup thinner by adding more water, but I don't know what to do in this case.

Mandy Why not you add more cream to the soup?

Sandy Brilliant! **Where** do you think **the cream is**?

Mandy Good question, but I don't know **where it is** either.

> Sandy: 여기 좀 와봐, 맨디! 내 생각에 수프가 너무 묽은 것 같아. 난 진한 수프는 물을 더 넣어서 묽게 만들 수 있다는 걸 알지만, 이런 경우에는 뭘 해야 할지 모르겠어.
> Mandy: 수프에 크림을 더 넣어보면 어때?
> Sandy: 좋은 생각! 크림이 어디에 있다고 생각해?
> Mandy: 좋은 질문인데, 나도 그게 어디에 있는지는 몰라.

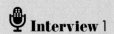

② In the city, it's fast and crowded **while** in the country, people are slow, gracious and polite.

"도시에서는 모든 것이 빠르고 복잡하죠, 시골에서는 사람들이 느리고 우아하며 예의 바른 반면 말이죠."

〉〉 이 문장에서 접속사 'While'이 두 가지 대조적인 사실을 연결하고 있다. Wayne 씨와의 인터뷰 속 문장처럼, 〈주어 + 동사 **while** 주어 + 동사〉 구조를 써도 되며, 혹은 While-절을 먼저 써서 〈**While** 주어 + 동사, 주어 + 동사〉 구조로 써도 된다. 물론 While절은 종속절이므로 주절보다 먼저 올 경우, 콤마 찍고 주절이 따른다. 다음의 두 가지 대화문을 통해 두 구조를 모두 살펴보면…

EXAMPLE DIALOGUE 1

Martha Katie, I heard you quit your teaching job at Killearn elementary school.

Katie Yes, I did. Now I'm teaching computer literacy to adults at the public library.

Martha Cool! So how do you like your new job?

Katie I love love love it! You know, here, **I only have to deal with the students while at the elementary school, I had to deal with the parents as well as the students.** You have no idea how difficult it is to please fussy moms. Besides, now that I think about it, I'm not patient enough to teach kids. In any case, it's extremely easy for me to teach adults, and now I feel like I have found my niche.

Martha I'm so happy for you! Congrats on getting a new job!

Katie Thanks!

> Martha: 케이티, 네가 킬란 초등학교에서 교사일 그만뒀다고 들었어.
> Katie: 응, 그랬어. 지금은 공립 도서관에서 성인들에게 컴퓨터 사용법을 가르치고 있어.
> Martha: 멋있다! 그래. 새 직장은 맘에 들어?
> Katie: 정말 너무너무 좋아! 여기서는 학생들만 상대하면 되는데, 초등학교에서는 학생들에다 학부모들까지 상대해야 했던 것과는 달리 말이야. 극성 엄마들을 만족시키기가 얼마나 힘든지 넌 정말 모를 거야. 게다가, 지금 생각해보니, 내가 아이들을 가르칠 정도로 충분히 인내심이 있는 사람이 아닌 것 같아. 어쨌든, 성인들을 가르치는 것은 내게는 너무 쉽고, 난 드디어 내게 꼭 맞는 자리를 찾은 것 같아.
> Martha: 나도 정말 기뻐! 새 직장 잡은 것 축하해!
> Katie: 고마워!

EXAMPLE DIALOGUE 2

Jen	Did you hear Kelly's son was caught smoking pot?
Avis	Oh, no! It must have been a big let-down for her. How did he get Marijuana?
Jen	He's clamming up, but Kelly believes he was peer-pressured or something.
Avis	That's pathetic! I don't know why her son is so different from her daughter.
Jen	What do you mean by that?
Avis	**While** **Kelly's son is a real trouble-maker, her daughter is a typical model student.**
Jen	Just because they share genes does not mean that they share personalities.

Jen: 켈리 아들이 마리화나 피다가 걸렸다는 것 들었어?

Avis: 어머나! 켈리에게 큰 실망이었겠네. 대체 걔가 마리화나를 어떻게 구했지?

Jen: 그 애가 입을 꼭 다물고 있지만, 켈리는 친구들의 압력이나 뭐 그런 것이었을 거라고 믿고 있어.

Avis: 한심하다! 왜 켈리 아들은 그 집 딸과 그렇게 다른지 모르겠어.

Jen: 그게 무슨 말이야?

Avis: 켈리 아들이 진정한 사고뭉치인 반면, 딸은 전형적인 모범생이거든.

Jen: 단지 유전자를 공유했다고 해서 성격까지 공유하는 건 아니잖아.

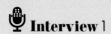

Interview 1

③ **Rather than** that movie, you should watch "To Kill a Mockingbird" with Gregory Peck.

그 영화보다는 그레고리 펙이 나오는 '앵무새 죽이기'를 보셔야 합니다.

〉〉 'Rather than ＿＿＿'는 '＿＿＿ 보다는 / ＿＿＿ 대신에'라는 의미! 여기서 than이 전치사 기능을 하고 있기 때문에 뒤에 명사나 명사구가 와야 한다.

EXAMPLE DIALOGUE 1

Amy　Owen, long time no see! How's it going with you?

Owen　Pretty good! How about you? What's new with you?

Amy　What's new with me? Actually, I'm leaving for Korea to study the Korean language at the end of this month.

Owen　What? I had no clue that you would study an Asian language. Actually, I've been into Korean dramas recently, and I'm fascinated by the culture as well.

Amy　Cool! However, **rather than dramas, you should see Korean movies.** There are so many wonderful Korean movies out there.

Owen　I watch Korean movies as well. In fact, I saw <The Face Reader> the other day, and it was such an awesome movie.

Amy　Tell me about it! I learned a lot about Korean history watching that movie.

> Amy: 오웬, 오랜만이야! 요즘 어떻게 지내?
> Owen: 아주 잘 지내! 넌 어때? 새로운 소식이라도 있어?
> Amy: 나에 관한 새로운 소식? 실은, 나 한국어를 공부하기 위해서 한국으로 이달 말에 떠나.
> Owen: 뭐? 난 네가 아시아 언어를 공부할 것이라고는 상상도 못 했어. 실은, 나도 요즘 한국 드라마에 푹 빠져 있는데, 한국 문화에도 매료되어 있어.
> Amy: 멋지다! 하지만, 드라마보다는 한국 영화를 봐야 해. 훌륭한 한국 영화가 아주 많거든.
> Owen: 한국 영화도 봐. 사실, 〈관상〉을 엊그제 봤는데, 진짜 굉장한 영화더라고.
> Amy: 그렇다니까! 난 그 영화 보면서 한국 역사에 대해서 많이 배웠어.

EXAMPLE DIALOGUE 2

Dylan   Debbie, I'm considering whether I should rent a self-contained apartment near campus or not.

Debbie   **Rather than renting an apartment**, **living in the dorm will be more convenient,** I think.

Dylan   How so?

Debbie   The public transportation system here is horrible. Furthermore, it's hard to find parking on campus, especially in the morning, and that's going to make it extremely difficult for you to get to your morning classes.

Dylan   Well, thanks for your tips. I'll contact the University Housing right away.

Dylan: 데비, 내가 요즘 학교 근처의 시설이 구비된 아파트에 월세로 살지 말지 고민 중이야.

Debbie: 아파트에 월세로 들어가기보다는 기숙사에 사는 것이 훨씬 더 편리할 것 같아, 내 생각에는.

Dylan: 왜 그렇지?

Debbie: 여기 대중교통이 최악이거든. 게다가, 캠퍼스 내에서는 주차 공간을 찾기도 힘들어, 특히 아침에는. 그런 이유로 네가 아침 수업에 가는 것이 정말 힘들 거고.

Dylan: 알려줘서 고마워. 학교 기숙사에 당장 연락해볼게.

SPEAKING TRAINING

STEP 1 다음 글을 또박또박 정확하게 읽고 암송해 보자. (읽은 후엔 V 표시)

1 차이점을 말할 때
문단 읽기 ☐ ☐ ☐ ☐ ☐

The biggest difference/ is the pace of life./ In the city,/ it's fast and crowded/ while in the country,/ people are slow,/ gracious and polite./ Also,/ it's much closer to nature/ in a small town.

2 자신의 장점을 말할 때
문단 읽기 ☐ ☐ ☐ ☐ ☐

That's for other people to judge./ I have strengths/ and weaknesses./ Among my strengths,/ is that I'm fearless./ I write well./ I am a very patient researcher too./ I have a diverse background/ as a government lawyer,/ a corporate lawyer/ and in private practice.

3 배우자에 대해 말할 때
문단 읽기 ☐ ☐ ☐ ☐ ☐

She's very smart./ She's very kind./ She's an artist./ She loves animals./ She has a wonderful sense of humor./ We laugh a lot./ She has saved my life/ and made it worthwhile.

4 성공의 의미를 말할 때
문단 읽기 ☐ ☐ ☐ ☐ ☐

Success is not defined/ by one's profession./ I think/ success is different/ for different people./ For me,/ success is to have few regrets,/ to have loved/ and to have been loved.

STEP 2 주어진 단어를 사용해서 우리말을 영어로 말한 다음 빈칸에 써 보자.

1 가장 큰 차이점은 삶의 속도입니다.
(pace of life / biggest difference)

_____

2 제게는 장단점이 다 있습니다.
(strengths / weaknesses)

_____

3 그것은 다른 사람들이 판단할 일이지요.
(to judge / other people)

_____

4 그녀는 훌륭한 유머 감각이 있어요.
(sense of humor / wonderful)

_____

5 성공은 그 사람이 가진 직업에 의해 정의되는 것이 아닙니다.
(define / by one's profession)

_____

6 나는 성공의 의미가 사람마다 다르다고 생각합니다.
(different for different people / success)

_____

1 The biggest difference between _____ and _____ is

_____.

2 _____ has a wonderful sense of humor.

3 Success is not defined by _____.

4 For me, success is defined by _____.

5 For me, success is to _____.

6 _____ is different for different people.

7 It's for _____ to judge _____.

8 _____ is _____ while _____ is _____.

9 People are _____ and _____ in _____.

10 _____ made my life worthwhile.

STEP 4 다음 질문에 답해 보자. (주어진 공간에 할 말을 적어 보기)

1 What do you think the biggest difference between a big city and a small town is?

2 In what way, do you think you're a good person?

3 Then, do you think you have things to work on to become a better person as well?

4 How do you define success?

Life is a lesson in humility, isn't it?

Kim: Thank you for taking time to meet with me today. Can you please introduce yourself to the Korean audience?

Wayne: Hi, everybody! I'm Wayne.

Kim: Hi, Wayne! So where are you from?

Wayne: I was born and raised in New York City. My family on both sides goes back many many generations on the Island of Manhattan.

Kim: So living in North Florida as a New Yorker, have you gone through any kind of culture shock?

Wayne: I have lived in the sunbelt for two-thirds of my life. I went to college in Arizona and law school in Miami. I've lived in North Florida for over 30 years, so I'm very used to it. My wife is a southern belle, but I can turn on that New Yorker personality when I need to. Maybe the biggest adjustment for me has been this past year and a half when I moved from Tallahassee, the capital of Florida, to a small town in the Florida panhandle.

Kim: Is that a fact? Then, what do you think the biggest cultural difference between New York and North Florida is?

Wayne: The biggest difference is the pace of life. In the city, it's fast and crowded while in the country, people are slow, gracious and polite. Also, it's much closer to nature in a small town. We have a nice variety of hummingbirds, songbirds, deer, raccoon, rabbits, possums, and other critters that pass through our yard all the time.

Kim: I understand you've been a lawyer for decades. When we watch Hollywood movies like Jim Carrey's "Liar Liar", the stereotype of the lawyer is described usually in a negative way in the States. What do you think about that?

Wayne: Rather than that movie, you should watch "To Kill a Mockingbird" with Gregory Peck.

Kim: Is that right?

Wayne: Yes. Like any profession, there are honest and dishonest people.. that's why it's so important to carefully select a lawyer. Some are crooks; some are saints. Just like people in general.

Kim: I know what you mean. People are people, right?

Wayne: Yes, they are!

Kim: In what way, do you think you're a good lawyer then?

Wayne: That's for other people to judge. I have strengths and weaknesses. Among my strengths, is that I'm fearless. I write well. I am a very patient researcher too. I have a diverse background as a government lawyer, a corporate lawyer and in private practice.

Kim: Great! Then, do you think you have things to improve to become a better lawyer as well?

Wayne: I've overspecialized. I'm working to broaden my expertise and improve my litigation skills.

Kim: Being an accomplished lawyer, what brought you to this English teaching field?

Wayne: I volunteered as a literacy tutor. In my first major assignment, I worked a few hours a week for about a year in a federal prison. So much of some prisoners' literacy problem was really an ESL problem, and this led me to study ESL. I also needed a career change…a break from practicing law after three decades of work.

Kim: Could you please tell me the pros and cons of each of the fields? Also, what is it that you love about being an English teacher, and what do you love about being a lawyer?

Wayne: Well, for me, since childhood, the choice was always teaching or law. I followed the path of law and waited too long for a true career change. What I like about teaching ESL is seeking world peace one class at a time. The good thing about being a lawyer is I can pursue justice one case at a time. There's pros and cons to both, but teaching is rewarding since you can make a difference in someone's life every time you give encouragement or inspiration to a student.

Kim: Wow, that's pretty inspiring. Now, would you like to share a little bit of your personal story with the Korean audience such as your romantic life?

Wayne: Okay. Last month, I celebrated 10 years since meeting Sheila. She is my third wife. In America, we have two sayings. "The third time's a charm." The other is "Three strikes and you're out." Luckily, for me, it's a charm! My Dad and Mom have been together for over 60 years. I have no kids of my own. I tried to help raise a teenager in my second marriage. Some hills are just too steep to climb.

Kim: It looks like you're deeply in love with your wife. I remember you saying that she is a perfect wife, and that was pretty impressive to me because I never use the word 'perfect' when I describe a human being. What makes her 'perfect' to you?

Wayne: She's very smart. She's very kind. She's an artist. She loves animals. She has a wonderful sense of humor; we laugh a lot. She has saved my life and made it worthwhile.

Kim: It's pretty touching…so from your personal experience, can you please give our younger audience some tips for a successful marriage?

Wayne: Yes. Go with your heart. Marry for love. Give 100%! Encourage the other person to follow their dreams…and develop a short memory!

Kim: What do you mean by developing a short memory?

Wayne: Well, if you have an argument, don't hold a grudge. As we say in New York, forget about it!

Kim: Thank you for your advice. I'll keep that in mind as well. I'm not sure how you will take this question, but can you compare yourself now to when you were younger?

Wayne: I'm so much better looking now!

Kim: Really? That's interesting!

Wayne: More seriously, nowadays I'm a lot more humble than I was as a brash youth. Life is a lesson in humility, isn't it?

Kim: Yes, it is! You also call yourself a "bunny hugger", and I know you're a vegetarian as well. Plus, I'm not sure if you would remember this, but you once told me you would never buy leather goods or furniture. Is there any particular reason why you became an animal rights activist?

Wayne: No, I'm no activist. I just love animals, but I'm not a purist. If necessary for human survival, I'm not against doing what is necessary. I just try to reduce my use of animal products. I eat only veggie at home, but away from home, sometimes that doesn't work out. I also am ashamed to say I have a pair of leather cowboy boots that I like very much.

Kim: Oh, I didn't know that. While listening to all your stories, I'd like to ask you what your philosophy in life is.

Wayne: Try not to take things too personally. Aspire to be calm, compassionate, constructive, and curious…and try to love my enemy.

Kim: Finally, this is going to be the last question. Many Korean teenagers want to become lawyers or doctors because they think being a doctor or a lawyer is a successful life. What is a "successful life" for you?

Wayne: I think they should all become doctors because we have too many lawyers!

Kim: Ha ha ha…

Wayne: Just kidding. Success is not defined by one's profession. I think success is different for different people. For me, success is to have few regrets, to have loved and to have been loved.

Kim: Then, have you had a successful life?

Wayne: So far so good!

Kim: Wayne, I really enjoyed our conversation today. Again, thank you so much for your time.

Wayne: Thank you.

아선생의
미국말
미국문화

: Potluck의 알콜 버전, BYOB!

아선생이 미국에 온 지 얼마 되지 않았을 때 E-vite(E-mail로 보내는 초대장)로 한 파티에 초대를 받았는데, 초대장에는 정확히 다음과 같이 적혀 있었다:

> "There will be lots of food
> so BYOB!
> Hope to see you there."

그 당시의 아선생은 Potluck Party는 이미 몇 번 가본 터라 "lots of food"라는 부분만 읽고는 '아하! 이건 빈손으로 가도 되는 파티구나!' 싶어 미련하게도 그냥 갔다. 초대장 속 정체불명의 단어 "BYOB"에 대해서는 그 뜻조차 몰랐지만, 학과 공부에 그에 따른 영어 공부에 무척이나 지쳐 있던 학생 시절의 나는 초대장 속 정체불명의 그 단어를 알려고조차 하지 않았다. 무식하면 용감하다는 표현은 바로 이런 순간을 두고 하는 말이 아닐까 싶다.

그런데 가는 날이 장날이라고 했던가! 파티에 관한 한, 쌍팔년도 코리안 타임을 아직까지도 고수하고 있는 아선생이 하필 그날따라 가장 먼저 파티 장소에 도착했던 것이다! 초대장에 적힌 대로, 음식은 한 상 푸짐~하게 차려져 있었다. 아주 많은 사람이 먹을 수 있을 만큼… 그런데!!!!!! 한밤에 성인들이 하는 파티임에도 불구하고 술이 하나도 없는 것이었다. 정말 맥주 단 한 병도!!! '오늘은 술을 전혀 마시지 않는 파티인가?' '초대를 한 이 친구가 술 마시는 걸 대단히 싫어하는 사람인가?' '그렇다면 지난번 파티에선 왜 와인을 마시고 있었지?' '포도주스를 내가 와인으로 잘못 본 건가?' 이런저런 의문점이 한꺼번에 마구마구 솟아나던 바로 그 찰나, 초대장에 적힌 바로 그 단어, "BYOB"가 슬며시 머릿속에 떠올랐다. 아뿔싸! BYOB!! BYOB!!!!!! 그래, 그게 뭔가를 의미한 것이었던 게야! BYOB… 그리고 내 예감은 적중했다. 그때 그 순간의 모든 궁금증에 대한 해답은 바로 "BYOB"라는 말 속에 들어 있었다.

아메리카 가라사대, BYOB란 "Bring Your Own Booze*/Bottle"의 약자로, 한마디로 네가 마실 술은 네가 가지고 오라는 말! BYOB는 초대하는 주인이 한껏 솜씨를 발휘해서 손님들을 위한 음식 장만을 하는 대신, 비교적 값이 나가는 술이라도 손님들이 각자 알아서 준비해 와서 초대해준 사람의 경제적 부담이나마 조금이라도 덜어주려는 데에서 비롯된 미국 문화다. 역시 Potluck처럼 어떤 형태로든 한 사람에게만 짐을 지우게 하지 않으려는 합리적인 미국인들이 고안해낸 부담 없는 파티의 한 형태이다. 그렇지만, 술을 안 마시는 친구들의 경우, 각종 주스나 프룻펀치(fruit punch) 등과 같이 알콜이 없는 칵테일을 준비해 오기도 해서 모두가 술을 마셔야 할 필요는 없다.

어쨌든 아선생은 그날의 BYOB 파티에서, "너 요새 금주하니?"라는 등의 황당한 코멘트를 날리는 일만은 다행히 없었다. 모르는 것은 죄가 아니지만, 모르면서도 알려고 하지 않는 것은 죄다. 영어가 아무리 편해졌다고 해도 교만은 금물! 그러니 모르는 것은 찾거나 물어봐서 국제적인 망신만은 면하도록 하자. 충성!

---

* booze : 술

Bring Your Own Booze/Bottle

Chapter

— 3 —

배우의 삶을
말하다

Owen
Provencher

I think anything worthwhile in life is a
challenge.

WHO

〈미국에서 가르치는 영문법 1권〉의 오디오
파일을 제작할 당시, 나는 출판사에서 지불하
는 금액에 맞춰서 이곳에서 성우를 구해야만
했다. 그 결과 프로 연기자보다는 우리 대학
의 연극영화과 학생 중 저렴한 비용에 아르바
이트를 할 수 있는 사람들로 알아보던 중이었
다. 그런데 당시 음성 파일 편집 담당이었던
내 친구가 영화에도 출연하는 프로 연기자인
자기 친구가 우리를 도와주겠다고 한다고 했
다. 친구가 보내준 유튜브 링크를 통해 그의
영화를 보고서야 비로소 그가 어떤 사람인지
알게 된 나는, 설마 이런 프로 배우가 출판사
가 제시하는 이 정도 금액의 가격에 응해줄까

반신반의하며 그에게 전화했고, 놀랍게도 그
는 시간당 25달러라는, 그의 경력에 비하면
정말 말도 안 되는, 사실상 거의 무보수에 가
까운 돈을 받고 내 책의 오디오 파일을 위한
성우를 선뜻 해주겠다고 했다. 그는 배우지만
언어 교육 분야에도 관심이 많아서 영어를 배
우는 학생들에게 조금이라도 도움이 되고자
이 프로젝트에 참여하고 싶다며, 그의 생각에
이 일이 의미가 있기 때문에
얼마를 받든 상관없이 우리를
도와주고 싶다고 했다.

IS

 Owen 씨는 첫 만남부터 그 겸손함이 무척
인상적이었지만, 사실 내게 그보다 더 인상
적이었던 것은 함께 일하면서 목격할 수 있었
던 그의 프로다운 면모였다. 한 페이지도 안
되는 그 짧은 대화들을 하나하나 읽어내는 일

에도 그는 진정 프로다운 연기를 하고 있었다. 내가 문법 교육용으로 썼던 대화문들이 Owen 씨의 연기를 통해서 다시금 내 눈 앞에 펼쳐지던 순간, 나는 잠시나마 드라마 작가가 된 듯한 행복한 착각에 빠지기도 했다. 호흡이 짧은 영어 교재용 대화 속의 인물들 하나하나가 그의 연기를 통해 생동감 있게 살아있는 캐릭터들이 되어 가고 있었고, 그 과정에서 나는 연기의 세계를 살짝 엿볼 수 있었다. 그때 마침 한국의 내 가족들이 플로리다에 놀러와 있어서 그 책에 참여한 성우들을 모두 우리 집에 초대해서 한국 음식을 대접했는데, 그날 밤 그는 장충동 국립극단에서 연극 활동을 하신 적 있으신 연극배우 출신 내 아버지와 연기에 대해서 많은 이야기를 나눴다. 물론 영어를 못하시는 아버지를 위해서 나의 통역이 필요하긴 했지만, 어쨌든 그날 그들의

대화 속에서 나는 연기에 대한 그의 열정을 다시금 확인할 수 있었다.

이 챕터에서는 영화 배우이면서, 시카고의 라디오 방송국에서 성우로도 활동했고, 미국 동부권의 TV와 라디오 광고에 나오며, 2015년 7월 현재 보스턴의 한 극단과 계약해서 주연 배우로도 활동하고 있는 연기자, Owen Provencher 씨의 이야기를 들어보자.

Interview

Owen Provencher

우리말 인터뷰 문상을 읽고 영어로 말하고 싶은 표현을 표시한 후 옆 페이지 영어 대화문에서 어떻게 쓰이는지 확인해 보자. QR 코드로 여러 번 듣고 크게 따라 말해 보자.

Kim: 한국의 독자들에게 자신의 소개를 좀 해주시겠습니까?

Owen: 네, 제 이름은 오웬 프로벤처입니다. 저는 연기자이면서 독립영화 제작자입니다. 저는 단편 영화와 독립 영화를 만들어요. 지금은 다큐멘터리를 제작하고 있는 중이고요. 저는 또한 커뮤니케이션 전문가로도 일하고 있습니다.

Kim: 커뮤니케이션 전문가라고요? 그건 몰랐어요.

Owen: 네. 중소기업들과 상담을 해주는데, 그들이 하는 일들을 제가 좀 더 명확하게 해줍니다…. 특히 마케팅이나 그들이 전달하고자 하는 메시지에 관해서요.

Kim: 멋져요! 그런데 오웬 씨의 억양이 북부 플로리다 억양과 많이 달라요. 어디 출신이세요?

Owen: 저는 원래 매사추세츠 주 보스턴 근방 지역 출신입니다. 하지만 저는 여행하는 것을 정말 좋아해요. 여행을 아주 많이 했어요. 콜로라도에서 5년 있었고, 탈라하시(플로리다의 주도)에서 10년 있었어요. 오, 북부 아프리카도 여행했었어요. 그곳에서 2년 있었는데, 실은 거기서 영어를 가르쳤어요.

Kim: 정말요?

Owen: 네, 정말 좋은 경험이었지요.

Kim: 보스턴 출신이시니 이 질문을 드리고 싶네요. 보스턴과 북부 플로리다의 문화적 차이에 대해서 말씀해주시겠습니까?

Owen: 물론이죠! 제가 처음 탈라하시로 이사했을 때는 그러니까, 그곳이 지금도 여전히 그렇지만, 정말 아름답다고 생각했어요. 그리고 약간 게으르다고 할까, 그러니까 모든 것이 좀 더 느린 속도이고, 또 고풍스러운 것 같아요. 그래서 이런 것들이 좋았어요. 음… 처음에는. 그러다 이 속도에 적응하는 것이 힘들다는 것을 깨달았어요. 제 생각에 북부는 모든 것이 더 빠른 속도로 돌아가는 것 같아요. 그리고 사람들이 뭐랄까, 지나친 일반화를 하면 안 되겠지만, 그래도 사람들이 더 야망이 있는 것 같아요. 뉴잉글랜드 지방-제 출신 지역이 그렇게 불리지요-에는요. 저는 왜 그런지에 대해 생각해보는데, 제 생각에는 역사적으로 여러 다른 면들과 관련이 있다고 생각해요. 즉, 우리는 같은 시기를 살아왔지만 그것을 아주 다르게 겪었는데, 그와 관계가 있다고 생각해요.

Kim: Can you please introduce yourself to the Korean audience?

Owen: Sure, my name is Owen Provencher. I'm a performing artist and independent film maker. I produce short and independent films. Right now, I happen to be working on some documentary work. I also work as a communications specialist.

Kim: Communications specialist? I didn't know that.

Owen: Yes. I consult with small and medium-sized businesses, and I help them to clarify the work that they do…especially when it comes to marketing and getting their message out.

Kim: Awesome! By the way, your accent sounds quite different from the north Floridian accent. Where do you come from?

Owen: I'm originally from just outside Boston, Massachusetts, but I love to travel. I've traveled quite a bit. I've spent five years in Colorado, and I also spent 10 years in Tallahassee. Oh, I've also traveled to North Africa. I spent two years there, and actually, I taught English as a second language there.

Kim: Really?

Owen: Yeah, that was quite an experience.

Kim: Since you're from Boston, I'd like to ask you this question. Would you like to talk about the cultural difference between Boston and north Florida?

Owen: Absolutely! When I first moved to Tallahassee, you know, what I thought it was…and it is! It's beautiful, and it seems to be a bit more, I guess you can say lazy, and a bit more slow-paced, and ❶ **quaint**. So this was nice…uh… in the beginning. Then, I found that it was a challenge to really adjust to that pace. I believe things are faster-paced up north, and people are, you know, well, we can't generalize too much, but I do find that people are a lot more… Hmmm, how can we say, maybe ambitious in the New England area, which is what my region is called. I try to figure out why that is, but I just think it ❷ **has to do with** different aspects of history. You know, we ❸ **went through** the same time period, but we went through very differently, and I think that has a lot to do with that.

VOCABULARY & IDIOMS

❶ quaint

예스러운

EXAMPLE DIALOGUE

Laura   Sean, I heard you're moving to another city.

Sean   It's not a city but a **quaint** little town with a small college, and I got a teaching job there.

Laura   Good for you, but you had such a lucrative job here in New York. Besides, you also got promoted last month, didn't you? So all of us were like, "Why is he quitting such an awesome job out of the blue?"

Sean   Actually, my decision to leave New York City didn't come out of the blue. I've been wanting to move to a small town for a long time…and they wanted me to take care of the whole company after I got promoted…but I don't feel like I'm capable of taking on that much responsibility.

Laura   Well, as long as you're happy, I'm happy for you. Good luck with your new life there!

Sean   Thanks.

> Laura: 숀, 네가 다른 도시로 이사 간다고 들었어.
> Sean: 도시 아니고 작은 대학이 있는 고풍스러운 작은 마을인데, 거기 교수직을 구했어.
> Laura: 잘됐다. 그런데 넌 여기 뉴욕에서 그렇게 돈 잘 버는 직업을 가지고 있었잖아. 게다가 지난달 승진까지 했고, 안 그래? 그래서 우린 모두 "대체 왜 숀이 그렇게 좋은 직장을 갑자기 그만두지?"라고 했다니까.
> Sean: 사실, 뉴욕을 떠나는 게 갑자기 한 결정은 아니야. 나는 오랫동안 작은 마을로 이사하고 싶어 했거든. 그리고 내가 승진한 후에 그들이 내가 그 회사 전체를 관리하길 원했지만, 내가 그렇게 큰 책임을 질 만큼 능력이 있다고 생각도 안 되고.
> Laura: 어쨌든, 네가 행복하다면 됐어. 그곳에서의 새로운 삶에 행운이 함께하길 바라!
> Sean: 고마워.

❷ have to do with

～와 관련되다/～와 관계가 있다

EXAMPLE DIALOGUE

Jennifer   I had a hard time getting to sleep last night.

John   Again? I told you to cut down on coffee.

Jennifer   John, my insomnia **has** nothing **to do with** coffee because I only drink decaf.

John   Really? What does your doctor say then?

Jennifer   She says it **has** a lot **to do with** stress.

John   You've been suffering from insomnia for a long time. Why don't you see a specialist for a second opinion?

Jennifer   That's not a bad idea.

> Jennifer: 나 어젯밤에 잠드는 데 애를 먹었어.
> John: 또? 내가 너한테 커피 좀 줄이라고 했잖아.
> Jennifer: 존, 내 불면증은 커피와는 아무 상관이 없어. 난 디카페인 커피만 마시니까.
> John: 정말? 그럼 의사는 뭐라고 해?
> Jennifer: 의사 선생님은 스트레스와 많은 관련이 있다고 하셔.
> John: 너 오래 불면증에 시달렸잖아. 다른 소견을 듣기 위해서 전문의를 만나보면 어때?
> Jennifer: 좋은 생각인 것 같아.

❸ go through

～를 거치다

EXAMPLE DIALOGUE

Andrew   Young-sook, having lived in South Korea for a decade, I realize Korean people are faced with a huge generation gap, which even causes some social problems.

Young-sook   Oh, yeah, and it feels like it's getting even worse these days.

Andrew   What do you think the biggest reason is?

Young-sook   Well, it's kind of complicated, but I believe my parents' generation **went through** so many hardships including the Korean War whereas people of my generation did not have to **go through** anything like that, so I guess it's natural that we don't understand each other.

> Andrew: 영숙, 한국에 10년 살다 보니 한국 사람들이 큰 세대 차이를 겪고 있다는 걸 깨달았는데, 그게 어떤 때는 사회 문제까지 야기하는 것 같아.
> 영숙: 그래, 맞아. 요즘은 그게 더 심해지는 것 같아.
> Andrew: 넌 가장 큰 이유가 무엇이라고 생각해?
> 영숙: 글쎄, 그 문제는 좀 복잡하지만 내 생각엔 우리 부모님 세대는 한국 전쟁(6.25)을 비롯해서 많은 힘든 고난들을 겪으셨는데, 반면 우리 세대는 그런 건 겪지 않았으니까 우리가 서로를 이해 못 하는 것은 당연한 일인 것 같아.

Interv²ew

Owen Provencher

우리말 인터뷰 문장을 읽고 영어로 말하고 싶은 표현을 표시한 후 옆 페이지 영어 대화문에서 어떻게 쓰이는지 확인해 보자. QR 코드로 여러 번 듣고 크게 따라 말해 보자.

Kim: 그런 문화적 역사적 차이 때문에 남부와 북부는 정치적인 차이도 있다고 알고 있습니다. 그런 제 의견에 동의하십니까?

Owen: 전적으로요! 저는 그렇게 생각합니다. 저는 남부가 조금 더 보수적인 경향이 있다고 생각해요. 그리고 그것은 다시 한 번 말씀드리지만, 역사와 관련이 있다고 생각해요. 우리들의 역사는 매우 다릅니다. 예를 들어, 가장 주된 것은 (흑인) 노예제도에 관련된 역사입니다. 제 생각에는, 비록 노예제도가 모든 곳에 퍼져 있었지만, 그것은 남부에서 훨씬 더 흔했어요. 역사가 짧은 우리나라의 초창기에 노예제도는 원자재를 얻어 북부로 보내기 위해서 많은 힘든 노동이 행해져야 했던 남부의 경제에 큰 역할을 했습니다, 안 그래요? 그러니까, 농작물과 특히 목화 등을 채취한 후에 북부로 보내야 했지요. 그런데 북부에는 공장들이 있었고, 많은 사람이 농장에서 나와서 천이나 뭐 그런 원자재들을 가공하기 위한 공장으로 갔지요… 그래서 경제적으로 아주 다른 환경이었죠… 그리

고 저는 그런 영향이 여전히 남아 있다고 생각해요. 그러니까, 그런 것들을 소화하는 데는 여러 세대가 걸리지요. 요즘의 뉴스를 봐도, 우리는 아주 오래전에 일어났던 우리 역사의 영향을 볼 수 있어요. 그래서 일반적으로, 저는 남부가 훨씬 더 보수적이라고 말씀드리고 싶어요. 그게 가장 큰 차이점이라고 생각하고요. 물론, 보스턴 변두리 지역이나 북쪽의 시골 쪽 사람들처럼 다른 곳들도 있어요. 정치적 견해가 다르죠… 아마 그런 곳들이 도시보다는 조금 더 보수적일 수 있어요. 저는 대학들의 위치도 이와 많은 관련이 있다고 생각해요. 그러니까, 좀 더 교육을 받은 사람들이 있는 곳에는 조금 더 열린 마음과 다른 대안도 기꺼이 생각해 보려는 자세가 있지요.

Kim: Due to the cultural and historical differences, I understand there is a political difference as well between the North and the South. Would you agree with me on that?

Owen: Absolutely! I would think so. I think that the South tends to be a bit more conservative. And again, I think it has to do with history. Our history is very different. For example, the major one is the history involving slavery. I think although slavery was prevalent everywhere, it was much more prevalent in the South. In the early history of our young nation, slavery ❹ **played a big role** in the economy of the South where a lot of hard labor had to be conducted in order to get the raw materials from the South to the North, right? So you had to pick crops, cotton especially, and then ship that up North where we had factories…and a lot of people were coming from farms and going to factories to process the materials like fabric and things like that…so very different economic climate…and I think a lot of that is still there. You know, it takes multiple generations to kind of process that. Even in the news today, we can see effects of our history that had occurred a long time ago, so generally, I would say it's a lot more conservative in the South. I think that's the main difference. Of course, you have different areas like the folks in the countryside in the north or the ❺ **outskirts** of Boston. You get different political views…maybe even a bit more conservative than you would in the city. I think a lot of it has to do with the location of the universities…where you have more educated population, you have more open-mindedness and a willingness to look at alternative viewpoints.

VOCABULARY & IDIOMS

❹ play a big role

큰 역할을 하다

EXAMPLE DIALOGUE 1

Isaac   I'm so stressed out because I need to get the gist of this book as soon as possible. We're having a discussion about this book in my world history class tomorrow.

Jung-un   Let me take a look at it. Oh, I've read this book! It's all about how General MacArthur **played a big role** during the Korean War.

Isaac   General MacArthur **played a big role** during the Korean War?

Jung-un   Yes, he did. You didn't know about that? He's very famous in S. Korea.

Isaac   Well, you know, I'm not that into history.

> Isaac: 나 너무 스트레스 받아. 가능한 한 빨리 이 책의 요점을 파악해야 해서 말이야. 내일 세계사 시간에 이 책에 대해서 토론하거든.
>
> 정은: 어디 한번 보자. 어, 이 책 내가 읽어봤어! 맥아더 장군이 한국 전쟁 때 어떻게 큰 역할을 했는지에 관한 모든 것이지.
>
> Isaac: 맥아더 장군이 한국 전쟁에서 큰 역할을 했다고?
>
> 정은: 맞아. 그랬어. 너 그거 몰랐어? 그분이 한국에서 정말 유명해.
>
> Isaac: 음, 그게, 내가 역사에 별로 관심이 없잖아.

EXAMPLE DIALOGUE 2

Wife   Jimmy, would you care for some chicken salad?

Husband   Can we please have pizza instead?

Wife   We ate cereal for breakfast and ramen noodles for lunch. We really need to have something healthy for dinner.

Husband   But I'm craving pizza and beer tonight.

Wife   Honey, your diet **plays a big role** in your health. You know better than that!

Husband   All right, but I'll have pizza tomorrow night instead.

> 아내: 지미, 치킨 샐러드 어때?
>
> 남편: 우리 그냥 피자 먹으면 안 될까?
>
> 아내: 우린 아침으로 시리얼을 먹었고 점심으로 라면을 먹었어. 저녁은 정말 건강식을 먹어야 해.
>
> 남편: 그렇지만 난 오늘 밤 피자와 맥주가 당긴다고.
>
> 아내: 여보, 먹는 음식은 우리 건강에 정말 큰 역할을 해. 당신도 그 정도는 잘 알잖아!
>
> 남편: 알았어, 하지만 대신 내일 밤에는 꼭 피자를 먹을 거야.

❺ outskirts

변두리/외곽 지역

EXAMPLE DIALOGUE

Jake   Diana, I need to submit a paper on the history of Christmas. Do you know where I can get some research materials for this assignment?

Diana   I'm not sure, but Dr. Rudolph should be able to provide tips on where to find some articles about the topic.

Jake   Where does he work?

Diana   His office is on the **outskirts** of Miami. You might want to make an appointment before meeting with him. Here's his e-mail address.

Jake   I'll definitely do so. Thanks a million!

> Jake: 다이애나, 내가 크리스마스의 역사에 대한 페이퍼를 제출해야 하거든. 이 숙제를 위한 연구 자료를 어디서 구할 수 있을지 알아?
>
> Diana: 나도 잘 모르겠지만, 루돌프 박사님께서 그 주제에 관한 글들을 어디서 찾을 수 있을지 조언을 주실 수 있을 거야.
>
> Jake: 그분이 어디서 일하셔?
>
> Diana: 그분의 사무실이 마이애미 외곽 지역에 있거든. 그분을 만나기 전에 약속을 잡아야 할 거야. 여기 그분 이메일 주소야.
>
> Jake: 꼭 그렇게 할게. 정말 고마워!

Interv^{3}ew

Owen Provencher

우리말 인터뷰 문장을 읽고 영어로 말하고 싶은 표현을 표시한 후 옆 페이지 영어 대화문에서 어떻게 쓰이는지 확인해 보자. QR 코드로 여러 번 듣고 크게 따라 말해 보자.

Owen: (계속) 보스턴에는 미국의 가장 오래된 교육 기관인 하버드 대학이 있어요. 또한, 세계적으로 가장 뛰어난 공대 중 하나인 MIT가 있어요. 우리는 교육에 관한 오랜 역사를 가지고 있으며, 그래서 저는 개인적으로, 좀 더 열린 사고와 좀 더 진보적이고 자유로운 관점을 가지려고 합니다.

Kim: 그렇군요. 그럼, 다음 질문 드릴게요. 많은 사람이 연기하는 직업에 대해서 친숙하지 않으니까, 오웬 씨의 직업에 대해서 좀 더 상세하게 말씀해주실래요?

Owen: 네. 그것은 힘든 도전입니다. 그게 첫 번째로 제게 떠오르는 생각이네요. 저는 무엇이든 인생에서 가치가 있는 일은 힘든 도전이라고 생각합니다. 제게는 예술가가 된다는 것이 저의 표현에서 비롯된다고 생각해요. 저는 제 일을 통해서 저 자신을 표현할 수 있습니다. 그 부분이 제가 가장 좋아하는 겁니다. 하지만 여기 미국에는 연극계를 포함해서 예술가들을 지원해주는 예술 프로그램이 없기 때문에 힘들다고들 합니다. 우리 역사 속에서 1900년대 초 이런 프로그램이 있었습니다. 연극 프로그램을 포함한 예술 프로그램들을 만들어내는 미국 연방정부 소속의 기관들이 있었는데, 그것이 폐지되었죠. 그래서 개인 예술가나 그룹 예술가들 모두 자신들이 해야 할 일을 하기 위해 필요한

재정을 마련하기가 힘듭니다. 제 경우, 연극과 영화를 만드는 것이 모두 협력으로 하는 예술이기 때문에 많은 사람이 그들의 비전을 공유하고 함께 일해야 합니다… 그리고 그것은 많은 재원이 필요하고, 그래서 아주 힘든 도전일 수 있습니다. 하지만 예술가로서 자신의 열정을 표현할 수 있는 기회를 얻을 때… 영화 촬영장이나 연극 무대 위에서 연기하면서 다른 예술가들이나 관객들과 함께 그 창의성을 나눌 수 있는 곳, 이런 곳들이 아닌 그 어떤 다른 곳에도 저는 있고 싶지가 않습니다.

Kim: 그렇다면, 연기자로 살면서 실제 생활 속에서 가장 어려운 점은 무엇입니까?

Owen: 음, 삶 속에서 균형을 잡아야 하는 것입니다. 가족과 함께하는 삶과도 균형을 맞춰야 하는데, 그게 아주 힘들어요. 그건 정말 힘들 수 있어요. 수입을 조정해야 하고, 생존할 수 있어야 하면서 또 창의력과 (연기에서의) 감정 표현 같은 것들도 균형을 잡아야 하는데, 그 모든 것들은 많은 시간이 소요됩니다. 그 각각의 영역에 모두 많은 것들이 요구되지요. 그게 가장 힘든 점입니다. 아마 그래서 제가 원하는 만큼은 창의적으로 되지 못하는 것 같아요. 왜냐하면 인생의 다른 부분들 또한 시간과 에너지가 요구되니까요.

Owen: (Continuing) In Boston, we have the oldest educational institution in the United States, Harvard University. We also have one of the world's most ❻ **preeminent** engineering schools, MIT. So we have a lot of history of education, and I believe that I like to have…me personally, I like to have a more open mindedness and a more progressive or liberal view.

Kim: I see. Here's my next question. Since a large number of people are not familiar with acting jobs, could you tell me about your profession in more detail?

Owen: Sure! It is a challenge…that would be the first thought I have. I think anything, you know, ❼ **worthwhile** in life is a challenge. For me, being an artist is where my expression comes from. I can express myself through my work. That is the work that I enjoy the most. But you know, here in the United States, artists do say that it is a challenge because we don't really have supported art programs including the theater. We used to have this in our history in the early 1900s. We had the federal United States agencies creating art programs including theater programs, and that was abolished, so it's a struggle to come up with the funding to do what you need to do, both as an individual artist and as a group. In my case, since theater and film making is a collaborative art, there are a lot of people who need to come together to share their vision…and that takes a lot of resources, and that can be very much of a challenge, but it is very worthwhile, also. When you do get the chance as an artist to express your heart, again there is no other place that I'd rather be than on a film set or on a stage performing, sharing that creativity with other artists and with the audience.

Kim: Then, what is the most difficult aspect of being an actor in real life?

Owen: Uh… You have to balance in life. You have to balance your family life, which is very challenging…it can be very challenging. You have to balance income, being able to survive, and you have to balance out with your creativity and with your expression, and all of them take a lot of time. Each one has very strong demands on an individual, so that would be the biggest challenge. Maybe you can't be as creative as you would like to be because other aspects of life demand time and energy as well.

VOCABULARY & IDIOMS

❻ preeminent

탁월한

EXAMPLE DIALOGUE

Paul   Joan, can you please take a look at my essay and provide some feedback for me? I really want to make it better but don't know how to.

Joan   Let me see… It looks good, but why don't you add more modifiers such as adjectives and adverbs? As you might already know, modifiers add much more flavor to the language.

Paul   Awesome! No, you're beyond awesome!

Joan   I'd like to take the credit, but I learned it from my English professor who is **preeminent** in the field of linguistics.

Paul: 조안, 내 에세이를 보고 나한테 피드백을 좀 줄 수 있어? 내가 그걸 정말 좋은 글로 만들고 싶은데, 어떻게 해야 할지를 모르겠어.

Joan: 한번 보자… 좋아 보이기는 한데, 형용사나 부사 같은 수식어를 좀 더 넣어보면 어떨까? 너도 이미 알겠지만, 수식어는 언어에 깊은 맛을 더하지.

Paul: 굉장한데! 아니, 넌 굉장함 그 이상이야!

Joan: 나도 그 칭찬을 받아들이고 싶지만, 그건 언어학 분야에서 뛰어난 내 영어 교수님께 배운 내용이야.

❼ worthwhile

가치 있는/～할 가치가 있는

EXAMPLE DIALOGUE

Jackie   Gosh, this takes forever! Is there any way we can speed up the process?

Ross   I know it takes time, but this is the best way of doing this kind of research.

Jackie   So basically, you're telling me there's no royal road to learning, right?

Ross   Well, I know you use the saying just as a sarcastic joke, but it has a lot of truth to it. So instead of complaining about it, let's keep up the good work and make our effort **worthwhile**.

Jackie   *(With a sigh)* Okay.

> Jackie: 에이, 이건 너무 오래 걸려! 이걸 좀 더 빨리 할 수 있는 방법이 정말 없어?
> Ross: 나도 이 일이 오래 걸리는 건 알지만, 이런 종류의 연구를 하는 데는 이게 가장 좋은 방법이야.
> Jackie: 그러니까 한마디로 나한테 학문에는 왕도가 없다는 말을 하는 거지, 안 그래?
> Ross: 글쎄, 네가 그 말을 비꼬는 농담으로만 쓴다는 사실을 알고 있지만, 그 말에는 많은 진실이 담겨 있다고. 그러니까, 불평하는 대신 계속 열심히 일해서 우리 노력이 가치 있게 되도록 하자고.
> Jackie: *(한숨을 쉬며)* 알았어.

Interview

Owen Provencher

우리말 인터뷰 문장들 읽고 영어로 말하고 싶은 표현들 표시한 후 옆 페이지 영어 대화문에서 어떻게 쓰이는지 확인해 보자. QR 코드로 여러 번 듣고 크게 따라 말해 보자.

Kim: 무슨 말씀하시는지 잘 알겠습니다. 오웬 씨는 여러 영화에도 출연하셨다고 알고 있습니다. 그 영화들 중에서 좋아하시는 영화 하나만 한국의 독자들에게 소개해주실 것을 부탁드립니다. 그리고 그 영화에서 어떤 캐릭터를 연기하셨나요?

Owen: 음... 그게, 좋아하는 것 하나만 고르는 건 매우 힘든 일일 수 있지만, 여러 가지 다른 이유로 뚜렷하게 생각나는 영화가 두어 개 있어요. 〈My Four Inch Precious〉라는 영화가 특별히 생각나는 하나예요. 그것은 CGI 그러니까 컴퓨터로 만든 그래픽이 많이 사용된 영화입니다. 그 영화는 특수 효과를 많이 사용했어요. 그 이유는 그 이야기가 아주 외롭고 교육을 받지 못하고 독특한, 그러니까 살아가는 모습이 특이한 한 남자를 중심으로 진행돼요. 그가 하는 일은 쓰레기를 모아서 집으로 가지고 오는 것인데, 오래된 기계 부품이나 우리가 보면 사람들이 일상에서 흔히들 버리는 그런 것들 말이죠... 그리고 그는 그것들로 발명품을 만들어요. 그러다 하루는, 그가 쓰레기를 모으는 (쓰레기) 폐기장에 있던 중에, 다 죽어가는 작은 식물을 발견하게 되지요. 그는 가엾은 마음이 들어서 집으로 가지고 와서 그것을 돌봅니다.

이 식물에서 어떤 생명체, 마치 작은 요정 같은 존재인 작은 소녀가 나오고, 그는 그 작은 소녀와 사랑에 빠지지요. 이 효과를 만들어 내기 위한 과정은 정말 굉장했어요. 제가 일할 때와 우리가 그 영화를 제작할 때, 나는 그 작은 요정을 연기한 여배우를 한번도 못 봤어요. 그녀가 나오는 모든 장면은 따로 찍혔고, 그래서 저는 (아무도 없는데 마치 누가 있는 것처럼) 혼자서 대화하고 연기해야 했는데... 그것은 정말로 힘든 일이었어요. 완성된 영화를 볼 때 어떻게 그 모든 것들이 하나로 함께할 수 있는지는 정말 놀라운 일이죠. 우리는 그곳에 없었지만 (마치 누군가 있는 것처럼) 내가 봐야 하고 말해야 하는 많은 초점을 정해서 사용했지요. 결국에는, 그 여배우가 있었을 만한 장소를 정확히 계산하는 수학을 많이 사용한 덕분에, 그 모든 것이 완벽하게 완성되었죠. 그리고 스크린 속에서는 우리가 마치 거기 함께 있는 것처럼 보이고, 그녀는 아주 작은 존재 즉, 4인치밖에 안 되는 작은 소녀이고, 그녀에게 저는 한마디로 거인이죠. 우리는 그 영화 속에서 마치 우리가 같이 연기하면서 거기 함께 있었던 것처럼 연기해야 했고요.

Kim: Oh, I know what you mean. I understand you starred in several movies as well. Among those movies, please introduce your favorite one to the Korean audience. Also, what kind of character did you play in the movie?

Owen: Hmm… Well, it can be very tricky to identify one favorite, but I do have a couple in mind that ❽ **stand out** for different reasons. One in particular is called "My Four Inch Precious." This is a film that used a lot of CGI which is computer generated imaging and graphics. It used a lot of special effects…and the reason why is because the story revolves around a very lonely man, very uneducated and is very unique and eccentric in the way he lives. What he does is he collects trash and brings them home. Old junky parts of machinery and just things we find in life that people have thrown away…and he makes inventions out of them. So ❶ one day, while he is at the dump where he is collecting some junk, he finds a small plant which is almost dead. He feels sorry for it, so he brings it home and takes care of it.

Out of this plant comes a creature, a ❾ **being** like a little fairy, a little girl, and he falls in love with this little girl. In order to produce this effect, it was very amazing. When I was working and when we were producing the film, I actually never saw the actress that played the little fairy, the little girl. All of the production work involving her was shot separately, so I had to act and interact with nothing…and that was a challenge. When you see the finished film, it's amazing ❷ how things were to come together. We had to use a lot of focus points where I have something to look at and something to speak to, but that wasn't really there. In the end, because of using a lot of math to measure precisely where the other actress would be, it ❿ **ended up coming** together perfectly, and it looks like we're together there on the screen, and she's a little miniature, little four-inch-girl, and basically I'm a giant to her. ❸ We needed to act in the film as if we had been there, acting together.

VOCABULARY & IDIOMS

❽ stand out

두드러지다/눈에 띄다

EXAMPLE DIALOGUE

Katherine You look so nice and summery today. Do you know your fashion style always **stands out** on campus?

Olivia Thanks! I like the way you dress as well. It's very neat and tidy.

> Katherine: 너 오늘 너무 멋지고 여름 스타일인걸. 너의 패션 스타일이 캠퍼스에서 항상 눈에 띄는 것 알아?
> Olivia: 고마워! 나도 네가 옷 입는 스타일이 좋아. 아주 단정하고 깔끔해.

❾ being

생명체

EXAMPLE DIALOGUE

Librarian Do you need help?

Student Yes, please. I'm actually debating whether or not to check out this book, "On earth".

Librarian Oh, I happen to be reading this book now, and I find it very fun to read.

Student Great! So what is it about?

Librarian It's about a group of **beings** from another planet.

Student I love that kind of sci-fi! I'll check it out.

Librarian Okay.

> 사서: 도움이 필요하세요?
> 학생: 네. 제가 이 책 〈지구에서〉를 빌려야 할지 말아야 할지 고민하는 중이에요.
> 사서: 아, 제가 마침 이 책을 지금 읽고 있는데
> 저는 읽기에 매우 재미있는 책이라고 생각해요.
> 학생: 잘됐네요! 그래, 무엇에 관한 책인가요?
> 사서: 다른 행성에서 온 한 그룹의 생명체들에 관한 이야기랍니다.
> 학생: 제가 공상 과학 소설류를 정말 좋아해요! 이 책 빌려갈게요.
> 사서: 네.

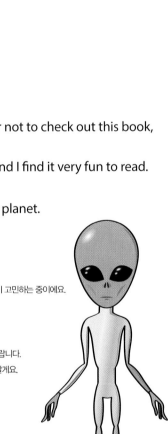

⑩ end up ~ing

결국 ~하게 되다

EXAMPLE DIALOGUE

Brittany   Hey, Ryan! What a nice surprise to see you here!

Ryan   Brittany! Long time no see! How's it going?

Brittany   Pretty good! How about you?

Ryan   Everything's perfect! No complaints! So are you on your way somewhere?

Brittany   Oh, yeah. I'm on my way to Brad and Angelina's wedding.

Ryan   Do you mean Brad Flemming and Angelina Brooks?

Brittany   Yup!

Ryan   I thought they broke up last month.

Brittany   Well, they actually broke up three times last year. The thing is they made up a week after they broke up each time. In any case, they kind of went back and forth for a while but **ended up** gett**ing** married.

Ryan   Good for them! Please say, "Congrats!" to them for me.

Brittany   I'll definitely do so.

Brittany: 이봐, 라이언! 여기서 너를 보다니 뜻밖이야!

Ryan: 브리트니! 정말 오랜만이야! 어떻게 지내?

Brittany: 아주 잘! 넌 어때?

Ryan: 나도 잘 지내. 불평할 게 없을 정도로! 그래, 지금 어디 가는 길인가 봐?

Brittany: 어, 그래. 지금 브래드와 안젤리나의 결혼식에 가는 길이야.

Ryan: 너 지금 브래드 플레밍과 안젤리나 브룩스 말하는 거야?

Brittany: 맞아!

Ryan: 난 그들이 지난달 헤어진 줄 알았어.

Brittany: 그게, 사실 걔네들이 작년에 세 번 헤어졌어. 문제는 매번 헤어진 후 일주일 뒤에 화해했다는 거지. 어쨌든, 한동안 이랬다저랬다 했지만, 결국엔 결혼하게 됐어.

Ryan: 잘됐다! 그들에게 내가 축하한다고 했다고 전해줘.

Brittany: 꼭 그렇게 할게.

Interv⁵ew

Owen Provencher

우리말 인터뷰 문상을 읽고 영어로 말하고 싶은 표현을 표시한 후 옆 페이지 영어 대화문에서 어떻게 쓰이는지 확인해 보자. QR 코드로 여러 번 듣고 크게 따라 말해 보자.

Kim 우와, 정말 놀랍네요! 게다가 오웬 씨는 〈The Great Sink〉라는 영화에도 출연하셨죠, 맞나요?

Owen: 네, 그랬습니다. 그것은 사실 제가 좋아하는 영화 중 하나인데, 1400년대 초기에 지금의 미국으로 스페인 사람들이 왔을 때 스페인 정복자에 관한 이야기입니다. 저는 그 (영화를 찍는) 과정을 무척 즐겼어요. 왜냐하면, 제가 그 시나리오를 쓴 사람과 감독과 함께 잘 일할 수 있었기 때문인데, 실제로 영화 촬영 들어가기 전부터 그들이 영화를 만드는 것을 제가 도왔습니다. 그러니까 이야기가 어떻게 전개되어야 하는지에 대해서 제가 할 말이 아주 많았는데, 그 이유는 그 이야기가 제가 연기하는 캐릭터를 중심으로 돌아가기 때문이었지요.

Kim: 멋지네요. 오웬 씨께서 언급하셨듯이, 오웬 씨는 연극 연기자이시기도 한데요, 그것은 영화 배우를 하시는 것과는 어떻게 다른가요?

Owen: 아.... 대단히 좋은 질문입니다! 대학에서 제가 공부한 것은 연극 연기 중심이었는데, 그것은 영화 연기와는 매우 다릅니다. 연극 연기를 할 때는 관객이 500명에서 1,000명, 혹은 10,000명까지도 의자에 앉아 있기 때문에, 배우는 자신이 하는 말이 다 들려서 이야기가 전달되도록 해야 합니다. 그래서 사람들이 이야기를 따라올 수 있도록 말이죠. 그렇게 악기로 쓰이는 배우의 몸은 훈련되어야 하고 발전시켜서 명확하고 크게 말할 수 있도록 해야 합니다. 하지만 동시에 감정을 실어서요. 왜냐하면 관객들에게 그냥 소리를 지르고 사람들이 그 이야기를 따라오면서 믿게 할 수는 없으니까요... 그렇기에 그것은 많은 성장과 다년간의 훈련이 필요하지요. 당신의 악기(배우의 몸)를 잘 사용하기 위해서 말입니다... 그래서 배우의 몸, 목소리, 상상력이 이야기를 흥미로운 방식으로 전달할 수 있도록 말이지요.

Kim: Wow, that sounds amazing! You also starred in the movie, "The Great Sink", didn't you?

Owen: Yes, I did. It's actually one of my favorites and is a story about the Spanish conquest early in the 1400s when the Spanish came to what is now the United States. I really enjoyed the process because I worked very well with the writer and the director and actually helped to shape the film before even starting to shoot. I mean I had a lot of say in how I thought the story could go because the story was really based on the character I was playing.

Kim: Fabulous! As you mentioned, you're a theater actor as well. How is it different from being a movie actor?

Owen: Ah…. great question! My training at university was based on theater acting which is very different from film acting. In theater acting, you may have an audience of 500 to 1,000 and even 10,000 people sitting in chairs, so you need to make sure that you can be heard so the story can be heard, and people can follow the story. So your body as an instrument needs to be trained and developed in order to speak clearly and loudly, but also with emotion because you can't just yell into the audience and expect people to believe the story to follow the story…so it takes a lot of development and years of training to use your instrument…therefore, your body, your voice and your imagination to convey the story in a way that is interesting to people.

Interview

⁶

Owen Provencher

우리말 인터뷰 문장을 읽고 영어로 말하고 싶은 표현을 표시한 후 옆 페이지 영어 대화문에서 어떻게 쓰이는지 확인해 보자. QR 코드로 여러 번 듣고 크게 따라 말해 보자.

Owen: (계속) 그리고는, 그게 텔레비전이든 영화든, 카메라 앞에서의 연기로 이행해야 하는 시점이 오는데, 이것은 또 매우 다릅니다. 배우로서 당신은 아주 작은, 그러니까 작은 사탕 크기의 마이크를 달아요. 당신의 셔츠 칼라 안에 넣을 겁니다. 그리고 당신을 언제든 아주 가까이 클로즈업 할 수 있는 카메라는 당신 얼굴에서 몇 인치 정도 떨어져 있을 거고요… 우리는 사람들이 우리를 그냥 보거나 혹은 거의 엿보는 것처럼 믿게 만들어야 합니다. 그러니까 마치 이야기로서의 우리의 비밀스러운 세계를 말이지요. 그러기 위해서는 만약 우리가 소리를 지른다면, 마치 우리가 무대 위에 있는 것처럼 말이죠. 그러면 그것은 전혀 그럴듯하지 않을 거예요. 그건 형편없어 보일 것이고 또 진짜처럼 보이지 않을 거예요. 그래서 그것을 사실적으로 보이게 하려고, 우리는 작은 마이크를 쓰고 카메라는 가까이 오지요. 그래서 우리는 에너지와 우리가 연극을 하기 위해서 배웠던 기술들을 가지고 그것들을 매우 다른 방식으로 적용해야 합니다. 그래서 우리가 감정을 표현하고 그것이 그럴듯하게 보이게 하기 위해서죠. 하지만 그것은 꼭 크게 말해야 한다는 의미는 아니에요. 그것은 좀 더 사실적이고 그게 우리 배우들이 하는 표현인데, 그래서 (시청자들이) 믿을 수 있게끔 해야 합니다. 그것이 연극 연기나 무대 연기에서 녹화되고 나중에 스크린에 나오게 되는 연기로 이행할 때 가장 큰 어려운 점입니다.

Kim: 이거 정말 멋진데요! 오웬 씨 덕분에 제가 오늘 연기의 세계에 대해서 많이 배웁니다. 제 다음 질문은 오웬 씨의 가족에 관한 질문인데요. 저는 오웬 씨가 직업의 특성상 가끔 가족들로부터 몇 달씩 떨어져 지내셔야 한다는 걸로 알고 있어요. 오웬 씨의 가족들은 그걸 어떻게 받아들이나요?

Owen: 음, 그게… 사실 아주 아주 힘들어요. 집에서 멀리 떨어져 있어야 하는 것, 생계를 책임져야 하는 것, 그와 동시에 예술가로서 창의적인 부분에 관여해야 하는 것 등 많은 어려움이 개입됩니다. 그것은 우리에게 너무 힘든 일임을 깨달았고, 결국 제 아내와 저는 별거를 하게 되었습니다.

Owen: (Continuing) Then comes transition into acting for the camera, whether be on television or for film, and this is very different. You as an actor will have a very small microphone, the size of…like a little piece of candy, and it would be put right in the collar of your shirt, and the camera might just be inches away from your face basically with the use of the lens they could really get you close…and we need to make people believe that they are just watching or almost like spying on us, you know, our secret world as a story. In order to do that, if we were to yell, as…like as if we were on stage, it would not be believable at all. It would look like rubbish, and it wouldn't look real. So in order to make it look real, we get these small microphones and the camera comes close, so we have to take the energy and the skills that we learned for theater and apply them for a very different mode so that we can express emotion and make it believable but doesn't necessarily have to be loud. It needs to be more real, that's what we say, and it has to

be believable. So that's the biggest challenge in ⓫ **transitioning from** theater performance, live performance, **to** something that is recorded and put onto a screen later on.

Kim: This is fascinating! Thanks to you, I'm learning a lot about the acting world today. My next question is about your family. I know you sometimes have to stay away from your family for several months due to the nature of your job. How does your family take it?

Owen: Oh, well…it's actually very very challenging. There are a lot of challenges that ⓬ **come into play** with needing to be far from home, both to earn a living, a livelihood and also to engage in, you know, the creative aspects…being an artist. It proved to be such a challenge for us that my wife and I ended up separating.

VOCABULARY & IDIOMS

⓫ transition from A to B

A에서 B로 이행(변화)하다

EXAMPLE DIALOGUE 1

Interviewer You're a versatile actress who has played a wide variety of roles. What has been the greatest challenge you have faced in your acting career to date?

Actress Thank you for the nice compliment. Hmm… The greatest challenge I have faced… Oh, I think that was the time when I had to **transition from** being a femme fatale **to** being a saint within such a short time.

Interviewer I know what you mean! You're talking about your movies, "The Wicked Woman" and "The Convent", aren't you? I didn't know that you filmed "The Convent" right after "The Wicked Woman" because "The Convent" was released first.

인터뷰 진행자: 당신은 대단히 다양한 역할을 해 온 다재다능한 여배우신데요. 당신의 연기 인생에서 지금까지 직면해온 가장 힘든 점이 무엇이었습니까?

여배우: 멋진 칭찬 말씀 감사합니다. 음… 제가 지금까지 직면해왔던 가장 힘든 점이라… 아, 그건 악녀였다가 성녀로 아주 짧은 시간 변했어야 하는 시간이 있었는데, 그때였던 것 같아요.

인터뷰 진행자: 무슨 말씀이신지 알아요! 당신의 영화, '나쁜 여자'와 '수녀원'을 말씀하시는 거죠, 그렇죠? 난 '수녀원'이 '나쁜 여자' 바로 뒤에 찍은 영화인 줄 몰랐어요. 왜냐하면 '수녀원'이 먼저 개봉되었잖아요.

* 여기서 잠깐!
Transition은 동사뿐만 아니라 명사로도 쓰인다.

EXAMPLE DIALOGUE 2

Wife Honey, Jake wrote a letter to me, and reading between the lines, I think he's telling me to give him money.

Husband Then, give him some money. What's the problem?

Wife These days, his odd behavior fills me with suspicion.

Husband I haven't noticed anything odd from him. I think you're being kind of sensitive. Let's try to understand him because he's in a period of **trantision from** adolescence **to** adulthood.

아내: 여보, 제이크가 내게 편지를 썼는데, 행간을 읽어보니 돈을 달라는 소리 같아요.

남편: 그럼, 걔한테 돈을 좀 줘요. 뭐가 문제지요?

아내: 요즘 걔의 이상한 행동들이 나를 의심하게 해서요.

남편: 난 걔한테서 아무것도 이상한 것 눈치 못 챘는데, 당신이 좀 예민한 것 같아요. 걔가 지금 청소년기에서 성인기로 가는 과도기에 있으니까, 이해하려고 노력하자고요.

Dear Mom

⑫ come into play

작동하다/개입하다

EXAMPLE DIALOGUE

Emily   This is so unfair! My professor shows favoritism toward a couple of students in this class, and it adversely affects my grade.

Kyle   What do you mean by that?

Emily   I feel like her personal feelings about those students **come into play** when she assesses our papers, and the worst part is she grades on a curve.

Kyle   If that's the case, there's always a grade appeals committee.

Emily   Grade appeals committee?

Kyle   Yes, it's a system for students who wish to appeal a grade.

Emily   That's awesome! I'll meticulously review the syllabus and all the rubrics she used in the class and decide whether or not to utilize the system.

Kyle   Sounds like a plan!

Emily: 이건 너무 불공평해! 이 수업에서 교수님께서 두어 명의 학생만 편애하시는데, 그게 내 성적에 불리하게 영향을 미쳐.

Kyle: 그게 무슨 소리야?

Emily: 우리 페이퍼를 평가할 때, 몇몇 학생들에 대한 그분의 개인적인 감정이 개입하는 것 같아. 게다가 최악은 그분이 상대평가로 점수를 매긴다는 거야.

Kyle: 이런 경우를 위해서 성적 재심 위원회가 존재하지.

Emily: 성적 재심 위원회?

Kyle: 그래. 그건 성적을 다시 받기를 바라는 학생들을 위한 시스템이지.

Emily: 우와, 좋다! 일단 이 수업에서 교수님께서 사용하셨던 강의 계획서와 채점 기준표를 꼼꼼하게 검토한 후에 그 시스템을 활용할지 말지 결정해야겠어.

Kyle: 좋은 생각이야!

Interview

Owen Provencher

우리말 인터뷰 문장을 읽고 영어로 말하고 싶은 표현을 표시한 후 옆 페이지 영어 대화문에서 어떻게 쓰이는지 확인해 보자. QR 코드로 여러 번 듣고 크게 따라 말해 보자.

Kim: 오.... 정말 유감입니다.

Owen: 이건 꽤 최근의 일입니다. 그게 지난 해인가 그래요. 우리는 이 결혼 생활을 위해 정말 열심히 노력했지만, 아마도 우리가 서로 가야 할 길이 다를지도 모른다는 사실을 깨닫게 되었지요. 우리는 서로 다른 것들을 필요로 했고 원했죠. 그리고 우리는 그런 깨달음을 얻었고, 그걸 그냥 받아들였어요. 그러니까 그 어떤 대가를 치루고라도 결혼 생활을 유지하려고 하는 대신에 말이죠. 그리고 난 우리 두 사람 모두 훨씬 더 행복해졌다고 생각해요. 하지만 안타까운 부분은 우리에게 두 아이가 있다는 사실입니다. 그래서 우리는 우리 아이들이 이를 어떻게 받아들이고 있는지를 이해해 가면서 그들이 무탈할 것을 확실히 하려고 해요. 그리고 전 그들이 괜찮을 거라고 생각해요. 제 생각에 이 경험에서 그 부분이 가장 큰 부정적인 측면이라고 말할 수 있겠네요. 하지만 저는 장기적으로 봤을 때, 우리가 더 행복해질 것이라고 믿어요. 왜냐하면, 우리는 우리들의 꿈과 열정을 따르기로 했을 뿐만 아니라, 우리가 지나치게 힘든 일을 해내느라 많은 스트레스를 받는 일은 없을 테니까요.

Kim: 충분히 이해합니다. 개인적인 이야기까지 우리에게 들려주신 점 정말 감사합니다, 오웬 씨. 제 다음 질문은 2009년에 출판된 제 영문법 책 녹음 작업에 관련된 것인데요. 사실, 제게는 그때 오웬 씨의 프로 정신이 무척 인상적이었습니다. 아시다시피, 그 책의 대부분의 대화문이 아주 짧았는데, 그럼에도 불구하고 오웬 씨는 매번 유난히 연기를 잘하셨어요. 그래서 저는 오웬 씨가 왜 프로 연기자이신지 확실히 알 수 있었어요. 그 녹음 일이 오웬 씨가 하셨던 다른 연기와 어떻게 달랐나요?

124

Kim: Oh, I'm so sorry to hear that.

Owen: This was fairly recent…within the past year or so. We really tried hard to make it work, but we realized perhaps that our paths were just separate. We needed and wanted different things. So after we came to that realization and just accepted it, instead of trying to make it work no matter what, I think we both ended up a lot happier. But the unfortunate part is we share two children together, so we have to make sure we understand how our children are processing that and make sure that they will be okay, and I think they will be. So that's the biggest negative I would say of the experience, but I do believe that ⓭ **in the long run** we'll all be happier because we did not only follow our dreams and our passions, but we won't have as much stress in trying to make something work that is just

⓮ **overwhelmingly** a challenge.

Kim: I totally understand. Thank you so much for sharing your personal story with us, Owen. My next question is related to the voice-over work for my ESL grammar book that was published in 2009. As a matter of fact, I was very impressed by your professionalism at that time. As you know, most of the dialogues in the book were quite short, but you still acted exceptionally well each time, and I could clearly see why you're a professional actor. How was the project different from your other acting jobs?

VOCABULARY & IDIOMS

⑬ in the long run

결국에는/장기적으로 보면

EXAMPLE DIALOGUE

Wife   Honey, can you please take a look at this flyer? It's about this high efficiency toilet that we can save so much water per flush.

Husband   So much water per flush? Come on! Let's not be so stingy with something like that. Plus, those kinds of things can be a sales gimmick!

Wife   You would think it's not much water, but please look at all these numbers here on the flyer. We'll save a considerable amount of money **in the long run**.

Husband   All right, I'll take a look at it.

Wife   Thanks, honey! You're the best!

> 부인: 이 전단지 한번 볼래? 물 내릴 때마다 많은 양을 절약할 수 있는 고효율 변기래.
> 남편: 변기 내릴 때마다 많은 물을 절약해? 그런 거로 너무 쩨쩨하게 그러지 말자. 게다가, 그런 것들은 하나의 상술일 수 있어.
> 부인: 많은 물을 절약하지는 않을 거라고 생각할 수도 있겠지만, 여기 전단지에 나온 숫자들을 좀 봐. 장기적으로 보면 우리가 상당한 돈을 절약할 수 있을 거야.
> 남편: 알았어. 내가 한번 볼게.
> 부인: 고마워, 여보! 당신은 최고!

⑭ overwhelmingly

압도적으로

EXAMPLE DIALOGUE

Jackie   Won-sang, according to the New York Times, the current president of South Korea is the dictator's daughter. Her father is Park Jung-hee who was the longest ruling autocrat in S. Korea, right?

Won-sang   Correct!

Jackie   As an American, I just don't get it. I wouldn't support a dictator's daughter.

Won-sang Yeah, many Korean people of my generation would agree with you, and I think a lot of us supported the presidential candidate from the second largest party. However, people in my parents' generation **overwhelmingly** voted for her, and I think it was like 80~90 % of them.

Jackie Why is that?

Won-sang Because S. Korea was one of the top 10 poorest countries right after the Korean War, but the economy made an extremely rapid progress while her father was the president.

Jackie Oh, that's why people in the older generation in Korea **overwhelmingly** supported Park.

Won-sang That's right…but then again, a considerable number of people in my generation including myself don't agree with them. We're now one of the top 10 richest countries in the world, so I believe we should think about things other than just the economy. You know, like the social welfare system. So, as you see, there's a huge generation gap in S. Korea, and it's sometimes very hard for me to understand Korean senior citizens.

Jackie People say we shouldn't judge others unless we walk a mile in their shoes, but it's sometimes very hard.

Won-sang You can say that again.

Jackie: 원상아, 뉴욕 타임즈를 보니까 한국의 현 대통령이 독재자의 딸이라고 하네. 그녀의 아버지가 한국을 가장 오래 지배한 독재자인 박정희라고, 맞아?

원상: 맞아!

Jackie: 미국인 입장에선 그게 이해가 안 돼. 나라면 독재자 딸은 지지하지 않을 것 같아.

원상: 그래, 우리 세대의 많은 한국인은 너의 의견에 동의할 거야. 그리고 우리 중 많은 수가 두 번째로 큰 당에서 나온 대통령 후보를 지지했고, 하지만 우리 부모님 세대의 분들은 압도적으로 그녀를 지지했는데, 내 생각에 그들의 80~90%가 그랬을걸.

Jackie: 왜 그런 거야?

원상: 왜냐하면 한국 전쟁 직후에 한국이 세계에서 가장 가난한 10대 나라 중 하나였지만, 그녀의 아버지가 대통령일 때 한국 경제가 극도로 빠르게 성장했거든.

Jackie: 아, 그래서 한국의 나이 든 세대 사람들이 압도적으로 박대통령을 지지한 거구나.

원상: 맞아… 하지만, 그래도 나를 포함한 우리 세대의 상당수 사람은 그들과 의견이 달라. 이제는 우리가 세계에서 10대 부자 나라에 들어가고, 그래서 난 경제만이 아닌 다른 것들도 생각해야 한다고 믿어. 이를테면, 복지 같은. 그래서 알다시피, 한국에는 극심한 세대 차이가 존재하고 나도 한국의 나이 든 사람들을 이해하는 게 많이 힘들어.

Jackie: 사람들은 그들의 입장이 되어서 생각해보기 전에 다른 사람들을 판단해서는 안 된다고들 하지만, 가끔은 그게 참 힘들지.

원상: 정말 그래.

Interview

Owen Provencher

우리말 인터뷰 문장을 읽고 영어로 말하고 싶은 표현을 표시한 후 옆 페이지 영어 대화문에서 어떻게 쓰이는지 확인해 보자. QR 코드로 여러 번 듣고 크게 따라 말해 보자.

Owen: 친절하신 칭찬의 말씀에 우선 감사드리고요. 그리고 두 번째로, 좋은 질문이네요. 그러니까... 그게 어떻게 달랐냐면... 저는 녹음 연기를 그 전에 해본 적이 있었지만, 그것은 모두 광고나 혹은 광고와 책이나 팸플릿을 읽는 나레이션, 그리고 애니메이션에 서였어요. 그 중 애니메이션이 가장 재미있는데, 왜냐하면 제 생각에 그것은 매우 창조적일 수 있으며, 아주 다른 독특하고 이상한 목소리들을 만들어낼 수도 있기 때문이지요. 그 일은 정말 재밌어요. 반면, 아영 씨와 함께 한 그 책을 위한 녹음 작업은 제가 아주 즐겁게 했었는데, 우리에게 아주 꼼꼼한 대본이 주어졌고 그것을 모두 따라야 하는 나레이션이 더 많이 있었어요. 왜냐하면, 우리가 말하는 것에 따라서 언어를 배우는 사람들이 있었기 때문인데, 그래서 우리는 (우리가 말하는) 그 언어가 굉장히 정확하고 올바르게 사실, 우리가 보통 때 말하는 것보다 더 정확하게 하려고 했습니다. 그래서 그것은 제게 아주 좋은 연습이었어요. 왜냐하면, 우리는 가능한 한 더 정확하게 하려고 했으니까요... 제 생각에는 그 부분이 주요 차이점입니다.

128

Owen: Well, thank you for those kind words, first of all…and second of all, good question! Let's see… How is it different… ④ I had done voice-over before, but it was mostly for commercials or in voice-over acting including commercials, narration where we read books or pamphlets, and then there is animation, which is actually the most fun I think because you get to be really creative and develop very different, unique voices and strange voices. It's fun. On the other hand, your project on that book, which I enjoyed very much by the way, was a great process with more narration, where we had a very precise script that we needed to follow because we had people who were learning a language based on those words that we spoke, so we needed to make sure that the language was very precise and correct and just more accurate than you would normally be. So it was a very good practice for me because we want to be as accurate as possible…so I think those are the main differences right there.

우리말 인터뷰 문장을 읽고 영어로 말하고 싶은 표현을 표시한 후 옆 페이지 영어 대화문에서 어떻게 쓰이는지 확인해 보자. QR 코드로 여러 번 듣고 크게 따라 말해 보자.

Kim: 알겠습니다. 오웬 씨와 함께 일하는 것은 제게도 큰 즐거움이었습니다. 마지막으로, 한국의 독자들에게 하시고 싶은 또 다른 말씀이 있으세요?

Owen: 네, 있어요! 저는 그분들과 제 생각을 나눌 이런 기회가 주어진 것을 대단히 감사하게 생각합니다. 그리고 언제든 그분들이 미국에 와서 우리가 가지고 있는 여러 다양한 지역을 볼 수 있는 기회가 주어진다면, 진심으로 환영합니다. 아시다시피, 우리나라는 아주 크고, 사람들이 말하는 것처럼, 세계의 멜팅팟(많은 다른 사람들이 뒤섞여 사는 곳) 중 하나죠. 예를 들어, 어떤 사람이 뉴잉글랜드(보스턴을 포함한 미국의 북동부 지역)에 가면, 그가 플로리다나 캘리포니아에 갈 때와는 또 다른 경험을 하게 될 것입니다. 또, 저는 한국이 제가 가고 싶은 몇 안 되는 나라 리스트 중 하나라는 것을 말씀드리고 싶어요. 그리고 저도 가서 똑같은 것들을 해보고 싶고요. 그것은 문화나 역사 또는 한국이 가진 것들을 말하는데... 특히 저는 음식이요. 아영 씨 덕분에 저는 진짜 한국 음식을 맛볼 기회가 있었는데, 정말 맛있게 먹었어요. 그래서 저는 기회가 주어지기만 한다면 갈 것이고 희망하건대, 이 책의 독자들을 만날 기회도 가졌으면 좋겠습니다.

Kim: 네, 저도 오웬 씨가 한국에 가시면 좋은 시간을 보내실 것이라고 믿어요. 오웬 씨, 시간 내주셔서 정말 감사드립니다. 함께 이야기하는 동안 즐거웠습니다.

Owen: 저도 즐거웠습니다. 감사합니다, 아영 씨.

Kim: I see. It was my pleasure working with you as well. Finally, do you have anything else that you would like to say to the Korean audience?

Owen: Well, yes! I really appreciate the chance to share my ideas with them, and I welcome them any chance they get to come to the United States and see the different diverse areas that we have. As you know, our country is so vast, and we are, as they say, one of the melting pots of the world. For example, if one goes to New England, they will have a different experience than if they go to Florida or California. Also, I wanna say Korea is on my short list of places to visit, and I would love to go and to do the same thing. It's for the culture and the history and to see what Korea has to offer… I think especially the food. Thanks to you, I had the chance to experience some authentic Korean food, and I truly enjoyed it. So I ❶⑮ **look forward to coming over** the first chance I get, and hopefully I will get a chance to meet some of the readers of this book.

Kim: Yeah, I'm sure you'll enjoy your visit to Korea. Owen, thank you so much for your time. It was a pleasure talking with you.

Owen: Oh, it's been my pleasure. Thank you, Ah-young.

VOCABULARY & IDIOMS

⑮ look forward to ~ing
〜를 기대하다/고대하다

EXAMPLE DIALOGUE

Maria   Matthew, I **have been looking forward to seeing** you at the church, but I don't see you there anymore.

Matthew   Well, I've been a Christian my whole life, but recently I'm not really sure if there's a God.

Maria   What do you mean by that? Does that mean you've become an atheist?

Matthew   No, I'm more of an agnostic now, which means I don't think it's possible to know whether God exists or not.

Maria   As you well know, I firmly believe that there's a God, but I cannot force my religious beliefs on you. You know, we all have religious freedom here in our country.

Matthew   You took the words right out of my mouth!

Maria: 매튜, 너를 교회에서 보기를 기대했는데 그곳에서 더 이상 너를 볼 수가 없네.

Matthew: 실은, 내가 평생 크리스천이었지만 최근 들어 신이 정말로 존재하는지 확신이 안 들어.

Maria: 그게 무슨 뜻이니? 네가 무신론자가 되었다는 말이야?

Matthew: 아니, 그보다는 지금의 나는 불가지론자에 가까워. 즉, 난 신이 존재하는지 아닌지 안다는 것은 가능하지 않다고 생각해.

Maria: 너도 잘 알다시피, 난 신께서 존재한다고 굳게 믿지만 내가 나의 종교적 믿음을 너에게 강요할 수는 없지 뭐. 이 나라에서 우리는 모두 종교의 자유가 있으니까.

Matthew: 그게 바로 내가 하려던 말이야!

"I AM THE RESURRECTION AND THE LIFE; HE THAT BELIEVETH IN ME, THOUGH HE BE DEAD, SHALL LIVE."

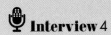 **Interview** 4

1 One day, while he **is** at a dump where he **is** collecting some junk, he **finds** a small plant which **is** almost dead. He **feels** sorry for it so **brings** it home and **takes** care of it.

하루는 그가 쓰레기를 모으는 (쓰레기) 폐기장에 있던 중, 다 죽어가는 작은 식물을 발견하게 됩니다. 그는 가엾은 마음이 들어서 집으로 가지고 와 그것을 돌봅니다.

>> 이 부분은 Owen 씨가 자신이 출연한 영화의 줄거리를 설명하는 장면으로, 보다시피 지속적으로 현재 시제를 쓰고 있다. 이렇게 영화나 책의 줄거리나 시놉시스를 이야기할 때는 현재 시제 (주로 단순 현재)를 쓴다.

EXAMPLE DIALOGUE

(At a video store)

Clerk   Have you found everything you need?

Customer Well, I'm looking for a romantic comedy, but I've already watched most of the movies here.

Clerk   Oh, this is the newest film section, so it seems like you've already watched most of the latest movies here.

Customer I think so too. Do you think you can recommend an old romantic comedy, you know, one that was released in the 90s or around 2000?

Clerk   Sure! In fact, a lot of wonderful romantic comedies were released around 1995. Have you watched "When Harry met Sally?"

Customer Oh, yeah! It's actually one of my most favorite movies.

Clerk   Then, what about "Sleepless in Seattle", "French Kiss", or "While you were sleeping?"

Customer Yes, yes, yes.

Clerk   Wow, you look like the queen of the romantic comedies! But this movie was not as famous as the others. "Only you", which was released in 1994.

Customer I've never heard of it. What's the movie about?

Clerk A fortune teller **tells** a teenage girl that a guy named Damon Bradely will be her future husband. She **grows up** and **gets engaged** to a doctor. Then, the day before her wedding, the doctor's friend whose name is Damon Bradely **calls** her, and she...

Customer Please stop there. I don't want to hear any spoilers. I'll watch it myself.

(비디오 가게에서)

점원: 필요하신 것 다 찾으셨어요?

고객: 그게, 제가 로맨틱 코미디를 찾고 있는데 여기 있는 대부분의 영화는 이미 본 거라서요.

점원: 어, 여기가 가장 최신 영화 섹션이니 고객님께서 최신 영화는 거의 다 보신 것 같네요.

고객: 저도 그런 것 같아요. 오래된 로맨틱 코미디라도 하나 추천해주실 수 있으세요? 뭐, 90년대나 2000년 즈음에 나온 영화요.

점원: 물론이죠! 사실, 많은 좋은 로맨틱 코미디 영화가 1996년 즈음에 개봉되었죠. '해리가 샐리를 만났을 때' 보셨어요?

고객: 물론이죠! 실은 그게 제가 가장 좋아하는 영화 중 하나예요.

점원: 그렇다면, '시애틀의 잠 못 이루는 밤', '프렌치 키스', '당신이 잠든 사이에'는요?

고객: 전부 다 본 거예요.

점원: 와, 로맨틱 코미디의 여왕 같으세요! 하지만 이 영화는 다른 영화들만큼은 유명하지 않아요. '온리유'인데, 1994년에 개봉되었죠.

고객: 한번도 들어본 적이 없는 영화예요. 무엇에 관한 영화인가요?

점원: 한 점쟁이가 10대 소녀에게 데이먼 브래들리라는 이름의 남자가 그녀의 미래 남편이라고 말해줘요. 그녀는 자라서 어떤 의사와 약혼을 하게 돼요. 그 후, 그녀의 결혼식 하루 전날, 데이먼 브래들리라는 이름을 가진 그 의사의 친구가 그녀에게 전화하는데, 그녀는…

고객: 거기까지만요. 스포일러는 듣고 싶지 않아요. 제가 직접 볼게요.

② how things **were to come** together.

어떻게 그 모든 것들이 함께할 수 있는지.

>> 해석에서 알 수 있듯이 이러한 문맥 속에서 be + to부정사는 가능(can)의 의미를 나타낸다. 한국에서는 'be to 용법'이라고도 불리는 이러한 문맥에서의 to부정사의 쓰임을 다음의 대화문에서 찾아보고 이해하자.

EXAMPLE DIALOGUE

Owen   Ah-young, who's the person that you admire the most?

Ah-young My grandma because she raised four children as a single mom in a very difficult time in Korea.

Owen   What happened to your grandfather?

Ah-young I understand he got drafted during the Korean War, and she was never to see him again. Grandma said my mom had been just a baby at the time.

Owen   Oh, I'm so sorry… It must have been very difficult for her.

Ah-young Oh, yes. But I think she made all her efforts worthwhile because all her children including my mom are well-educated, and some are very successful.

Owen   So I guess she had a worthwhile life after all.

Owen: 아영아, 네가 제일 존경하는 사람이 누구니?

아영: 우리 외할머니야. 왜냐하면 외할머니께서는 한국이 아주 힘들었던 시기에 네 명의 자녀들을 여자 혼자 몸으로 키우셨거든.

Owen: 할아버지께 무슨 일이 있었어?

아영: 할아버지께서는 한국 전쟁 중에 징용되었다고 알고 있는데, 할머니께서는 그 후 할아버지를 다시는 볼 수 없으셨대. 할머니께서는 우리 엄마가 그때 아직 아기였다고 하셨어.

Owen: 저런… 할머니께서 정말 힘드셨겠네.

아영: 물론이지. 하지만 난 할머니께서 그녀의 모든 노력을 가치 있게 만들었다고 생각해. 왜냐하면 우리 엄마를 포함한 할머니의 모든 자녀들이 교육을 잘 받았고, 몇은 아주 성공했거든.

Owen: 그렇다면 결국 할머니께서는 가치 있는 삶을 사셨던 거네.

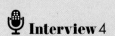

③ We needed to act in the film **as if** we **had been** there, acting together.

그 영화 속에서 우리는 마치 거기 같이 있으면서 함께 연기하는 것처럼 연기해야 했지요.

>> 'As if-가정법'으로, as if 뒤에 과거 완료시제 (had + p.p)가 와서 과거 사실에 반대되는 사실을 가정한다. 즉, 오웬과 그 여배우는 거기에 함께 없었던 것이 실제 과거에서 일어났던 사실이지만, 마치 거기 함께 있었던 것처럼 연기했다는 말. 그러니, as if-절에서 말하고 있는 것은 실제 과거 사실의 반대!

EXAMPLE DIALOGUE

David Emily, how was your blind date yesterday?

Emily Thanks for asking me. It was a total disaster.

David Why? What happened?

Emily First of all, whatever topic we discussed, **he talked as if he had known everything.** I find him kind of arrogant.

David And…?

Emily And **he talked as if he had been a millionaire** and bragged about how rich his father was, and do you know who paid for the dinner last night?

David Oh, please don't tell me you did.

Emily I did, and I paid for the coffee and the movie and the parking and everything!

David How come he didn't spend a single penny?

Emily He said he left his wallet at home.

David Maybe it was true? Anyways, what if he's a real millionaire?

Emily Are you kidding me? At this point, I don't care if he's as rich as Warren Buffett.

David I don't blame you.

David: 에밀리, 어제 소개팅 어땠어?

Emily: 물어봐줘서 고마워. 완전 형편없었어.

David: 왜, 대체 무슨 일이 있었는데?

Emily: 첫째, 우리가 무슨 이야기를 하든 그 남자는 마치 자기가 모든 것을 아는 것처럼 말하더군. 난 그 사람이 교만하다고 생각해.

David: 그리고…?

Emily: 그리고 그는 마치 자기가 백만장자라도 되는 것처럼 말하면서 자기네 아버지가 얼마나 부자인지 떠벌리고서는 글쎄 어젯밤 저녁은 누가 샀는지 알아?

David: 제발 네가 샀다고 말하지 마.

Emily: 내가 샀어! 게다가 커피값, 영화 표, 심지어 주차료랑 그 모든 걸 다 내가 냈다고!

David: 어째서 그 남자는 그렇게 십 원도 안 썼어?

Emily: 자기 집에 지갑을 두고 왔다고 하더라고.

David: 진짜일지도 모르잖아? 어쨌든, 그 사람이 정말로 백만장자라면…?

Emily: 지금 장난해? 지금에 와서는 난 그가 워런 버핏만큼 부자라고 해도 관심 없어.

David: 그럴 만도 하네.

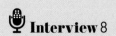

④ I **had done** voice-over before.

저는 그 전에도 녹음일을 한 적이 있습니다.

>> 과거완료 시제로 과거의 한 시점보다 더 과거에 일어난 일을 나타낸다. 그래서 한국에서는 '대과거'라는 이름으로도 불린다. 인터뷰 속에서는 Owen 씨가 필자와 문법책 프로젝트를 하기 전에 이미 성우 일을 해봤다는 말을 하고 있다. 즉, 나와의 프로젝트도 과거에 일어난 일인데, 그보다 더 과거의 일을 말하고 있으므로 과거완료 시제를 썼다.

EXAMPLE DIALOGUE 1

Wife   OMG, it's raining again? The weather here goes back and forth all the time. We should've never come here for vacation.

Husband   Actually, the guy at the store says it **had been** beautiful for a month before we <u>arrived</u> here. So I guess we just chose the wrong time.

> 부인: 세상에, 또 비가 오네? 여기는 날씨가 항상 오락가락하네. 절대로 여기로 휴가를 안 왔었어야 하는 건데!
> 남편: 실은, 가게에서 그 남자가 우리가 이곳에 도착하기 전에 한 달 동안 날씨가 아주 좋았다고 하네. 그러니 우리가 시간을 잘못 정한 건가 봐.

> * 여기서 잠깐!
> 위의 대화문의 밑줄 친 부분이 이미 과거에 일어난 일인데, 음영 친 부분은 더 과거에 일어난 일이기 때문에 과거완료를 썼다. 옆의 대화문도 마찬가지!

EXAMPLE DIALOGUE 2

Wife   Honey, why is Timmy crying?

Husband   He wanted some cotton candy, but I couldn't buy one for him.

Wife   Why not?

Husband   Because the vendor doesn't take credit cards.

Wife   But I gave you enough cash this morning.

Husband   Well, **we had spent all the cash** playing games before we <u>saw</u> the cotton candy vendor.

부인: 여보, 티미가 왜 울어요?

남편: 걔가 솜사탕을 원했는데, 내가 하나 사주질 못해서 그래요.

부인: 왜 안 사줬어요?

남편: 왜냐하면 노점상인은 신용 카드를 안 받으니까요.

부인: 하지만 내가 아침에 충분한 현금을 줬잖아요.

남편: 그게, 우리가 솜사탕 파는 곳을 보기 전에 게임하느라 현금을 다 써버렸거든요.

SPEAKING TRAINING

STEP 1 다음 글을 또박또박 정확하게 읽고 암송해 보자. (읽은 후엔 V 표시)

1 자신의 직업을 말할 때

문단 읽기 ☐ ☐ ☐ ☐ ☐

For me,/ being an artist/ is where my expression comes from./ I can express myself/ through my work./ That is the work/ that I enjoy the most./ But you know,/ here in the United States,/ artists do say/ that it is a challenge/ because we don't really have supported art programs/ including the theater./

2 자기 직업의 어려운 점을 말할 때

문단 읽기 ☐ ☐ ☐ ☐ ☐

You have to balance in life./ You have to balance your family life,/ which is very challenging/…it can be very challenging./ You have to balance income,/ being able to survive,/ and you have to balance out with your creativity/ and with your expression,/ and all of them take a lot of time./

3 자기 나라에 대해 말할 때

문단 읽기 ☐ ☐ ☐ ☐ ☐

I welcome them any chance/ they get to come/ to the United States/ and see the different diverse areas/ that we have./ As you know,/ our country is so vast,/ and we are/ one of the melting pots of the world./ For example,/ if one goes to New England,/ they will have a different experience/ than if they go to Florida or California.

4 가고 싶은 나라에 대해 말할 때

문단 읽기 ☐ ☐ ☐ ☐ ☐

Korea is on my short list/ of places to visit,/ and I would love to go/ and to do the same thing./ It's for the culture/ and the history/ and to see what Korea has to offer/…I think especially the food./ I had the chance/ to experience some authentic Korean food,/ and I truly enjoyed it./ So I look forward to coming over/ the first chance I get.

STEP 2 주어진 단어를 사용해서 우리말을 영어로 말한 다음 빈칸에 써 보자.

1 저는 삶에서 무엇이든 가치 있는 일은 힘든 도전이라고 생각합니다.

(challenge / worthwhile / anything)

_____

2 저는 제 일을 통해서 저 자신을 표현할 수 있습니다.

(express / through my work)

_____

3 삶 속에서 균형을 잡아야 합니다.

(balance / in life / have to)

_____

4 인생의 다른 부분들 또한 시간과 에너지가 요구됩니다.

(aspects of life / demand / as well)

_____

5 어떤 사람이 뉴잉글랜드에 가면, 그가 플로리다나 캘리포니아에 갈 때와는 또 다른 경험을 하게 될 것입니다.

(if / experience / different / than)

_____

6 한국은 제가 가고 싶은 몇 안 되는 나라 중 하나입니다.

(on / short list / places to visit)

_____

1   I think _____ is the biggest challenge.

2   I can express myself through _____.

3   _____ demands time and energy as well.

4   _____ takes a lot of time.

5   _____ is on my short list of

_____.

6   _____ is the work that I enjoy the most.

7   We are one of _____ in the world.

8   It is a challenge because _____.

9   I had the chance to _____.

10 I look forward to _____.

STEP 4 다음 질문에 답해 보자. (주어진 공간에 할 말을 적어 보기)

1 Could you tell me about your profession in more detail?

2 What aspect of your work do you find the most difficult?

3 Please tell me about your country.

4 Which country would you like to visit and why?

I think anything worthwhile in life
is a challenge.

Kim: Can you please introduce yourself to the Korean audience?

Owen: Sure, my name is Owen Provencher. I'm a performing artist and independent film maker. I produce short and independent films. Right now, I happen to be working on some documentary work. I also work as a communications specialist.

Kim: Communications specialist? I didn't know that.

Owen: Yes. I consult with small and medium-sized businesses, and I help them to clarify the work that they do…especially when it comes to marketing and getting their message out.

Kim: Awesome! By the way, your accent sounds quite different from the north Floridian accent. Where do you come from?

Owen: I'm originally from just outside Boston, Massachusetts, but

I love to travel. I've traveled quite a bit. I've spent five years in Colorado, and I also spent 10 years in Tallahassee. Oh, I've also traveled to North Africa. I spent two years there, and actually, I taught English as a second language there.

Kim: Really?

Owen: Yeah, that was quite an experience.

Kim: Since you're from Boston, I'd like to ask you this question. Would you like to talk about the cultural difference between Boston and north Florida?

Owen: Absolutely! When I first moved to Tallahassee, you know, what I thought it was…and it is! It's beautiful, and it seems to be a bit more, I guess you can say lazy, and a bit more slow-paced, and quaint. So this was nice.. uh.. in the beginning. Then, I found that it was a challenge to really adjust to that pace. I believe things are faster-paced up north, and people are, you know, well, we can't generalize too much, but I do find that people are a lot more… Hmmm, how can we say, maybe ambitious in the New England area, which is what my region is called. I try to figure out why that is, but I just think it has to do with different aspects of history. You know, we went through the same time period, but we went through very differently, and I think that has a lot to do with that.

Kim: Due to the cultural and historical differences, I understand there is a political difference as well between the North and the South. Would you agree with me on that?

Owen: Absolutely! I would think so. I think that the South tends to me a bit more conservative. And again, I think it has to do with history. Our history is very different. For example, the major one is the history involving slavery. I think although slavery was prevalent everywhere, it was much more prevalent in the South. In the early history of our young nation, slavery played a big role in the economy of the South where a lot of hard labor had to be conducted in order to get the raw materials from the South to the North, right? So you had to pick crops, cotton especially, and then ship that up North. Where we had factories, and a lot of people were coming from farms and going to factories to process the materials like fabric and things like that…so very different economic climate…and I think a lot of that is still there. You know, it takes multiple generations to kind of process that. Even in the news today, we can see effects of our history that had occurred a long time ago, so generally, I would say it's a lot more conservative in the South. I think that's the main difference. Of course, you have different areas like the folks in the countryside in the north or the outskirts of Boston. You get different political views…maybe even a bit more conservative than you would in the city. I think a lot of it has to do with the location of universities…where you have more educated population, you have more open-mindedness and a willingness to look at alternative viewpoints. In Boston, we have the oldest educational institution in the United States, Harvard

University. We also have one of the world's most preeminent engineering schools, MIT. So we have a lot of history of education, and I believe that I like to have, me personally, I like to have a more open mindedness and a more progressive or liberal view.

Kim: I see. Here's my next question. Since a large number of people are not familiar with acting jobs, could you tell me about your profession in more detail?

Owen: Sure! It is a challenge…that would be the first thought I have. I think anything, you know, worthwhile in life is a challenge. For me, being an artist is where my expression comes from. I can express myself through my work. That is the work that I enjoy the most. But you know, here in the United States, artists do say that it is a challenge because we don't really have supported art programs including the theater. We used to have this in our history in the early 1900s. We had the federal United States agencies creating art programs including theater programs, and that was abolished, so it's a struggle to come up with the funding to do what you need to do, both as an individual artist and as a group. In my case, since theater and film making is a collaborative art, there are a lot of people who need to come together to share their vision…and that takes a lot of resources, and that can be very much of a challenge, but it is very worthwhile, also. When you do get the chance as an artist to express your heart, again there is no other place that I'd rather be than on a film set or on a stage performing, sharing that creativity with other artists and with the audience.

Kim: Then, what is the most difficult aspect of being an actor in real life?

Owen: Uh… You have to balance in life. You have to balance your family life, which is very challenging…it can be very challenging. You have to balance income, being able to survive, and you have to balance out with your creativity and with your expression, and all of them take a lot of time. Each one has very strong demands on an individual, so that would be the biggest challenge. Maybe you can't be as creative as you would like to be because other aspects of life demand time and energy as well.

Kim: Oh, I know what you mean. I understand you starred in several movies as well. Among those movies, please introduce your favorite one to the Korean audience. Also, what kind of character did you play in the movie?

Owen: Hmm… Well, it can be very tricky to identify one favorite, but I do have a couple in mind that stand out for different reasons. One in particular is called "My Four Inch Precious." This is a film that used a lot of CGI which is computer generated imaging and graphics. It used a lot of special effects…and the reason why is because the story revolves around a very lonely man, very uneducated and is very unique and eccentric in the way he lives. What he does is he collects trash and brings them home. Old junky parts of machinery and just things we find in life that people have thrown away…and he makes inventions out of them. So one day, while he is at the dump where he is collecting some junk, he finds a small plant which is almost dead. He feels sorry for it, so he brings it home and takes care of it. Out of this plant comes a creature, a being like a little fairy, a little girl, and he falls in love with this little girl. In order to produce this effect, it was very amazing. When I was working and when we were producing the film, I actually never saw the actress that played the little fairy, the little girl. All of the production work involving her was shot separately, so I had to act and interact with nothing…and that was a challenge. When you see the finished film, it's amazing how things were to come together. We had to use a lot of focus points where I have something to look at and something to speak to, but that wasn't really there. In the end, because of using a lot of math to measure precisely where the other actress would be, it ended up coming together perfectly, and it looks like we're together there on the screen, and she's a little miniature, little four-inch-girl, and basically I'm a giant to her. We needed to act in the film as if we had been there, acting together.

Kim: Wow, that sounds amazing! You also starred in the movie, "The Great Sink", didn't you?

Owen: Yes, I did. It's actually one of my favorites and is a story about the Spanish conquest early in the 1400s when the Spanish came to what is now the United States. I really enjoyed the process because

I worked very well with the writer and the director and actually helped to shape the film before even starting to shoot. I mean I had a lot of say in how I thought the story could go because the story was really based on the character I was playing.

Kim: Fabulous! As you mentioned, you're a theater actor as well. How is it different from being a movie actor?

Owen: Ah... great question! My training at university was based on theater acting which is very different from film acting. In theater acting, you may have an audience of 500 to 1000 and even 10,000 people sitting in chairs, so you need to make sure that you can be heard so the story can be heard, and people can follow the story. So your body as an instrument needs to be trained and developed in order to speak clearly and loudly, but also with emotion because you can't just yell into the audience and expect people to believe the story to follow the story…so it takes a lot of development and years of training to use your instrument…therefore, your body, your voice and your imagination to convey the story in a way that is interesting to people. Then comes transition into acting for the camera, whether be on television or for film, and this is very different. You as an actor will have a very small microphone, the size of…like a little piece of candy, and it would be put right in the collar of your shirt, and the camera might just be inches away from your face basically with the use of the lens they could really get you close... and we need to make people believe that they are

just watching or almost like spying on us, you know, our secret world as a story. In order to do that, if we were to yell, as…like as if we were on stage, it would not be believable at all. It would look like rubbish, and it wouldn't look real. So in order to make it look real, we get these small microphones and the camera comes close, so we have to take the energy and the skills that we learned for theater and apply them for a very different mode so that we can express emotion and make it believable but doesn't necessarily have to be loud. It needs to be more real, that's what we say, and it has to be believable. So that's the biggest challenge in transitioning from theater performance, live performance, to something that is recorded and put onto a screen later on.

Kim: This is fascinating! Thanks to you, I'm learning a lot about the acting world today. My next question is about your family. I know you sometimes have to stay away from your family for several months due to the nature of your job. How does your family take it?

Owen: Oh, well…it's actually very very challenging. There are a lot of challenges that come into play with needing to be far from home, both to earn a living, a livelihood and also to engage in, you know, the creative aspects…being an artist. It proved to be such a challenge for us that my wife and I ended up separating.

Kim: Oh, I'm so sorry to hear that.

Owen: This was fairly recent…within the past year or so. We really tried hard to make it work, but we realized perhaps that our paths were just separate. We needed and wanted different things. So after we came to that realization and just accepted it, instead of trying to make it work no matter what, I think we both ended up a lot happier. But the unfortunate part is we share two children together, so we have to make sure we understand how our children are processing that and make sure that they will be okay, and I think they will be. So that's the biggest negative I would say of the experience, but I do believe that in the long run we'll all be happier because we did not only follow our dreams and our passions, but we won't have as much stress in trying to make something work that is just overwhelmingly a challenge.

Kim: I totally understand. Thank you so much for sharing your personal story with us, Owen. My next question is related to the voice-over work for my ESL grammar book that was published in 2009. As a matter of fact, I was very impressed by your professionalism at that time. As you know, most of the dialogues in the book were quite short, but you still acted exceptionally well each time, and I could clearly see why you're a professional actor. How was the project different from your other acting jobs?

Owen: Well, thank you for those kind words, first of all…and second of all, good question! Let's see... How is it different... I had done voice-over before, but it was mostly for commercials or in voice-over acting including commercials, narration where we read books or pamphlets, and then there is animation, which is actually the most fun I think because you get to be really creative and develop very different, unique voices and strange voices. It's fun. On the other hand, your project on that book, which I enjoyed very much by the way, was a great process with more narration, where we had a very precise script that we needed to follow because we had people who were learning a language based on those words that we spoke, so we needed to make sure that the language was very precise and correct and just more accurate than you would normally be. So it was a very good practice for me because we want to be as accurate as possible…so I think those are the main differences right there.

Kim: I see. It was my pleasure working with you as well. Finally, do you have anything else that you would like to say to the Korean audience?

Owen: Well, yes! I really appreciate the chance to share my ideas with them, and I welcome them any chance they get to come to the United States and see the different diverse areas that we have. As you know, our country is so vast, and we are, as they say, one of the melting pots of the world. For example, if one goes to New England, they will have a different experience than if they go to Florida or California. Also, I wanna say Korea is on my short list of places to visit, and I would love to go and to do the same thing. It's for the culture and the history and to see what Korea has to offer…

I think especially the food. Thanks to you, I had the chance to experience some authentic Korean food, and I truly enjoyed it. So I look forward to coming over the first chance I get, and hopefully I will get a chance to meet some of the readers of this book.

Kim: Yeah, I'm sure you'll enjoy your visit to Korea. Owen, thank you so much for your time. It was a pleasure talking with you.

Owen: Oh, it's been my pleasure. Thank you, Ah-young.

아선생의 미국말 미국문화

: 미국의 인종 문제 I – 미국의 흑인들 그리고 인종차별

다민족 국가인 미국의 사회 문제를 논할 때 인종 문제는 빠지지 않는 주제다. 그런데 아선생은 미국에 살면서 이 문제에 관해 흥미로운 현상을 목격하곤 한다. 그것은 암암리에 존재하고 있는 인종적 편견과 차별이 각 인종에 따라서 서로 조금씩 다른 양상을 보인다는 점이다. 먼저 미국 내 제1의 소수민족, 사실상 이제 소수민족이라고 부르기도 뭐한 흑인에 관한 인종차별 양상부터 살펴보자.

일단 흑인들에 대한 이런저런 편견은 아직도 존재한다. 요즘은 오바마 대통령과 홀더 법무장관을 비롯해 미국 사회에 흑인 엘리트들이 넘쳐남에도 불구하고, –사실 아선생이 플로리다에 살면서 지금까지 만난 최고의 의사 또한 흑인 여자 의사였다.– 아선생은 여전히 흑인들은 똑똑하지 못하고 게으르다는 편견을 가진 미국 사람들을 종종 만나게 된다. 게다가 익명성이 보장되는 인터넷에 뿌려진 흑인들에 대한 악플들은 단언컨대 쓰레기에 가깝다. 악플러들은 결코 한국에만 존재하는 암덩어리가 아니다. 각설하고, 그럼에도 불구하고 재미있는 현상은 이런 사람들조차도 공개적으로 흑인에 대한 차별을 하거나 차별적인 발언을 했을 경우에는 현재 미국의 사회적 분위기상 결코 무사하지 못할 것이라는 사실쯤은 누구나 알고 있다는 점이다. 미국의 이런 사회상을 보여주는 대표적인 예가 흑인 차별성 발언을 했다가 바람과 함께 사라진, 아닌 훅~ 가버린 조지아주 출신 요리사 폴라 딘(Paula Deen) 아줌마다.

폴라딘 아줌마는 보수적인 미국의 남부 조지아 출신 백인으로, 오랫동안 많은 미국인의 사랑을 받았던 요리사였다. 미국의 최대 요리 채널인 〈Food Network〉에 오랜 세월 고정적으로 출연했고, 그녀가 쓴 수십 권의 요리책은 다년간 스테디셀러였으며, 그녀의 유명세를 이용해서 아들 Bobby Deen까지도 TV 요리 프로그램을 진행하고, 또 남동생은 조지아주 남부에서 아주 큰 식당을 운영하고 있었으니, 그녀의 이름 자체가 하나의 기업이자 브랜드인 아줌마였다. 한마디로, 내가 존경하는 집밥 백선생님의 아메리카 버전이었다고나 할까? 그런데 이랬던 그녀가.........!!! 남동생이 운영하는 식당에서 흑인에 대한 인종차별이 공공연하게 벌어졌다는 이유로 고소를 당했고, 그런 이유로 법정에 가서는 N–word(N이 들어간 흑인을 비하하는 단어: ni****)를 썼다는 사실을 인정한 후에 날개도 없이 추락하게 된다. 참고로 미국의 백인들이 가지고 있는 "Freedom of speech(언론의 자유)도 이 N–word는 제외하고"라는 우스갯소리가 있을 정도로 흑인을 제외한 사람들은 이 단어를 특히 공개적인 석상에서는 결코! Never!! 사용해서는 안 되는 분위기다. 어쨌든 그것도 모자라 어느 인터뷰에서는 흑인 노예시대 농장를 테마로 한 결혼식을 꿈꾼다며 흑인 노예제도에 대한 자신의 향수까지 드러내면서 많은 흑인과 진보적인 백인들, 그리고 아선생의 분노를 샀다. 이런 무식한 인종차별주의 아줌마, 부숴버릴꼬야!!!!!!!!!! 이후, 유튜브에는 폴라 딘을 비하하고 풍자하는 비디오가 넘쳐났고, 진보 채널과 신문들은 폴라 딘과 또 그녀와 같은 지역 출신인 다른 남부 백인들까지 한꺼번에 굴비 엮듯이 묶어서 함께 신랄하게 비판했다. 결국 〈Food Network〉는 폴라 딘을 해고했고, 폴라 딘 브랜드 음식을 팔던 월마트, 타겟을 포함한 주요 슈퍼마켓과 식품 회사들마저 줄줄이 그녀에게서 등을 돌렸다. 뒤늦게 사태를 수습하느라 아침 방송인 〈Today Show〉에 나와서 눈물로 사과를 했지만, 대부분의 미국인들 반응은 Too late!!!!!!!!! 이쯤 되니, 이불에서 하이킥을 날리는 것 외에 그녀가 할 수 있는 일은 아무것도 없었다. 이 아줌마야, 대체 왜 그랬어? 왜? Why????????

폴라 딘 사태를 목격하면서 아선생은 미국 흑인들이 인종 차별하는 백인들에게 가지는 감정이 한국인들이 혐한 일본인들이나 친일파들에게 가지는 감정과 매우 흡사하다는 생각이 들었다. 역사적으로 한 집단은 가해자였고, 또 한 집단은 한 많은 피해자였다는 공통점이 있기 때문에 아선생이 이런 생각을 하는 것도 무리는 아닐 것이다. 어쨌거나 저쨌거나 폴라 딘은 평생을 차곡차곡 쌓아온 커리어를 말 한마디 잘못해서 한꺼번에 다 잃어버리고 그렇게 가야만 했다. 흑~!

2013년 폴라 딘 사태를 마구잡이로 보도해대던 신문들의 잉크가 채 마르기도 전에 또 다른 흑인 차별에 관한 이슈가 전 미대륙을 들끓게 했다. 백인과 히스패닉 혼혈인 조지 지머맨(George Zimmerman)이 17세 흑인 소년인 트레본 마틴(Trayvon Martin)을 총으로 쏴 죽이고 무죄판결을 받은 일명 지머맨 사건. 사건의 전말은 이렇다.

STOP RACISM

Neighborhood watch(자율 방범 대원)였던 지머맨은 2012년 2월 26일 밤 동네를 순찰하다가 같은 시각에 스키틀즈와 음료수를 사러 나왔던 트레본을 보고는 단지 후드 셔츠를 입은 흑인이라는 이유만으로 911에 전화를 해서 수상한 자가 있다고 신고한다. 신고를 받은 911대원은 당장 경찰을 보내서 자신들이 알아서 처리할 테니 트레본을 따라가는 것을 중지하라고 지시하지만, 오지랖이 태평양 같았던 지머맨은 이를 묵살하고 차에서 내려서까지 트레본을 계속 쫓아간다. 단지 간식을 사러 잠깐 나왔을 뿐이었는데 수상한 사람으로 의심받는 것이 기분 나빴던 트레본은 지머맨과의 시비 끝에 싸움이 붙었고, 트레본에게 두들겨 맞던 지머맨은 가지고 있던 권총으로 그를 쏴 죽인다.

아선생이 보기에도 단지 흑인이라는 이유만으로 수상하다고 의심부터 하고 보는 지머맨이 흑인에 대한 지독한 편견을 가진 사람으로 보이는 건 사실이지만, 자신보다 덩치가 큰 트레본에게 두들겨 맞고 있던 지머맨이 그의 말대로 생명의 위협을 느껴서 정당방위 차원에서 총을 쐈다는 것이 사실인지 아닌지는 그 자리에 없었던

사람들로서는 판단하기가 무척 힘든 일이었다. 오랜 법정 공방 끝에 2013년 7월 지머맨은 배심원 전원이 정당방위로 보인다고 판단한 결과 무죄를 선고받고 풀려난다. CNN을 비롯한 미 언론은 이를 인종적인 이슈로 보도했고, 많은 흑인들과 진보적인 백인들은 미국 곳곳에서 격렬하게 시위하기 시작했다. 급기야 오바마 대통령은 이들에게 진정할 것을 당부하는 성명서까지 발표한다. 뉴스 매체들은 플로리다의 정당방위법(일명 Stand-your-ground law)이 이름처럼 정당한 법인지에 대해 열띤 토론을 했고, 진보 미디어는 이를 인종차별적인 판결이라며 줄기차고도 강도 높게 비판했다. 후에 오바마 대통령은 흑인들이 이 사건에 관해 왜 이렇게 분노하는지에 대해서 그 문맥적 상황(이때 오바마 대통령은 말 그대로 "context"라는 단어를 사용했다)에 대한 연설을 하기도 했다. 미국의 흑인 핍박 역사, 지금도 존재하는 흑인들에 대한 부정적인 편견들, 그리고 대통령 자신이 젊은 시절 흑인 남성으로 살면서 직접 겪었던 불편한 이야기들…

아선생의 미국인 친구들은 지머맨 사건에 대해서 보수와 진보를 떠나서 반반의 의견을 가지고 있다. 몇몇 친구들은 이 사건이 미국의 제도적 인종차별(Institutional racism)을 명백하게 보여준다며 분노한다. 반면, 또 다른 친구들은 이 사건은 미국의 잘못된 총기규제법으로 인한 판례이기 때문에 인종적인 이슈와는 별개로 다뤄져야 하는데, 언론이 너무 인종 문제로 몰고 간 것이 사람들로 하여금 합리적인 판단을 어렵게 만들고 있다고도 한다.

어쨌든 이렇게 미국에서 무조건 흑인과 관련된 사건은 언론이나 사회 전체가 민감하게 인종 문제적인 관점에서 반응하는 것을 보면, 흑인에 관한 한 인종차별이 정치적으로 옳지 못한 행동이라는 것을 미국 사람들이 최소한 '머리로는' 알고 있는 것 같다. 그래서 미국에서는 설사 인종차별주의자라 하더라도 흑인 차별 문제에 관해서 공적인 장소에서는 대부분 가면을 쓰는 편이다. 다시 말해, 실제 흑인들에 대한 자기 생각이나 감정이 어떻든 간에 다른 사람들 앞에서는 인종차별주의자가 아닌 척~! 이라도 해야 하는 사회적 분위기는 그래

도 대체로 형성돼 있다는 말이다. 이런 분위기가 만들어진 역사적 배경을 아선생은 충분히 이해하고 있지만, 그럼에도 불구하고 가끔 아주 가끔은 그런 분위기를 역이용하려는 얄미운 흑인들이 눈에 띄는 것 또한 사실이다. 결국, 서로 다른 문화와 배경을 가진 사람들이 함께 섞여 살아간다는 것은 말처럼 쉬운 일만은 아닌 것 같다. 그렇기 때문에 다문화 사회에서 더불어 살아가기 위해서는 서로가 서로를 이해하기 위한 끊임없는 노력이 필연적으로 요구된다.

Chapter

— 4 —

페미니스트
큐레이터

Viki Thompson Wylder

I feel like I'm always going to be striving to make some kind of change.

WHO

어학원 영어 수업을 몇 년 정도 한 후 언젠가부터 나는 Classroom setting 속에서만 진행되는 영어 수업에 한계를 느끼게 되었다. 그래서 학생들을 데리고 현장학습(Field Trip)을 가서 실제 상황에서 미국인들과의 자연스러운 Interaction 속에서 영어를 익힐 수 있는 다양한 액티비티를 시도하기 시작했는데, 그중 내가 가장 자주 가던 곳이 우리 대학 소속 미술관인 FSU Museum of Fine Arts였다. 그리고 그곳에는 언제나 나와 내 학생들을 반갑게 맞아주시던 큐레이터 Viki Thompson Wylder 씨가 있었다. Viki 씨는 미술 분야뿐만 아니라 영문학, 여성학도 공부한 해박한 지식의 소유자이신데, 다른 여러 나라의 문화에도 매우 많이 열린 마음을 가지고 있는 이분에게 나는 첫 만남부터 반하고 말았다.

그러던 어느 날 고급 듣기반 학생들을 데리고 Viki 씨의 미술관으로 갔는데, 그 날의 전시회 주제가 아프리카 여러 나라의 특성 있는 수공예 작품들에 관한 것이었다. 그런데, 한 아랍계 학생이 Viki 씨에게 "We came here to see real art work, not this kind of African stuff!" (우리는 진짜 예술 작품을 보러 여기 왔어요. 이런 아프리카 것들 말고요!)라고 말하는 것이었다. 그리고 이 학생의 무지하고도 무례한 발언에 함께 수업을 듣고 있던 르완다 출신의 여학생은 크게 상처를 받았다. 그 순간 나는 이 건방진 아이를 어떻게 혼내줘야 하나 속으로 고민하고 있었는데, 바로 그때 Viki 씨는 아프리

IS

카의 공예품들이 실제 피카소를 비롯한 유럽의 입체파 화가들에게 어떻게 영향을 미쳤는지를 친절하게 설명해주시는 것이었다. Viki 씨의 지혜와 지식이 어우러진 기막힌 타이밍의 즉석 강의를 들으면서, 실제로 아프리카 토속 미술 또한 유럽의 주요 미술 사조에 영향을 미쳤다는 사실을 알게 된 그 아랍계 학생은 그 후 자신도 부끄러웠는지 아무 말도 하지 않았다. 그리고 머쓱해진 그

SHE

의 표정에서 Viki 씨의 부드러운 가르침을 통해 무언가 깨달은 바가 있었다는 것을 나는 알 수 있었다. 이렇게 어학 연수원 학생들을 데리고 미술관에 갈 때마다, 나는 Viki 씨가

미술, 문학, 여성학 등 자신의 해박한 지식을 예술 작품들을 해석하는 데 재치있게 활용하시는 모습을 보면서 감탄하곤 했다. 그런 이유로 Viki 씨는 내게 역시나 모든 학문은 서로 연결되어 있다는 사실을 새삼 깨닫게 해준 스승과도 같은 분이시다.

Viki 씨는 또한 페미니스트이시기도 해서 나와 함께 사회에서 여성에게 가해지는 차별에 대한 이야기를 자주 나눈다. 그분의 연세가 내 어머니뻘이라 그런지, 성차별 문제에 관한 한 그분이 젊은 시절에 겪었던 미국 사회는 내가 살아가고 있는 지금의 미국과는 아주 많이 달랐다는 이야기도 들려주셨다. 이를테면, 1971년 호주에서 미국과의 문화 교류를 위해서 미국인 영어 교사들을 채용해서 호주로 데리고 가는 프로그램이 있었는데, 거기에 영어 교사로 지원했던 젊은 날의 Viki 씨는 모든 것이 잘 되어 가서 자신감을 느끼던 차에 마지막 면접에서 다음의 말을 듣고 어이가 없었다고 한다. "If you were not married, we would hire you because you would come to Australia and marry an Australian man. In Australia, a woman follows her husband, but a husband does not follow his wife." (당신이 만약 결혼을 안 했다면, 우린 당신을 고용했을 거예요. 왜냐하면 호주로 와서 호주 남자와 결혼했을 테니까요. 호주에서 여자는 남편을 따라가지만, 남편은 아내를 따라가지 않으니까요.) 게다가, 미국의 한 중학교에 영어 교사로 지원했을 때는 최종 면접에서 이런 말도 들었다고 한다. "We're not going to hire you because you're a woman. We need more male teachers." (당신이 여자이기 때문에 우리는 당신을 고용하지 않을 거예요. 우린 남자 선생님들이 더 필요해요.)

이는 물론 지금의 미국 사회에서는 상상조차 할 수 없는 일들이다. 그리고 지금의 미국 여성들이 가지게 된 이런저런 권리를 차지하기 위해서 싸웠던 그분 세대의 수많은 페미니스트의 노력에 대한 이야기를 들으면서, 나는 여성 문제에 관해 현재 과도기를 겪고 있는 한국 사회가 나아가야 할 길에 대해서도 생각해보게 되었다. 이런 Viki 씨가 현재 대한민국의 대통령이 여성이라는 사실에 대해서는 어떻게 생각하실까? 궁금하신 독자들은 다음의 인터뷰에서 Viki 씨에게 직접 들어보자.

Interview

Viki Thompson Wylder

우리말 인터뷰 문장을 읽고 영어로 말하고 싶은 표현을 표시한 후 옆 페이지 영어 대화문에서 어떻게 쓰이는지 확인해 보자. QR 코드로 여러 번 듣고 크게 따라 말해 보자.

Kim: 한국의 독자들에게 자기 소개를 좀 해 주세요.

Viki: 안녕하세요, 제 이름은 비키 톰슨 와일더이고, 일리노이주 출신입니다. 그곳에서 공립 학교와 여러 다른 곳에서 선생이었어요. 몇 년 정도 영어를 가르쳤지만, 다시 공부해서 미술관의 큐레이터가 되었고, 대학에서 강의도 했습니다.

Kim: 감사합니다, 비키 씨. 저는 비키 씨가 성함을 'Vicky'라고 쓰시지 않고, 'Viki'라고 쓰시는 것이 눈에 띄는데요. 이렇게 쓰는 것이 흔한가요?

Viki: 아니요. 저는 'Viki'를 이런 스펠링으로 쓰는 것은 제 일생에 어떤 교과서에서 딱 한 번 본 적이 있어요. 그건 기분 좋은 일은 아니었어요, 왜냐하면 그게 그 교과서에 나오는 침팬지의 이름이었거든요.

Kim: 세상에... 하하...

Viki: 참, 그리고 딱 한 사람 자신의 이름을 'Viki'라고 쓰는 분을 본 적이 있긴 하지만, 저는 왜 제 부모님들께서 그런 스펠링을 선택하셨는지 모르겠어요. 제 이름은 빅토리아가 아닌데, 가끔 사람들이 저를 별명으로 빅토리아라고도 불러요.

Kim: 아, 아마도 보통 비키가 빅토리아의 줄인 이름이라 그렇겠죠, 안 그런가요?

Viki: 네, 맞아요.

Kim: 재밌네요! 그래, 작년에 은퇴하신 이후 어떻게 지내고 계세요? 은퇴 후 생활을 지금까지 즐기고 계세요?

Viki: 글쎄, 그렇기도 하고 아니기도 해요.

Kim: 그렇기도 하고 아니기도 하다고요? 그게 무슨 뜻입니까?

Kim: Please introduce yourself to the Korean audience.

Viki: Hi, my name is Viki Thompson Wylder, and I'm from Illinois originally. I was a teacher in public schools there…and elsewhere. I taught English for several years, but then I went back to study, and I became a museum curator…and then, I also taught at the college and university levels.

Kim: Thank you, Viki. I've noticed that you spell your name as 'Viki', not as 'Vicky'. Is this a common way to spell it?

Viki: No. I've only seen Viki spelled that way one other time in my life, and it was in a textbook. It was not ❶ **flattering** because that was the name of a Chimpanzee in the textbook.

Kim: Oh, my… ha ha…

Viki: And I've only met one other person who spelled her name, Viki, but I have no idea why my parents chose that spelling. My name is not Victoria, but sometimes people have called me Victoria as a nickname.

Kim: Yeah, maybe because usually Vicky ❷ **is short for** Victoria, right?

Viki: Yes, right.

Kim: Interesting! So how have you been since you retired last year? Have you enjoyed your retirement life so far?

Viki: Well, yes and no.

Kim: Yes and no? What do you mean by that?

VOCABULARY & IDIOMS

❶ flattering

으쓱하게 하는

EXAMPLE DIALOGUE 1

Avis   Owen, did you read this article about the play in which you took the lead role? Critics say your performance was amazing! You must be flattered.

Owen   Thanks, Avis. I try not to overreact to what critics say, but it is kind of **flattering**.

> Avis: 오웬, 네가 주인공 역할을 했던 그 연극에 대한 이 기사 읽었어? 평론가들이 너의 연기가 놀라웠다고 하네! 너 정말 으쓱하겠어.
>
> Owen: 고마워, 에이비스. 난 평론가들이 하는 말에 과잉반응을 보이지 않으려고 하는 편이지만, 그래도 좀 으쓱해지는 건 사실이야.

> ＊ 여기서 잠깐!
> 사실 실생활에서 flattering보다 더 많이 쓰이는 표현은 같은 단어를 과거분사 형태로 만든 'flattered'(으쓱해진)인데, 수동형인 flattered 의 쓰임새도 다음 대화문에서 확인해보자.

EXAMPLE DIALOGUE 2

Lisa   Gosh, I'm such a computer-illiterate! Hey, Ross, do you know how to fix this problem?

Ross   Let me see… You just make a double-click here, and there you go!

Lisa   It's as simple as that? You're truly technologically savvy!

Ross   Well, I've never thought of myself that way, but I feel pretty flattered by your compliment.

> Lisa: 어휴, 난 정말 컴맹이야! 로스 씨, 이 문제를 어떻게 풀어야 할지 아세요?
>
> Ross: 어디 한번 봐요… 여기를 더블 클릭하시면, 이제 다 됐어요!
>
> Lisa: 그렇게 간단한 거였어요? 로스 씨는 정말 기술분야 쪽으로 똑똑하세요.
>
> Ross: 글쎄, 저 자신에 대해서 그렇게 생각해본 적은 단 한번도 없지만, 이렇게 칭찬해주시니, 어깨가 으쓱해지는데요.

❷ be short for

〜의 생략형이다/〜의 단축형이다

EXAMPLE DIALOGUE

Kim   Nice to meet you! Call me Kim.

Jen   Nice to meet you, too. So Kim, are you from Korea?

Kim   Not really. Since 'Kim' is a common last name in Korea, so many people have asked me that question, but it's actually **short for** Kimberly. Kimberly Wang is my full name, and I'm from Taiwan.

Jen   Oh, that Kim! My name is Jen which **is short for** Jennifer.

Kim   Such a pretty name!

Jen   Thanks!

Kim: 만나서 반갑습니다! 킴이라고 부르시면 돼요.

Jen: 저도 만나서 반가워요. 그런데, 킴은 한국에서 왔어요?

Kim: 아니요. 안 그래도 '킴'이 한국에서 흔한 성이라서 많은 사람이 저한테 그 질문을 해왔는데, 제 이름은 킴벌리의 단축형입니다. 킴벌리 왕이 제 이름이고, 저는 대만에서 왔어요.

Jen: 아, 그 킴이군요. 제 이름은 젠인데 제니퍼의 단축형이에요.

Kim: 정말 예쁜 이름이네요!

Jen: 감사합니다.

우리말 인터뷰 문장을 읽고 영어로 말하고 싶은 표현을 표시한 후 옆 페이지 영어 대화문에서 어떻게 쓰이는지 확인해 보자. QR 코드로 여러 번 듣고 크게 따라 말해 보자.

Viki: 그게, 그런 부분은 매일 매일 제가 하던 일을 쉬고 조금의 휴식을 취하는 것이 좋았다는 것이고요, 하지만 저는 제 일을 무척 좋아했거든요. 저는 제 삶에 체계가 있는 것이 좋아요. 그건 제가 지금 바쁘지 않아서라기보다는, 제가 조금의 체계가 있는 삶을 좋아한다는 말입니다. 그리고 저는 대학의 분위기가 좋아요. 제가 대학에서 가르쳤기 때문에 하는 말이에요. 저는 군인 가정에서 자랐거든요. 우리는 자주 이사를 다녔고, 그래서 많은 사람을 만났는데, 그게 군대적인 부분만 제외하면 대학의 분위기와 아주 흡사하죠. 세계 곳곳에서 온 사람들이 있으니까요. 많은 사람이 항상 오고 갔어요. 그들은 일정 기간 만났고, 그리고 흥미로운 대화들이 많이 오갔지요. 그리고는 아시다시피, 그게 누구든 다른 곳으로 가서 그들의 새로운 삶을 또다시 시작하지요. 그래서 저는 그냥 그런 분위기 속에 있는 것을 정말 좋아해요.

Kim: 그렇다면, 비키 씨께서 은퇴하시기 전의 어떤 나이로 돌아가실 수 있다면 어떤 나이이며, 왜 그런가요? 좀 엉뚱한 질문이죠?

Viki: 아뇨. 저는 다시 돌아가고 싶은 순간이 제 인생에 두 곳 있는데, 하나는 제가 논문을 끝낼 때예요. 그게 제 삶에서 가장 좋은 시간 중 하나였지요. 많은 사람은 "아휴, 논문을 써야 해!"라며 불평하죠. 하지만 저는 제 논문을 쓰는 것을 정말 즐겼어요. 저는 그것을 일종의 정신 모험으로 여겼는데, 그때 저는 아르바이트를 하고 있기도 했어요. 아침에는 일하러 갔고, 오후에 일을 마치고는 남은 시간에 종일 논문을 썼지요. 그리고 주말에는 정말로 저 자신만을 위한 시간을 가졌습니다.

Kim: 논문의 주제가 무엇이었습니까?

Viki: 아주 긴 제목이에요. '종교적인 상징과 시각적인 신학으로서의 주디 시카고의 저녁과 탄생 프로젝트'라고 해요.

Kim: 와, 정말로 긴 제목이네요.

Viki: 정말 그래요.

Kim: 어쨌든, 우문현답에 감사드립니다. 그건 그렇고, 비키 씨는 톰 씨와 45년간 결혼 생활을 하신 것으로 알고 있습니다.

Viki: Well, the yes part has to do with that it was nice taking a little break from the everyday things I was doing, but I did like my job a lot, and I like having a structure in my life. It's not that I'm not busy now, but I do like having a bit of structure…and I also like the university atmosphere since I was working at the university. I come from a military family. We moved frequently, and I met lots of people, and the university without the military part is much like that. People come here from all over the world. They're coming and going all the time. They meet here for a period of time, and there's lots of interesting conversations. And then they…you know, whoever it is moves on to the next part of their lives…and I just really like being in that atmosphere.

Kim: Then, if you could go back to any age before your retirement, which age would it be, and why? Is this a silly question?

Viki: No. I have two times in my life that I would like to go back to, but one of them was when I was finishing my dissertation. That was one of the best times in my life. So many people say things like "Oh, I have to write my dissertation!" But I really enjoyed writing my dissertation. I considered it a mental adventure. I was working part time at the time. I would go to work in the morning, and get out of work in the afternoon, and then I would work on my dissertation the rest of the day…and on weekends, I really had time for myself.

Kim: What was the topic of your dissertation?

Viki: It's a really long title. It's called 'Judy Chicago's Dinner Party and Birth Project as Religious Symbol and Visual Theology.'

Kim: Wow, it truly is a long title.

Viki: It is.

Kim: In any case, thank you for your wise answer to my silly question. By the way, I understand you've been married to Tom for about 45 years.

Interview³

Interv³ew

Viki Thompson Wylder

우리말 인터뷰 문장을 읽고 영어로 말하고 싶은 표현을 표시한 후 옆 페이지 영어 대화문에서 어떻게 쓰이는지 확인해 보자. QR 코드로 여러 번 듣고 크게 따라 말해 보자.

Viki: 맞아요.

Kim: 비키 씨 결혼 생활의 성공 요인이 무엇입니까? 또, 비키 씨의 러브 스토리를 저희에게 이야기해주실 수 있으세요?

Viki: 음... 제가 18살 때 톰을 만났어요. 우리는 대학에 있었어요. 우리는 동시에 대학을 함께 다녔어요. 일 년간 데이트했고요. 그는 학교를 떠났지만, 계속 연락을 했어요. 그리고 우리는 말하자면 친구가 되었어요. 우리는 우리가 만난 지 5년 후에 결혼했어요. 그러니까, 상대적으로 말하자면, 우리는 결혼 전에 오랫동안 서로를 알았죠. 저는 우리가 결혼한 후에 쭉 친구였다고 느껴져요. 저는 우리 결혼을 45년간 지속해온 것이 우리 관계에서 우정에 속하는 부분이라고 느껴요. 우리가 친구가 아니었다면, 결혼 생활이 오래 지속되지 않았을 거예요.... 그래서 저는 우리가 한 팀이고, 우리는 이 세상을 한 팀으로 함께 헤쳐 나갈 거라고 했지요.

Kim: 그러니까, 한마디로 결혼 생활에서 우정이 로맨스보다 더 중요하다고 생각하시는 거죠?

Viki: 네, 저한테는 그래요.

Kim: 저도 같은 생각입니다. 우리에게 비키 씨의 러브 스토리를 들려주셔서 정말 감사드려요. 제 다음 질문은 비키 씨의 일에 관한 것입니다. 비키 씨는 영문학과 여성학, 또 미술사와 미술을 공부하셨죠. 미술관에서 큐레이터이시면서, 플로리다 주립대학에서 여성학도 가르치셨는데요. 이 모든 다양한 분야를 공부하시게 된 이유가 있으세요?

Viki: 제 최종 학위는 인문학이라고 불리는 분야에서 받았는데, 인문학은 다양한 학과목을 함께 묶습니다. 저는 제가 전체를 보는 것을 좋아하는 사람이라고 생각하거든요... 그게 뭐든 그 전체를요. 그래서 저에게는 그 모든 것들이 서로 엮어 있고 서로 밀접한 관계가 있어요. 그 모든 학문은 다른 분야 없이 홀로 존재하지 않아요.

Kim: 그렇군요.

Viki: 여성학을 한번 예로 들어봅시다. 여성학은 여성들만을 다루지 않습니다. 그것은 예술과 관련이 있어요. 역사와도 관련이 있고요. 과학과도 관련이 있죠. 종교와도 그렇고. 모든 것들과 관계가 있어요. 미술사를 보면, 그것도 이 모든 것들과 관계가 있지요. 하나가 다른 것들 없이 존재하지 않지요.

Viki: Yes.

Kim: What's the secret to the success of your marriage? Also, can you please share your love story with us as well?

Viki: Well, I met Tom when I was 18. We were in college. We went to college at the same time. We dated for a year. He left school, but he stayed in contact. So basically, we became friends. We married 5 years after we met, so we knew each other for a long time before we got married, **❸ relatively speaking**. I feel like we've been friends ever since we got married. I feel like it's the friendship part of our relationship that has maintained our marriage for 45 years. If we weren't friends, I think it might not have lasted…and I feel like we have decided that we're a team, and we will face the world together as a team.

Kim: So basically, you think friendship is more important than romance in a marriage, right?

Viki: Yes, it is for me.

Kim: I agree. Many thanks for sharing your love story with us. My next question is about your career. You studied English literature, women's studies, art history and studio art. Being a curator at the fine art museum, you're also teaching Women Studies at FSU. Is there any reason why you've studied all these different areas?

Viki: Well, my final degree was in what's called humanities, and humanities brings different disciplines together. I find that I'm a person who likes to look at the whole thing…the whole of anything. So to me, all of those things are **❹ intertwined** and **❺ interrelated**. They don't exist without each other.

Kim: I see.

Viki: Let's take Women Studies for example. Women Studies not only has to do with women. It has to do with art. It has to do with history. It has to do with science…with religion. It has to do with everything. If you look at art history, it has to do with all these things as well. We just don't have one without the other.

VOCABULARY & IDIOMS

❸ relatively speaking

상대적으로 보면

EXAMPLE DIALOGUE

Georgia   Do you happen to know Leslie Cloonan, the local artist?

Kimberly   She's actually my friend. Why?

Georgia   What a coincidence! I'm interviewing her tomorrow and wondering if I could ask her a couple of questions about her private life. Oh, please don't get me wrong. I don't mean to invade her privacy though.

Kimberly   Well, **relatively speaking**, she's reticent about her private life. She might sidestep those kinds of questions.

> Georgia: 혹시 이 지역의 예술가인 레슬리 클로넌 씨를 알아?
> Kimberly: 그녀는 사실 내 친구인데, 왜?
> Georgia: 이런 우연의 일치가! 내가 그녀를 내일 인터뷰하는데 혹시 내가 그녀의 사생활에 관한 질문을 두어 개 물어봐도 될까 해서. 어, 내 말 오해는 하지 마. 난 그렇다고 그녀의 사생활 침해를 할 의도는 없어.
> Kimberly: 글쎄, 상대적으로 보자면 그녀는 사생활에 대해서 언급을 잘 안 하는 편이야. 아마도 그런 질문들에 대한 대답은 회피할 거야.

❹ intertwined

뒤얽힌/엮인/밀접하게 관련된

EXAMPLE DIALOGUE

Student   Ms. Kim, I'm trying to watch more Korean dramas in order to improve my Korean listening skills, and I was wondering if you could recommend any fun dramas that you've recently watched.

Korean teacher   Sure! There are so many different types of dramas these days. What's your favorite genre? Fantasy, action, or comedy?

Student   Well, I personally like romantic comedies.

Korean teacher   If that's the case, I'd like to recommend "Oh, my ghostess!" The drama revolves around a ghostess, a kitchen assistant and a professional chef. I find the **intertwined** relationships among them pretty interesting.

Student   Awesome! Do you think I can watch it at ondemandkorea.com?

Korean teacher	Yes, you can.
Student	Thank you, Ms. Kim!
Korean teacher	Anytime!

학생: 김 선생님, 제가 한국어 듣기 실력 향상을 위해서 한국 드라마를 더 보려고 하는데, 최근에 보신 재미있는 드라마를 추천해주실 수 있으실까 해서요.

한국어 선생님: 물론이죠! 요즘 아주 다양한 장르의 드라마가 있던데, 어떤 장르를 좋아해요? 판타지, 액션, 아니면 코미디?

학생: 음… 저는 개인적으로 로맨틱 코미디를 좋아해요.

한국어 선생님: 그렇다면, '오, 나의 귀신님!'을 추천하고 싶네요. 그 드라마는 어떤 귀신과 주방보조, 셰프를 중심으로 이야기가 돌아가요. 서로 뒤얽힌 그들의 관계가 매우 흥미롭더라고요.

학생: 재밌겠네요! 제가 ondemandkorea.com에서 그 드라마를 볼 수 있을까요?

한국어 선생님: 네, 물론이죠.

학생: 감사합니다, 김 선생님!

한국어 선생님: 이런 건 언제든지 물어봐요!

❺ interrelated

서로 관계가 있는/밀접한 관계의

EXAMPLE DIALOGUE

Wife	Honey, have you read this newspaper article about the study that shows the relationship between stress and cancer?
Husband	Yes. After all, I think it clearly shows how our mind and body are **interrelated**.
Wife	I think so too.

아내: 여보, 스트레스와 암의 관계에 대해 보여주는 연구에 관한 이 신문 기사 읽어봤어?

남편: 그래. 결국, 우리의 마음과 몸이 서로 관계가 있다는 걸 명확하게 보여주는 기사라고 생각해.

아내: 나도 그렇게 생각해.

Interview

Viki Thompson Wylder

우리말 인터뷰 문장을 읽고 영어로 말하고 싶은 표현을 표시한 후 옆 페이지 영어 대화문에서 어떻게 쓰이는지 확인해 보자. QR 코드로 여러 번 듣고 크게 따라 말해 보자.

Kim: 정말 맞는 말씀이세요. 그렇다면, 큐레이터로서 좋은 예술 작품을 어떻게 정의하세요?

Viki: 글쎄, 그것은 아주 많은 사람이 글을 쓰고 하나의 답변을 내기 위해 노력했던 질문입니다.... 하지만 저는 그냥 제가 생각하는 것을 말할게요. 하나의 작품이 예술이 되기 위해서 그것은 어떤 소통 즉, 어떤 메시지를 지니고 있어야 합니다. 그러니까, 예술가가 작품을 보는 이들에게 예술 작품을 통해서 전달하고자 하는 어떤 의미나 의도가 있어야 하지요. 예술 작품이 그런 의미를 전달하지 않으면, 그것은 예술이 아닙니다.

Kim: 그거 정말 맞는 말씀이세요.

Viki: 그래서 저는 예술 작품을 사람들이 문학 작품을 보는 것과 같은 방식으로 봅니다. 하나의 소설처럼 그것은 굉장한 이야기를 담고 있을지도 모르지만, 그것은 또한 당신 즉, 독자에게 전달하고자 하는 의미가 있고, 그래서 예술 작품도 (소설과) 같은 방식으로 다뤄져야 합니다.

Kim: 감사합니다, 비키 씨. 정말 멋진 답변이었어요. 저는 비키 씨께서 자신을 주저 없이 페미니스트라고 부르시며, 그것에 대해 자랑스러워 하시는 것으로 알고 있어요. 실은, 한국에서는 가끔 여성이 다른 사람들에게 자신이 페미니스트라고 말하면, 사람들이 눈살을 찌푸리는 경우가 있어요. 그래서 저는 다른 한국 사람들에게 제가 페미니스트라고 말하는 것에 대해서 조금 망설이는 편이에요. 제가 페미니스트임에도 불구하고 말이죠. 이에 대해서 어떻게 생각하세요?

Viki: 그게, 제 생각에는 미국에서조차도 자신을 페미니스트라고 부르기를 꺼리는 여성들이 많이 있는 것 같아요.

176

Kim: That's so true. Then, as a curator, how do you define good art work?

Viki: Well, that's a question that lots of people have written about and wanted to come up with the answer, but I'll just say what I think. For a work to be art, it has to ❻ **carry** some kind of communication, some kind of message. There has to be an intent or an intention by the artist to convey some kind of meaning through the art work to the viewer. If the art work does not convey a meaning, it's not art.

Kim: That really makes sense.

Viki: So I look at art work the same way you might look at a piece of literature. Just as a novel, it has a great story perhaps, but it also has some kind of meaning that it wants to give you, the reader, and art work needs to be the same way.

Kim: Thank you, Viki. That was awesome. I also know that you call yourself a feminist without hesitation, and you're proud of it. I'm proud of you as well. As a matter of fact, in Korea, sometimes it's frowned upon when a woman tells others she's a feminist, and that's why I feel a little hesitant to tell other Korean people that I'm a feminist even though I am. What do you think about this?

Viki: Well, I think even in the United States, there are plenty of women who don't want to call themselves feminist either.

우리말 인터뷰 문장을 읽고 영어로 말하고 싶은 표현을 표시한 후 옆 페이지 영어 대화문에서 어떻게 쓰이는지 확인해 보자. QR 코드로 여러 번 듣고 크게 따라 말해 보자.

Kim: 왜 그런가요?

Viki: 저는 그게 많은 사람이 페미니즘에 대해서 잘못 이해하고 있어서 그런 것 같아요.

Kim: 그렇다면 비키 씨는 페미니즘을 어떻게 정의하세요?

Viki: 제게는 페미니즘이 여성들하고만 관계가 있는 것이 아닙니다. 그것은 자신을 있는 그대로 받아들임에 관한 모든 것과 관련이 있지요… 똑같이 존중받으면서, 동시에 똑같이 주어지는 자아실현을 위한 기회 또한 즐기면서요. 그래서 지금의 페미니즘은 여성들뿐만 아니라 그런 이슈들도 함께 다루고 있어요. 페미니즘은 성차별을 다루고요, 또 인종차별을 다루지요. 나이차별도 다루고요. 환경 문제도 다뤄요. 그 모든 것들을 다루지요.

Kim: 계층 간의 차별은요?

Viki: 계층 간의 차별도 물론 다루죠. 우리가 차별이라고 이름 붙일 수 있는 거의 모든 것들을 다뤄요… 그래서 페미니즘은 그 모든 이슈를 다루지요.

Kim: 페미니즘을 이야기하는 김에, 제가 좀 심각한 질문을 드려도 될까요?

Viki: 네. 그러세요.

Kim: 조지 지머맨이 트레본 마틴을 죽였을 때, 많은 미국인이 "트레본은 마약을 했어." 라거나 "트레본은 모범생이 아니었어."라는 등의 것들을 증명하려고 했는데, 사실 그런 것들은 그 사건의 본질과 절대로 아무런 관련이 없는 것들이었죠. 그때, 그 모든 것들이 제게 떠오르게 한 것은 한국의 성차별주의자들이 강간 피해자의 '잘못', 그러니까 그녀가 옷을 입는 방식이나 그녀의 사생활 같은 것들을 찾아내려 한다는 사실이었어요. 그리고 저는 여기서 인종차별과 성차별에 관한 어떤 패턴을 볼 수 있는데, 그게 바로 '피해자에게 책임 전가하기'입니다. 저는 이런 것들이 멈춰져야 한다고 굳게 믿어요. 저는 인간 본성이 기본적으로 악하다고는 믿고 싶지 않은데요, 비키 씨는 (그런 사람들이 가지는) 잔인함이 어디에서 온다고 생각하세요?

Kim: Why is that?

Viki: I think many people have the wrong idea about what feminism is.

Kim: Then, how do you define 'feminism'?

Viki: For me, feminism has to do with really not just women. It has to do with every being feeling free to be who they are…to be looked upon with equal respects while enjoying equal opportunity to realize themselves…and feminism today ❼ **deals with** those issues as well as women. It deals with sexism. It deals with racism. It deals with ageism. It deals with the environment. It deals with everything.

Kim: What about classism?

Viki: Classism, yes. Almost anything you can put an ism to…so it deals with all those issues.

Kim: Speaking of feminism, may I ask you a rather serious question?

Viki: Yes. Yes, you can.

Kim: When George Zimmerman killed Trevon Martin, many American people tried to prove things like "Trevon did drugs." or "Trevon was not a good kid.", which has absolutely nothing to do with the incident. At that time, the whole thing reminded me of the fact that some Korean sexist people try to find a rape victim's "fault" such as the way she dresses or her private life, and I can see some patterns here regarding racism and sexism, which is 'victim blaming'. I strongly believe this has to stop. I don't want to believe human nature is basically evil, but where do you think this kind of cruelty is coming from?

VOCABULARY & IDIOMS

❻ carry

(특성을) 갖다/지니다

EXAMPLE DIALOGUE

Daughter Mom, what was your most favorite song when you were my age?

Mom   Let me think... I think I would listen to a lot of John Lennon's music like his song, "Imagine" when I was in my twenties.

Daughter Oh, I know that song. It **carries** a strong political message, right?

Mom   Well, many people say so, but I just love it because it's a beautiful song.

> 딸: 엄마, 엄마는 제 나이 때 가장 좋아하셨던 노래가 뭐였어요?
> 엄마: 생각 좀 해보고… 내가 20대 때는 'Imagine' 같은 존 레논의 음악을 많이 들었지.
> 딸: 저도 그 노래 알아요. 그 노래가 강한 정치적 메시지를 담고 있는 것, 맞죠?
> 엄마: 글쎄, 많은 사람이 그렇게 이야기하는데, 난 그냥 아름다운 노래여서 좋아할 뿐이란다.

❼ deal with ~

～를 처리하다/다루다

EXAMPLE DIALOGUE 1

Kimberly You know what? Because of the hurricane last night, a tree fell down on my neighbor's house. Fortunately, no one got injured, but his roof is damaged.

John Oh, no! So does he have to spend a lot of money to fix it?

Kimberly Well, I understand homeowners' insurance companies **deal with** those problems, so hopefully he doesn't suffer property damage.

> Kimberly: 너 그거 아니? 어젯밤 허리케인 때문에 우리 옆집에 나무가 하나 쓰러졌어. 다행히 아무도 다치지는 않았는데, 그 집 지붕이 망가졌대.
>
> John: 세상에! 그래서 그 사람이 그거 고치는데 돈 많이 써야 하는 거야?
>
> Kimberly: 그게, 나는 주택 소유자 보험사가 그런 문제를 처리한다고 알고 있어. 그래서 다행히도 그 사람이 재산 피해는 입지 않아.

> * 여기서 잠깐!
>
> 하지만 **deal with** 뒤에 목적어로 사람이 올 경우에는 '～를 상대하다/대하다'라는 뜻으로 쓰인다.

EXAMPLE DIALOGUE 2

Ramin So what did the doctor say?

Avis He says it's nothing to worry about, but I think I really need to change my primary doctor.

Ramin Why? Haven't you seen him for ages?

Avis Yes, I have, and he's a renowned doctor, but I don't really like the way he **deals with** patients. Would you recommend Dr. Hillary Sanders?

Ramin Well, I know of her, but I don't know her well. Do you want me to find a good one for you?

Avis No, it's okay. I just asked you because you **deal with** a lot of medical doctors.

> 라민: 그래서 의사가 뭐래?
>
> Avis: 의사가 걱정할 일은 아니라고 하는데, 주치의를 정말 바꿔야겠어.
>
> 라민: 왜? 너 그 사람 오랫동안 보지 않았어?
>
> Avis: 오래 봤고, 그 사람이 유명한 의사이긴 한데, 난 그가 환자를 대하는 방식이 정말 맘에 안 들어. 힐러리 샌더스 선생님이라면 추천하겠어?
>
> 라민: 글쎄, 그분에 대해 들어서 알고는 있지만 잘은 몰라. 내가 널 위해 괜찮은 의사 한번 찾아볼까?
>
> Avis: 아냐, 괜찮아. 네가 의사들을 많이 상대하니까 그냥 물어본 거야.

우리말 인터뷰 문장을 읽고 영어로 말하고 싶은 표현을 표시한 후 옆 페이지 영어 대화문에서 어떻게 쓰이는지 확인해 보자. QR 코드로 여러 번 듣고 크게 따라 말해 보자.

Viki: 저는 아영 씨가 말하는 그런 모든 편견이 여러 가지 이유에서 온다고 생각해요. 하나는 자신... 그러니까, 자기 자신에 대한 확신 없음에서인데요. 자신이 스스로에 대해서 확신이 없을 때, "난 여기 있는 이 사람보다는 더 나은 사람이야."라고 말하면, 그게 자신에 대해서 더 좋은 사람처럼 느끼게 할 것으로 생각하지요... 그렇지만 그건 정말 그렇지가 않아요. 하지만 나는 사람들이 자라면서 그런 편견을 받아들이는 것을 배우게 된다고 생각해요. 가끔은 위기를 겪거나, 몇몇 사람들이 다르게 이야기하는 것을 듣거나, 그런 주제에 대해 자꾸 이야기해보거나, (누군가) 아무도 태어날 때부터 나쁘거나 나쁘게 대우받아서는 안 된다는 것을 주장하면서 그 사람들에게 가르쳐주거나, 혹은 모두가 다른 이들에 대해서 연민을 가져야 한다거나, 다른 사람의 입장에 대해서도 생각해보라거나 하는 말을 하면 그들이 변할 수도 있겠죠. 사실 난 인종차별에 대해서 개인적인 감정이 있어요. 제가 아이였을 때, 뉴욕주에서 살다가 인종차별이 많은 남부로 이사를 했는데, 저한테는 그게 정말 충격적이었고, 저는 그것 때문에 힘든 시간을 보냈어요. 사람들이 제 부모님들에게 가끔 흑인들에 대한 험담을 하곤 했는데, 저는 제 아버지가 그에 대처하는 방식을 기억해요. 제 생각에 매우 독특했어요. 아버지께서는 "글쎄, 저한테는 흑인 친척들이 있어서요."라고 말하곤 했어요. 그리고 그러면 모두 입을 다물곤 했죠.

Kim: 하하하....

Viki: 재밌는 것은 지금 제가 정말로 흑인 친척들이 있다는 사실이에요.

Kim: 그렇습니까?

Viki: 네. 제 조카가 흑인 남자와 결혼을 했어요.

Kim: 아, 그랬군요.

Viki: 그래서 저는 반은 흑인인 조카들과 조카딸들이 있는데, 그 때문에 저에게는 그(인종차별)에 대해서 매우 개인적인 감정이 있어요... 그러니까, 성차별과 인종차별 둘 다에 대해서요.

Viki: I think all of those prejudices that you're talking about come from several places. One is a sense of insecurity about self…about yourself. If you feel insecure about yourself and say "I'm better than this person over here", you think it will make you feel better about yourself, but it doesn't really. However, I think people are taught as they were growing up to adopt prejudice. Sometimes it takes a crisis or takes a few people saying things differently, bringing it up, teaching others and assuring that no one is inherently bad or should be treated badly…or everyone should have compassion for others…put yourself in the other person's place. I actually have a personal feeling about racism. I lived in New York State when I was a child, and I moved to the South where there was lots of racism, which was very disturbing to me, and I had a hard time with it.

❶ People **used to** say bad things about African Americans to my parents at times , and I remember the way my father dealt with it, which I thought was really unusual. ❷ He **would** say, "You know, I have African American relatives." …and that would usually shut everyone up.

Kim: Ha ha ha….

Viki: The interesting thing is that now I do have African American relatives.

Kim: Is that so?

Viki: Yes. My niece is married to an African American man.

Kim: Oh, okay.

Viki: So I have nephews and nieces who are half African Americans, so it has a very personal feeling for me… both of those; sexism and racism.

Interview

Viki Thompson Wylder

우리발 인터뷰 문상을 읽고 영어로 말하고 싶은 표현을 표시한 후 옆 페이지 영어 대화문에서 어떻게 쓰이는지 확인해 보자. QR 코드로 여러 번 듣고 크게 따라 말해 보자.

Kim: 답변 속에 좋은 지적을 몇 가지 해주셨어요. 페미니즘에 관한 다른 질문도 있어요. 힐러리 클린턴이 미국 사회의 성차별을 가리켜 '유리 천장'이라는 표현을 쓴 적이 있는데요. 우리는 그러니까 일하는 여성으로서, 그런 성차별 문제를 우리의 일터나 사회 속에서 어떻게 대처해야 할까요?

Viki: '유리 천장'에 우리가 어떻게 대처해야 하나... 저는 우리가 그에 대처하는 한 가지 방법은 그것에 대해 인지하는 것에서 우선 출발한다고 생각해요. 또한, 우리가 그 유리 천장을 어떻게든 깨려고 하는 순간에 처한 다른 여성들을 지지할 수도 있고요.... 그러니까, 힐러리 클린턴처럼 잠재적으로 미국의 대통령이 될 수 있는 목표를 달성하려는 여성들이요. 저는 때로 사람들이, 다른 사람들이 그들이 있어야 할 자리라고 생각하는 곳에서 나올 때 심하게 비난을 받을 때가 있다고 생각해요. 비록 예전에 그랬던 것만큼의 성차별은 없는 문화를 가지고 있다는 사실에도 불구하고, 여전히 힐러리가 단지 여자이기 때문에 대통령 후보에 나와서는 안 된다고 생각하는 여자들이 아직도 많이 있다고 믿어요. 그래서 저는 그런 일을 할 수 있는 용기가 있는 여성들을 지지하고 싶어요. 한 회사의 CEO가 되는 것, 대통령 선거에 출마하는 것, 세상의 모든 그런 종류의 일들도 다 마찬가지고요. 저는 우리가 젊은 여성들에게 그들이 원하고 충분히 열심히 일하면 그들도 같은 종류의 아주 높은 목표를 이룰 수 있다고 가르쳤으면 좋겠어요. 저는 그런 문제들을 교육적으로 언급하고 다른 여성들을 지지하는 것이 중요하다고 생각합니다.

Kim: 충고 감사합니다. 반드시 명심할게요.

Viki: 그리고 또 한 가지 제가 드리고 싶은 말씀은 우리가 우리의 아들들에게도 똑같은 것을 가르쳐야 한다는 것입니다.

Kim: You made some good points in your answer. Here's another question related to feminism. Hillary Clinton once used the expression, "glass ceiling" referring to sexism in the American society. How can we, as professional women, cope with the kind of sexism issues in our work place or in the society?

Viki: How can we cope with the "glass ceiling"? I think one of the ways we can cope with that is by recognizing it, first of all. I think we can also support other women who somehow have found that they **⑧ are about to** break the glass ceiling and achieve a goal like Hillary Clinton, potentially becoming the president of the United States. I think sometimes when people **⑨ step out of** what other people think they should be, then they're severely criticized. In spite of the fact that we have a culture now ❸ that has not **as** much sexism **as** it used to, I'm sure there are still plenty of women who think that Hillary, because she's a woman, should not be **⑩ run**ning **for**

president. So I want to give women my support who have the **⑪ guts** to do something like that. To become the CEO of a company, to run for president, and to do all the things that there are out there to do. I would like for us to teach other young women to think that if they want to and work hard enough, they can achieve those same kinds of very high goals. I think it's important educationally to address that question and support other women.

Kim: Thank you for your advice. I'll definitely keep that in mind.

Viki: And one other thing I would say is we need to teach our sons the same thing.

VOCABULARY & IDIOMS

❽ be about to

막 ~하려던 참이다

EXAMPLE DIALOGUE

Christina   *(The phone is ringing)* Hello!

Ji-won   Hello.

Christina   Hi, Ji-won! I **was** just **about to** call you.

Ji-won   Really?

Christina   Yes. I just finished "Ode To My Father", and I cried a lot at the end of the movie.

Ji-won   I can see where you cried. It must have been the scene where they found Mak-soon, right?

Christina   Yeah! I didn't know about that part of Korean history where the people had to carry posters and go on TV to find their lost family members.

Ji-won   Yes. It was such a tragedy, and that's why I'm against any kind of war.

Christina   We're on the same page.

Christina: *(전화벨이 울리고)* 여보세요!

지원: 여보세요.

Christina: 안녕, 지원아! 내가 지금 막 너한테 전화하려던 참이었는데.

지원: 정말?

Christina: 응. 나 금방 '아버지에게 부치는 시(한국 영화 '국제시장'의 영어 제목)'를 봤는데, 영화 마지막 부분에서 정말 많이 울었어.

지원: 네가 어느 부분에서 울었는지 알겠다. 그들이 막순이를 찾았을 때 울었던 게 틀림없을 거야, 맞지?

Christina: 맞아! 난 사람들이 잃어버린 가족들을 찾기 위해서 포스터를 들고 텔레비전에 나와야 했던 부분의 한국 역사에 대해서 몰랐거든.

지원: 그래. 그건 정말 비극이었고, 그게 내가 어떤 형태든 전쟁에 반대하는 이유야.

Christina: 나도 동의해.

❾ step out of

～에서 나오다/～ 밖으로 나오다

Student   Professor Kim, I applied to a local college here and a big university in France, and luckily I got accepted to both of the schools.

Professor   Congratulations! I am so happy for you. So have you decided where to go?

Student   Well, undoubtedly, the one in France is a more well-known school in this field, and I can polish up my French language skills there as well. Then again, since I've never travelled outside of America, I feel kind of hesitant to study abroad.

Professor   Well, I understand your concern, but I would go to France especially because your major is French literature. In addition, I believe one should **step out of** his comfort zone in order to become a real adult.

Student   Thank you for your advice, professor. It was very helpful for me to make the decision.

Professor   My pleasure! I wish you all the best!

학생: 김 교수님, 제가 우리 지역 대학과 프랑스에 있는 큰 대학에 지원했는데, 운 좋게도 두 학교에서 모두 입학 허가를 받았어요.

교수: 축하해요! 정말 잘됐네요. 그래서 어디로 가기로 결정했어요?

학생: 그게, 의심할 여지 없이 프랑스에 있는 그 대학이 이 분야에서 더 알려진 학교이고, 거기서는 제 불어 실력도 다듬을 수 있을 것 같아요. 그런데 또 한 편으로는, 제가 미국 밖을 여행한 적이 한번도 없어서 해외에서 공부하는 것이 다소 망설여지기도 해요.

교수: 걱정하는 바를 이해는 하지만, 나라면 프랑스로 가겠어요. 특히 전공이 불문학이니까요. 게다가, 난 진정한 어른이 되기 위해서 사람은 그가 편안하기만 한 곳에서 밖으로 나와야 한다고 믿어요.

학생: 충고 감사합니다, 교수님. 제가 결정을 하는데 정말 많은 도움이 되었어요.

교수: 천만에요! 다 잘되기 바라요!

⑩ run for ~

~ 선거에 출마하다

EXAMPLE DIALOGUE

Sandy Hey, Mandy! Come and watch this internet news! Jack Daniel **is running for** mayor this year.

Mandy Seriously? Are you talking about the politician who sexually harassed his secretary a couple of years ago?

Sandy Yup! Can you believe that?

Mandy Oh, my God! I can't believe he has the guts to **run for** a political office again.

Sandy You took the words right out of my mouth!

Sandy: 맨디! 여기 와서 이 인터넷 뉴스 좀 봐! 잭 다니엘이 올해 시장 후보로 출마한대.

Mandy: 진짜로? 2년 전인가 자기 비서를 성추행했던 그 정치인 말이야?

Sandy: 응! 믿을 수 있겠어?

Mandy: 세상에! 난 그 사람이 그러고도 또 공직에 출마할 배짱이 있다는 사실을 믿을 수가 없어.

Sandy: 내가 하려던 말이 바로 그거야!

⑪ guts

용기/배짱

EXAMPLE DIALOGUE

(At a party)

Mandy   Hey, Sandy! I don't see Mr. Hong and his wife here. Where are they?

Sandy   You haven't heard what happened to them?

Mandy   Why? What happened?

Sandy   Come closer! *(Speaking in a whisper)* They got separated because he turned out to be gay.

Mandy   What? Mr. Hong's gay?

Sandy   I know!

Mandy   Then, why did he get married to Mrs. Hong in the first place?

Sandy   He didn't have the **guts** to come out, and in order to pretend to be a straight, he decided to get married to Mrs. Hong who's the daughter of his mother's best friend.

Mandy   What a jerk!

Sandy   Well, I think he's more of a coward. In any case, it's such a tragedy!

Mandy   It is.

(어느 파티에서)

Mandy: 안녕, 샌디! 홍 선생님과 그의 부인이 안 보이네. 어디 계셔?

Sandy: 그분들한테 무슨 일이 있었는지 못 들었어?

Mandy: 왜? 무슨 일이 있었는데?

Sandy: 가까이 와봐! *(속삭이면서)* 그분이 동성애자라는 사실이 밝혀져서 두 분이 별거하셨대.

Mandy: 뭐라고? 홍 선생님이 게이라고?

Sandy: 내 말이!

Mandy: 그렇다면, 애초에 부인과 왜 결혼을 하셨지?

Sandy: 그분이 커밍아웃할 용기가 없어서 이성애자인 척하기 위해서, 그분 어머님의 가장 친한 친구의 딸이 었던 지금 부인과 결혼을 하기로 결정했었대.

Mandy: 진짜 나쁜 사람이네!

Sandy: 글쎄, 그보다는 내 생각에는 겁쟁이에 더 가까운 것 같아. 어쨌든, 정말 비극이야.

Mandy: 맞아.

Interview

Viki Thompson Wylder

우리말 인터뷰 문장을 읽고 영어로 말하고 싶은 표현을 표시한 후 옆 페이지 영어 대화문에서 어떻게 쓰이는지 확인해 보자. QR 코드로 여러 번 듣고 크게 따라 말해 보자.

Kim: 무슨 말씀이신지 아주 잘 알아요!

Viki: 하하... 그래서 우리는 우리의 아들들에게 여자들이 존경받는 위치에 있을 수 있다고 가르쳐야 하고, 그래서 우리가 그런 존중을 받을 수 있도록이요.

Kim: 그건 매우 타당한 지적이세요. 왜냐하면 아들 가진 제 어머니 또래의 한국 여성들이 심지어 남자들보다 더 성차별적인 경향이 있거든요. 그리고 그것은 한국의 시어머니와 며느리 사이의 많은 문제를 야기하는데, 그것이 때론 한국 사회의 높은 이혼율의 원인이 되기도 해요.

Viki: 왜냐하면, 그들은 그들의 아들을 보호하려 하니까요... 하지만 가끔 저는 변화하기 위해서는 한 세대를 기다려야 한다고 생각해요. 그래서 우리는 다음 세대를 봐야 하고, 다음 세대를 가르쳐야 합니다. 제가 처음 페미니스트가 되었을 때가 생각나는데요, 저는 그 모든 것에 대해 지나치게 열성적이었는데, 그때 누군가 저에게 어느 때고 하나의 운동이 그 목표를 실현하는 데에는 100년이 걸린다고 말했어요.

Kim: 그분 말씀에 동의하세요?

Viki: 네, 동의해요. 현재의 미국 여권 운동은 1960년대 후반에서 1970년대 초반에 시작되었으니까, 45년 정도밖에 안 됐네요.

Kim: 하지만 여기 미국에서는 많은 발전을 이뤘어요, 안 그래요?

Viki: 우리가 많은 발전을 이루기는 했지만, 해야 할 일이 여전히 더 있어요... 그래서 정말로 우리의 모든 목표를 의미 있고 심도 깊게 이룰 수 있으려면 이 운동을 아직 55년을 더 해야 돼요.

Kim: 만약 힐러리 클린턴이 미국의 대통령이 되면, 대부분의 성차별 문제가 해결될 거라고 생각하세요?

Viki: 그건 오바마가 대통령이 된 것과 똑같을 거라고 생각해요. 많은 사람이 흑인이 미국 대통령이 되면 미국의 많은 인종차별 문제가 해결될 거라 생각했지만, 그런 일은 일어나지 않았다는 걸 우리 모두 알 수 있죠. 하하...

Kim: 하하하....

Kim: Tell me about it!

Viki: Ha ha... So we need to teach our sons that women can be in positions of respect, and we need to afford that respect.

Kim: That's a very valid point because Korean women around my mom's age who have sons tend to be even more sexist than men, and it causes a lot of problems there between mothers-in-law and daughters-in-law, which sometimes even contributes to high divorce rates in the Korean society.

Viki: Because they're protective of their sons, but I think sometimes you have to wait a generation to move on, and you have to look at the next generation and teach the next generation. I remember when I first became a feminist, and I ⑫ **was** very **gung-ho about** everything, I remember somebody telling me that any movement takes a hundred years for that movement to realize its goals.

Kim: Do you agree with that?

Viki: Yes, I do. So the current women's movement in the United States started in the late 1960s early 1970s, so it's only been about 45 years.

Kim: But we've made a lot of progress here in the United States, haven't we?

Viki: We have made a lot of progress, but we still have more to do…so we still have 55 more years of this movement for us to really achieve all of the goals in a very significant and deep way.

Kim: Do you think if Hillary Clinton becomes the President of the United States, most of the sexism issues will be solved?

Viki: I think it will be like Obama becoming president. A lot of people thought, because there would be an African American president, it would resolve a lot of racism issues in the United States, and we can tell that has not happened.

Kim: Ha ha ha…

우리말 인터뷰 문상을 읽고 영어로 말하고 싶은 표현을 표시한 후 옆 페이지 영어 대화문에서 어떻게 쓰이는지 확인해 보자. QR 코드로 여러 번 듣고 크게 따라 말해 보자.

Viki: 하지만, 오바마가 흑인 미국 대통령이라는 사실에 꼬마 아이들이 "저 사람이 미국의 대통령이야."라고 말할 거예요. 그들이 자라면서 그들은 흑인들이 성취할 수 있는 일, 그들이 어떤 사람들인지, 그들의 지적 능력, 그러니까 그들에 대한 모든 것에 대해서 다른 생각을 가질 거예요. 그들에게는 흑인이 미국의 대통령이라는 사실이 자연스러울 거예요. "세상에, 어떻게 버락 오바마가 미국의 대통령이 될 수가 있지?"라고 생각하는 남부에서 자란 75세의 어느 노인과는 다르게 말이죠. 그것은 그냥 완전히 다른 태도일 것이며, 저는 그게 힐러리 클린턴이 미국의 대통령이 되는 것의 큰 장점이라고 생각해요. (오바마가 대통령이 되었을 때와) 마찬가지로 말이죠.

Kim: 실은, 제가 그 질문을 드린 이유가… 한국의 현직 대통령이 여성이라는 것을 알고 계셨어요?

Viki: 그 말씀을 하시니까 기사에서 읽은 기억이 나네요.

Kim: 네, 그럼에도 불구하고 한국에 여전히 성차별이 존재하고, 그게 어떤 성차별 이슈도 해결하지 못했거든요. 하지만 한국의 어린이들이 우리에게 여자 대통령이 있기 때문에 여성들에 대해서 다른 관점을 가질 거라고 생각하세요?

Viki: 그것은 그들에게 영향을 줄 겁니다. 그래요! 그들이 자라면 그들은 우리나라의 수장이 여성이었지, 그리고 그것이 특별하다고 생각하지도 않을 거예요.

Kim: 그렇게 되길 저도 희망합니다. 자, 이제 제 마지막 질문입니다. 비키 씨는 인생에서 행복을 어떻게 정의하세요?

Viki: 음…. 먼저, 저는 삶에서 행복이 저에게 가장 중요한 사안이었던 적이 결코 없었다는 말씀부터 드리고 싶어요.

Viki: However, I think the fact that Obama is an African American president, little kids say, "That's the president of the United States." As they grow up, they will have a different feeling about what African American people can achieve, who they are, their intelligence, I mean… everything. They will think it's natural for an African American person to be the president of the United States. Unlike maybe somebody who's 75 years old and grew up in the South who thinks "Oh, how could Barak Obama become the President of the United States?" It will just be a totally different attitude, and I think that will be ⓭ **the beauty of** Hillary Clinton becoming the president of the US. It's the same kind of deal.

Kim: Actually, I asked you the question because…did you know that the current president of S. Korea is a woman?

Viki: Now that you're saying that, I do remember reading it.

Kim: Yes, but still sexism exists in S. Korea, and it didn't really solve any sexism issues there, but do you think Korean children will have different views about women because they have a female president now?

Viki: It will affect them. Yes! When they grow up, they're going to think the head of our country was a woman. They won't think that's unusual.

Kim: I do hope so. Now this is going to be my last question. How do you define happiness in life?

Viki: Hmm… First, I'm going to say that happiness in life was never the most important thing to me.

Interview

Viki Thompson Wylder

우리말 인터뷰 문장을 읽고 영어로 말하고 싶은 표현을 표시한 후 옆 페이지 영어 대화문에서 어떻게 쓰이는지 확인해 보자. QR 코드로 여러 번 듣고 크게 따라 말해 보자.

Kim: 흥미로운데요! 그렇다면, 비키 씨에게 가장 중요한 것이 무엇인가요?

Viki: 만족이요!

Kim: 그렇군요. 그럼, 그 둘이 서로 어떻게 다른가요? 저한테는 그 둘이 백지장 한 장 차이일 뿐인 것처럼 느껴져요. 왜냐하면 저는 만족스러울 때 행복하니까요.

Viki: 글쎄, 제게 만족은 이런 것이에요. 정말로 열심히 시도하고, 일을 잘해내서, 당신이 뭔가 차이를 만들어내는 느낌이 들며, 당신이 하는 일이 의미가 있을 때, 그러니까 예술 작품과 같이 말이죠, 하하... 저는 가끔 행복이란 꼭 그런 것들이 아닐 수도 있다고 생각하거든요. 제가 지금 말하는 그런 것들은 종종 어려움이 따르니까요. 어떤 목표를 찾아내서 세우고 뭔가 차이를 만들고 싶을 때, 당신이 그 일을 이루어낼 수도 있고 실패할 수도 있을 거예요. 하지만 당신이 당신 전부를 걸었다는 것, 그것을 위해 정말로 열심히 일하고 진심으로 노력했다는 것을 안다는 것은 만족일 수 있죠. 그래서 만족이 제게는 행복과는 조금 달라요.

Kim: 그렇다면, 비키 씨에게 행복은 무엇인가요?

Viki: 제 생각에 행복이란 '욕구가 충족되어 편안한 상태'에 더 가까운 것 같아요. 갈등을 겪거나 혹은 내부적 갈등 같은 것도 없이 좀 더 걱정 없이 편안한 느낌이 드는 것... 그런데 저는 제가 편안하거나 걱정 없는 그런 느낌은 앞으로도 절대로 가지지 못할 거라는 예감이 들어요.

Kim: 하하... 정말요?

Viki: 네, 저는 앞으로도 언제나 뭔가 해야 할 일은 꼭 있을 거라고 느껴요. 저는 항상 뭔가를 변화시키기 위해서 고군분투할 거라는 느낌이 들어요. 하지만... 잘 모르겠네요, 제가 그냥 행복에 대한 정의를 바꾸어버릴 수도 있다는 생각도 드네요.

Kim: 그럴 수도 있겠네요. 실은, 제가 마지막으로 "지금 행복하세요?"라는 질문을 드리려고 했는데, 비키 씨께서 이미 제 질문에 대답하신 것 같습니다. 비키 씨, 아주 근사한 인터뷰였고, 정말 좋았어요. 시간 내주셔서 감사합니다.

Viki: 뭘요, 제가 더 좋았어요.

Kim: Interesting! Then, what is the most important thing to you?

Viki: Satisfaction!

Kim: Okay. How are they different from each other? To me, it feels like there's just a very fine line between them because when I'm satisfied, I'm happy.

Viki: Well, for me, satisfaction is something like this. Trying really hard, doing a job well, feeling like you're making a difference, that what you're doing has meaning just like an art work. I think happiness is sometimes not necessarily those things. Those things I'm talking about often have hardship attached to them. When you ⓮ **take on** a goal and want to make a difference, you may achieve or you may fail… but satisfaction is maybe knowing that you gave it your all, that you really worked at it, and that you really tried, so satisfaction to me is a little different than happiness.

Kim: Then, what is happiness to you?

Viki: I guess when I think of happiness, it's more contentedness… and not feeling conflicted…internal conflict…feeling a little more carefree…and I have a feeling I'm never going to feel contented or carefree.

Kim: Ha ha… Really?

Viki: Yeah, I feel like there's always going to be something to work on. I feel like I'm always going to be striving to make some kind of change…but I think maybe I don't know…I could change my definition of happiness.

Kim: I guess so. Actually, my last question was going to be, "Are you happy now?", but I believe you've already answered my question. Viki, this was a great interview, and I loved it. Thank you so much for your time.

Viki: Sure, it's my pleasure.

VOCABULARY & IDIOMS

⓬ be gung-ho about ~

~에 지나치게 열광하다

EXAMPLE DIALOGUE

Carrie Michelle, how come you don't come to the tea party any more? You have no idea how much we miss you!

Michelle Between you and me, Martha drives me crazy.

Carrie Did something happen between you two?

Michelle Not really…but as you know, I'm the only one who doesn't go to church there, right?

Carrie So?

Michelle Whenever she sees me, she says, "I always pray that you will believe in God," and I usually say, "Thanks for keeping me in your thoughts and prayers." Then, she talks about why we all should believe in Jesus Christ and goes on and on and on…but come on, I'm a Buddhist.

Carrie Oh, I'm so sorry. I am aware that she**'s gung-ho about** her religion, but I didn't know she tried to convert you at the tea party.

Carrie: 미셸, 왜 다과회에 이제 안 나오니? 모두가 널 얼마나 보고 싶어 하는지 넌 정말 모를 거야!

Michelle: 너만 알고 있어. 마싸가 날 짜증나게 해서.

Carrie: 너희 둘 사이에 무슨 일 있었어?

Michelle: 그렇지는 않지만, 너도 알다시피 거기서 내가 유일하게 교회에 안 가는 사람이잖아. 그렇지?

Carrie: 그래서?

Michelle: 그녀가 날 볼 때마다 나한테 "네가 하나님을 믿게 되기를 항상 기도해."라고 말해. 그러면, 난 대개 "내 생각해주고 기도해줘서 고마워."라고 말해. 그러면 그녀는 왜 우리가 모두 예수 그리스도를 믿어야 하는지에 대해서 주저리주저리 말하지만… 이봐, 난 불교 신자라고!

Carrie: 어, 정말 미안. 나도 그녀가 자기 종교에 대해서 지나치게 열광적이라는 건 알지만, 다과회에서 너를 개종시키려고 했다는 사실은 몰랐어.

⓭ the beauty of~

~의 이점/장점

EXAMPLE DIALOGUE

Hye-gyo Mr. Jefferson's English class is full of fun, but I feel like he nitpicks at everything whenever I say something in English.

Tae-hee What do you mean?

Hye-gyo He tries to correct every single grammar error I make!

Tae-hee So you're talking about the error correction part of his class, right?

Hye-gyo Yeah!

Tae-hee Correcting students' grammar errors is a critical component of foreign language education. In my case, it was tremendously helpful to polish up my grammar-in-use, and that's actually **the beauty of** error correction in a language class.

혜교: 제퍼슨 선생님의 영어 수업은 정말 재밌는데, 내가 영어로 무슨 말을 할 때마다 선생님께서 사사건건 꼬투리를 잡으시는 느낌이 들어.

태희: 그게 무슨 소리야?

혜교: 선생님께서 내가 하는 문법 실수를 하나하나 다 고쳐주려고 하시거든.

태희: 아, 그분 수업에서 실수 고쳐주시는 부분을 말하는 거구나, 그렇지?

혜교: 맞아!

태희: 학생들의 문법 실수를 고쳐주는 건 외국어 교육에서 아주 중요한 요소야. 내 경우, 그게 내 문법 사용을 다듬는데 어마어마하게 도움이 되었는데, 그게 바로 외국어 수업 시간에 실수 고쳐주는 것의 이점이지.

⓮ take on

~를 떠맡다

EXAMPLE DIALOGUE

Subordinate Does this look okay, ma'am?

Boss It looks pretty good, considering that it's your first time to do this job.

Subordinate Thank you, ma'am. If there's any area lacking, I will concentrate on it.

Boss Well, it's good enough, and I believe you can **take on** more work now.

부하직원: 이게 괜찮은 것 같습니까?

상사: 처음 한 일치고는 잘한 것 같아요.

부하직원: 감사합니다. 부족한 부분이 있으면 거기에 집중하도록 하겠습니다.

상사: 이 정도면 좋은 것 같으니 이제 일을 더 맡을 수 있을 거라 믿어요.

이 챕터에서 주목할 문법

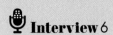 **Interview** 6

① People **used to** say bad things about African Americans to my parents at times.

가끔씩 사람들이 흑인들에 대해서 저희 부모님께 나쁜 말들을 하곤 했어요.

≫ 이 문장에서 과거의 습관이나 과거에 자주 일어났던 일을 이야기할 때 미국인들이 가장 많이 쓰는 조동사 used to가 등장했다. 더 이상 무슨 설명이 필요하랴, 대화를 들으며 문맥과 함께 하는 문법 공부... Go, Go…!!

EXAMPLE DIALOGUE 1

Rachel   Kate, you look so blue. Is everything okay with you?

Kate   One of my classmates died rescuing a child who fell into the river.

Rachel   Oh, no…!

Kate   All my classmates are very sad. Although she was not my close friend, I had a special feeling about her.

Rachel   Is that right?

Kate   Oh, yeah. She was a very genuine person. She was authentically concerned about other people, and I also know that **she used to volunteer a lot at places like nursing homes and orphanages.**

Rachel   Well, as many people say in such cases, God must have needed another angel in heaven.

Rachel: 케이트, 너 정말 우울해 보인다. 무슨 일 있는 건 아니지?
Kate: 내 반 친구 중 한 명이 강물에 빠진 아이를 구하다가 죽었어.
Rachel: 세상에…!
Kate: 반 친구들 모두 정말 슬퍼해. 그 애가 나하고 가까운 친구는 아니었지만, 난 그 애에게 특별한 감정이 있었거든.
Rachel: 정말이야?
Kate: 그래. 그 애는 정말로 진실한 사람이었거든. 그 애는 다른 사람들에 대해서 진심으로 걱정했고, 그 애가 양로원이나 고아원 같은 곳에서 봉사 활동도 많이 했었다고 알고 있어.
Rachel: 이런 경우에 많은 사람이 말하듯이, 신께서 천국에 천사 한 명이 더 필요했었나 봐.

EXAMPLE DIALOGUE 2

Elizabeth	Joy, I heard that you lived in Seattle before moving to Florida.
Joy	Yes, I did.
Elizabeth	I wouldn't move to Florida from Seattle. Seattle sounds kind of like a romantic city. You know, all the major coffee brands are from Seattle, and the rainy weather there….
Joy	Well, I like coffee as well, but because of the rainy weather, I decided to leave there.
Elizabeth	Really? Then, you must really enjoy the sunny weather here in Florida.
Joy	I do because the rain makes me blue, and actually, **I often used to get depressed when I was living in Seattle.**
Elizabeth	Oh, now I get it! That's why you moved to the Sunshine State, right?
Joy	Bingo!
Elizabeth	Although I like the rain, I know what you mean. I guess that's why people often say weather and mood are interrelated.

Elizabeth: 조이, 네가 플로리다에 이사 오기 전에 시애틀에 살았었다고 들었어.

Joy: 그래, 맞아.

Elizabeth: 나 같으면 시애틀에서 플로리다로 이사 오지 않겠어. 시애틀은 뭔가 로맨틱한 도시 같거든. 주요 커피 브랜드들도 다 시애틀 것이고, 거기 비 오는 날씨도 그렇고….

Joy: 글쎄, 나도 커피는 좋아하지만 그 비 오는 날씨 때문에 내가 그곳을 떠나기로 결정했어.

Elizabeth: 정말? 그렇다면, 이곳 플로리다의 화창한 날씨를 넌 무척이나 즐기겠구나.

Joy: 맞아, 왜냐하면 비는 날 우울하게 만드는데 실제로 내가 시애틀에 살 때 자주 우울했었어.

Elizabeth: 아, 이제 알겠다! 네가 이 선샤인 주(플로리다 주의 별명)로 이사 온 이유가 바로 그거구나, 맞지?

Joy: 맞아!

Elizabeth: 난 비를 좋아하긴 하지만, 네가 무슨 말을 하는지는 알 것 같아. 아마 그래서 사람들이 날씨와 기분이 밀접한 관계가 있다고들 하나 봐.

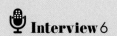

❷ He **would** say, "You know, I have African American relatives."

그는 "저기, 저한테 흑인 친척들이 있어요."라고 말하곤 했지요.

>> **Would** 또한 used to와 마찬가지로 과거의 습관이나 과거에 자주 일어났던 일을 말할 때 쓰이는 조동사다. 그럼에도 불구하고 이러한 문맥 속에서 used to보다 훨씬 적게 등장하는 이유는 used to가 이러한 문맥 속에서만 쓰이는 데 반해, **would**는 여러 가지 다른 의미로도 쓰이기에 그 의미가 헷갈릴 소지가 다분하기 때문이다. 그래서 **would**의 경우, 문맥 속에서 과거의 습관을 나타내는 의미라는 것을 명확하게 해주는 힌트가 충분히 제시될 때만 쓰이는 편이다.

EXAMPLE DIALOGUE 1

Sandra Molly, do you want to try this green bean casserole that my mom made for us?

Molly Yummy! This smell reminds me of my grandma who passed away last year. She used to make green bean casserole for us.

Sandra Was she a good cook?

Molly She was, but she was more of a baker. **Whenever we visited her, she would bake lots of cookies and brownies. While she was preparing our snacks, I would play hide-and-seek with my brother.**

Sandra Your grandma's place sounds like heaven for children.

Molly Yes, it was truly heaven for us.

Sandra: 몰리, 우리 엄마께서 우리를 위해 만드신 그린빈 캐서롤 한번 먹어볼래?

Molly: 맛있겠다! 이 냄새가 내게 작년에 돌아가신 우리 할머니를 생각나게 해. 할머니께서 우리에게 그린빈 캐서롤을 만들어주시곤 했거든.

Sandra: 할머니께서 훌륭한 요리사셨나 봐?

Molly: 그러긴 했는데, 요리사보다는 제빵사에 더 가까우셨어. 우리가 방문할 때마다 할머니께서 쿠키와 브라우니를 많이 구워주시곤 했어. 할머니께서 우리 간식을 준비하시는 동안, 난 내 동생과 숨바꼭질을 하곤 했지.

Sandra: 너네 할머니 댁은 아이들의 천국 같은데.

Molly: 그래, 정말로 우리에겐 천국이었어.

EXAMPLE DIALOGUE 2

Cindy   Candace, how was your weekend?

Candace   It was fantastic! We went to Destin, Florida, and I think it has the most beautiful beach in the world. You know, the emerald color of the water and the sugar sand….

Cindy   Yeah, Destin's my most favorite beach as well. My grandpa used to fish there a lot, and **whenever he went fishing, he** **would** take me **there.**

Cindy: 캔디스, 주말 잘 보냈어?

Candace: 환상적으로 보냈어! 플로리다의 데스틴에 갔는데, 난 그곳에 세계에서 가장 아름다운 바닷가가 있다고 생각해. 에메랄드 빛깔의 바닷물과 설탕 같은 모래…

Cindy: 맞아, 데스틴은 내가 가장 좋아하는 해변이기도 해. 우리 할아버지께서 거기 낚시하러 많이 가시곤 했는데, 낚시 가실 때마다 나를 데려가곤 하셨지.

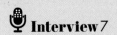
③ ...that has not **as** much sexism **as** it used to.

예전만큼의 성차별은 없는…

》 **'as ~ as ~'는 '~만큼 ~하는'의 의미로 이 'as ~ as ~' 구문 전체가 문장 속에서 부사의 역할을 한다. As 는 접속사이기도 해서, as 뒤에 주어와 동사를 다 갖춘 절이 올 수도 있다.** 이런 문법 용어가 골치 아프거나 설명이 이해 안 되는 독자들은 더 이상 분석하거나 생각하려 하지 말고, 그냥 이 구문이 쓰인 다음의 대화를 여러 번 읽고 들으면서 그 쓰임새를 문맥과 함께 자연스럽게 습득하자. 어차피 그게 더 바람직한 영어 공부 방식이니까!

EXAMPLE DIALOGUE 1

Jackie *(With a deep sigh)* I didn't get promoted again. **I guess I didn't work** **as** much **as** I should have.

Diana That's life, Jackie.

Jackie What's life?

Diana You can't always get what you want.

Jackie To me, as many people say, life is a long lesson in humility.

Diana I guess that too is life.

> Jackie: *(크게 한숨을 쉬면서)* 나 또 승진 못했어. 내가 해야 할 만큼은 열심히 일을 안 했나 봐.
> Diana: 그게 인생이란다, 재키.
> Jackie: 뭐가 인생인데?
> Diana: 네가 원하는 걸 언제나 가질 수는 없는 겠
> Jackie: 내게는 많은 사람이 말하듯이, 인생이 겸손함에 대한 오랜 수업인 것 같아.
> Diana: 그것 또한 인생이겠지.

EXAMPLE DIALOGUE 2

(in an ESL class)

Teacher Ji-won, can you please describe this picture?

Student Sure! The little girl is in the back of the red car.

Teacher Well, in this case, you should say, "in back of the red car". So it should be "The little girl is in back of the red car."

Student So is it wrong if I say "in the back of the red car"? Because I hear native speakers saying "in the back of something" all the time.

Teacher	The sentence itself is grammatically correct, but it doesn't work in this context because it changes the meaning here. Let's look at the picture one more time. Is the girl inside the car?
Student	No, ma'am. She's walking behind the car.
Teacher	Yes, she is, and that's why you should say, "She's in back of the car." On the other hand, if she's inside the car sitting in the back of the car, what should you say?
Student	Oh, then, should I say, "She's in the back of the car," right?
Teacher	Correct! You're doing great!
Student	Thank you, ma'am. Now I realize **I haven't studied how to use articles `as` much `as` I should.**

(영어 시간에)

선생님: 지원아, 이 그림을 묘사해보겠니?

학생: 네! 'The little girl is in the back of the red car.'

선생님: 그게, 이런 경우에는 네가 'in back of the red car'라고 말해야 한단다. 그래서 'The little girl is in back of the red car.'라고 해야 맞아.

학생: 그럼, 제가 'in the back of the red car'라고 말하면 틀리나요? 왜냐하면 원어민들이 'in the back of ∼' 라고 말하는 걸 항상 듣거든요.

선생님: 그 문장 자체는 문법적으로 맞지만, 이 문맥 속에서는 틀렸단다. 그 이유는 문장의 의미를 바꾸어 버리 기 때문이지. 자, 이 그림을 다시 한 번 보자꾸나. 이 여자애가 차 안에 있니?

학생: 아니요, 선생님. 차 뒤에서 걷고 있어요.

선생님: 그래, 그렇지. 바로 그렇기 때문에 네가 'She's in back of the car.'라고 해야 하는 거야. 반면, 만일 그 얘가 차 안에 있고 뒤쪽 좌석에 앉아 있으면, 뭐라고 말해야 할까?

학생: 아, 그럴 때는 제가 'She's in the back of the car.'라고 말해야 해요, 그렇죠?

선생님: 정확해! 잘하고 있구나.

학생: 선생님, 감사합니다. 이제야 제가 해야 할 만큼 관사 사용에 관한 공부를 하지 않았다는 걸 알겠어요.

SPEAKING TRAINING

STEP 1 다음 글을 또박또박 정확하게 읽고 암송해 보자. (읽은 후엔 V 표시)

1 삶에서 돌아가고 싶은 순간을 말할 때

문단 읽기 ☐ ☐ ☐ ☐ ☐

I have two times in my life/ that I would like to go back to,/ but one of them was/ when I was finishing my dissertation./ That was one of the best times/ in my life./ So many people say things like/ "Oh, I have to write my dissertation!"/ But I really enjoyed writing my dissertation./ I considered it/ a mental adventure.

2 자신의 러브 스토리를 말할 때

문단 읽기 ☐ ☐ ☐ ☐ ☐

I met Tom/ when I was 18./ We went to college/ at the same time./ We dated for a year./ He left school,/ but he stayed in contact./ So basically,/ we became friends./ We married 5 years after we met,/ so we knew each other/ for a long time/ before we got married,/ relatively speaking.

3 좋은 예술 작품에 대해 말할 때

문단 읽기 ☐ ☐ ☐ ☐ ☐

For a work to be art,/ it has to carry some kind of communication,/ some kind of message./ There has to be an intent/ or an intention by the artist/ to convey some kind of meaning/ through the art work to the viewer./ If the art work does not convey a meaning,/ it's not art.

4 만족과 행복에 대해 말할 때

문단 읽기 ☐ ☐ ☐ ☐ ☐

For me,/ satisfaction is something like this./ Trying really hard,/ doing a job well,/ feeling like you're making a difference,/ that what you're doing has meaning./ I think/ happiness is sometimes not necessarily those things./ Those things I'm talking about/ often have hardship attached to them./ When you take on a goal,/ you may achieve/ or you may fail/…but satisfaction/ is maybe knowing/ that you gave it your all,/ that you really worked at it,/ and that you really tried,/ so satisfaction to me/ is a little different than happiness.

STEP 2 주어진 단어를 사용해서 우리말을 영어로 말한 다음 빈칸에 써 보자.

1 나는 다시 돌아가고 싶은 순간이 제 인생에 두 곳 있어요.
(go back to / two times / would)

_____

2 주말에는 저 자신만을 위한 시간을 가졌습니다.
(for myself / weekends)

_____

3 상대적으로 말하자면 우리는 결혼 전에 오랫동안 서로를 알았어요.
(for a long time / relatively speaking)

_____

4 저는 우리 결혼을 45년간 지속한 것이 우리 관계에서 우정에 속하는 부분이라고 생각해요.
(relationship / maintain / friendship part)

_____

5 하나의 작품이 예술이 되기 위해서, 그것은 어떤 메시지를 지니고 있어야 합니다.
(carry / message / kind of)

_____

6 만족이 제게는 행복과는 조금 달라요.
(different than / to me / a little / satisfaction)

_____

STEP 3 빈칸에 자기 상황에 맞는 어휘를 넣어 문장을 완성해 보자.

1 I have ____________ time(s) in my life that I would like to go back to; one of them was when ______________________________________.

2 I considered it ____________.

3 For a work to be art, it has to carry ____________.

4 _____________________________________, I really had time for myself.

5 ____________ to me is a little different than ____________.

6 So many people say things like "____," but I ____________________.

7 Relatively speaking, ____.

8 ___________________ left ____________________, but ____________ stayed in contact.

9 If ____, ____________ is/are not ___________________.

10 Satisfaction is maybe knowing that ____________________________.

STEP 4 다음 질문에 답해 보자. (주어진 공간에 할 말을 적어 보기)

1 If you could go back to any age, which age would it be, and why?

2 How do you define good art work?

3 How do you define happiness? What is happiness to you?

4 To you, what is the most important thing in life?

I feel like I'm always going to be striving to make some kind of change.

Kim: Please introduce yourself to the Korean audience.

Viki: Hi, my name is Viki Thompson Wylder, and I'm from Illinois originally. I was a teacher in public schools there and elsewhere. I taught English for several years, but then I went back to study, and I became a museum curator…and then, I also taught at the college and university levels.

Kim: Thank you, Viki. I've noticed that you spell your name as 'Viki', not as 'Vicky'. Is this a common way to spell it?

Viki: No. I've only seen Viki spelled that way one other time in my life, and it was in a textbook. It was not flattering because that was the name of a Chimpanzee in the textbook.

Kim: Oh, my…. ha ha...

Viki: And I've only met one other person who spelled her name, Viki, but I have no idea why my parents chose that spelling. My name is not Victoria, but sometimes people have called me Victoria as a nickname.

Kim: Yeah, maybe because usually Vicky is short for Victoria, right?

Viki: Yes, right.

Kim: Interesting! So how have you been since you retired last year? Have you enjoyed your retirement life so far?

Viki: Well, yes and no.

Kim: Yes and no? What do you mean by that?

Viki: Well, the yes part has to do with that it was nice taking a little break from the everyday things that I was doing, but I did like my job a lot, and I like having a structure in my life. It's not that I'm not busy now, but I do like having a bit of structure…and I also like the university atmosphere since I was working at the university. I come from a military family. We moved frequently, and I met lots of people, and the university without the military part is much like that. People come here from all over the world. They're coming and going all the time. They meet here for a period of time, and there's lots of interesting conversations. And then they.. you know, whoever it is moves on to the next part of their lives…and I just really like being in that atmosphere.

Kim: Then, if you could go back to any age before your retirement, which age would it be, and why? Is this a silly question?

Viki: No. I have two times in my life that I would like to go back to, but one of them was when I was finishing my dissertation. That was one of the best times in my life. So many people say things like "Oh, I have to write my dissertation!" But I really enjoyed writing my dissertation. I considered it a mental adventure. I was working part time at the time. I would go to work in the morning, and get out of work in the afternoon, and then I would work on my dissertation the rest of the day…and on weekends, I really had time for myself.

Kim: What was the topic of your dissertation?

Viki: It's a really long title. It's called Judy Chicago's Dinner Party and Birth Project as Religious Symbol and Visual Theology.

Kim: Wow, it truly is a long title.

Viki: It is.

Kim: In any case, thank you for your wise answer to my silly question. By the way, I understand you've been married to Tom for about 45 years.

Viki: Yes.

Kim: What's the secret to the success of your marriage? Also, can you please share your love story with us as well?

Viki: Well, I met Tom when I was 18. We were in college. We went to college at the same time. We dated for a year. He left school, but he stayed in contact. So basically, we became friends. We married 5 years after we met, so we knew each other for a long time before we got married, relatively speaking. I feel like we've been friends ever since we got married. I feel like it's the friendship part of our relationship that has maintained our marriage for 45 years. If we weren't friends, I think it might not have lasted…and I feel like we have decided that we're a team, and we will face the world together as a team.

Kim: So basically, you think friendship is more important than romance in a marriage, right?

Viki: Yes, it is for me.

Kim: I agree. Many thanks for sharing your love story with us. My next question is about your career. You studied English literature, women's studies, art history and studio art. Being a curator at the fine art museum, you're also teaching Women Studies at FSU. Is there any reason why you've studied all these different areas?

Viki: Well, my final degree was in what's called humanities, and humanities brings different disciplines together. I find that I'm a person who likes to look at the whole thing…the whole of anything. So to me, all of those things are intertwined and interrelated. They don't exist without each other.

Kim: I see.

Viki: Let's take Women Studies for example. Women Studies not only has to do with women. It has to do with art. It has to do with history. It has to do with science…with religion. It has to do with everything. If you look at art history, it has to do with all these things as well. We just don't have one without the other.

Kim: That's so true. Then, as a curator, how do you define good art work?

Viki: Well, that's a question that lots of people have written about and wanted to come up with "the" answer, but I'll just say what I think. For a work to be art, it has to carry some kind of communication, some kind of message. There has to be an intent or an intention by the artist to convey some kind of meaning through the art work to the viewer. If the art work does not convey a meaning, it's not art.

Kim: That really makes sense.

Viki: So I look at art work the same way you might look at a piece of literature. Just as a novel, it has a great story perhaps, but it also has some kind of meaning that it wants to give you, the reader, and art work needs to be the same way.

Kim: Thank you, Viki. That was awesome. I also know that you call yourself a feminist without hesitation, and you're proud of it. I'm proud of you as well. As a matter of fact, in Korea, sometimes it's frowned upon when a woman tells others she's a feminist, and that's why I feel a little hesitant to tell other Korean people that I'm a feminist even though I am. What do you think about this?

Viki: Well, I think even in the United States, there are plenty of women who don't want to call themselves feminist either.

Kim: Why is that?

Viki: I think that many people have the wrong idea about what feminism is.

Kim: Then, how do you define 'feminism'?

Viki: For me, feminism has to do with really not just women. It has to do with every being feeling free to be who they are…to be looked upon with equal respects while enjoying equal opportunity to realize themselves…and feminism today deals with those issues as well as women. It deals with sexism. It deals with racism. It deals with ageism. It deals with the environment. It deals with everything.

Kim: What about classism?

Viki: Classism, yes. Almost anything you can put an ism to…so it deals with all those issues.

Kim: Speaking of feminism, may I ask you a rather serious question?

Viki: Yes. Yes, you can.

Kim: When George Zimmerman killed Trevon Martin, many American people tried to prove things like "Trevon did drugs." or "Trevon was not a good kid.", which has absolutely nothing to do with the incident. At that time, the whole thing reminded me of the fact that some Korean sexist people try to find a rape victim's "fault" such as the way she dresses or her private life, and I can see some patterns here regarding racism and sexism, which is 'victim blaming'. I strongly believe this has to stop. I don't want to believe human nature is basically evil, but where do you think this kind of cruelty is coming from?

Viki: I think all of those prejudices that you're talking about come from several places. One is a sense of insecurity about self…about yourself. If you feel insecure about yourself and say "I'm better than this person over here", you think it will make you feel better about yourself, but it doesn't really. However, I think people are taught as they were growing up to adopt prejudice. Sometimes it takes a crisis or takes a few people saying things differently, bringing it up, teaching others and assuring that no one is inherently bad or should be treated badly…or everyone should have compassion for others…put yourself in the other person's place. I actually have a personal feeling about racism. I lived in New York State when I was a child, and I moved to the South where there was lots of racism, which was very disturbing to me, and I had a hard time with it. People used to say bad thing about African Americans to my parents at times, and I remember the way my father dealt with it, which I thought was really unusual. He would say, "You know, I have African American relatives."…and that would usually shut everyone up.

Kim: Ha ha ha….

Viki: The interesting thing is that now I do have African American relatives.

Kim: Is that so?

Viki: Yes. My niece is married to an African American man.

Kim: Oh, okay.

Viki: So I have nephews and nieces who are half African Americans, so it has a very personal feeling for me…both of those: sexism and racism.

Kim: You made some good points in your answer. Here's another question related to feminism. Hillary Clinton once used the expression, "glass ceiling" referring to sexism in the American society. How can we, as professional women, cope with the kind of sexism issues in our work place or in the society?

Viki: How can we cope with the "glass ceiling"? I think one of the ways we can cope with that is by recognizing it, first of all. I think we can also support other women who somehow have found that they are about to break the glass ceiling…and achieve a goal like Hillary Clinton, potentially becoming the president of the United States. I think sometimes when people step out of what other people think they should be, then they're severely criticized. In spite of the fact that we have a culture now that has not as much sexism as it used to, I'm sure there are still plenty of women who think that Hillary, because she's a woman, should not be running for president. So I want to give women my support who have the guts to do something like that. To become the CEO of a company, to run for president, and to do all the things that there are out there to do. I would like for us to teach other young women to think that if they want to and work hard enough, they can achieve those same kinds of very high goals. I think it's important educationally to address that question and support other women.

Kim: Thank you for your advice. I'll definitely keep that in mind.

Viki: And one other thing I would say is we need to teach our sons the same thing.

Kim: Tell me about it!

Viki: Ha ha... So we need to teach our sons that women can be in positions of respect, and we need to afford that respect.

Kim: That's a very valid point because Korean women around my mom's age who have sons tend to be even more sexist than men, and it causes a lot of problems there between mothers-in-law and daughters-in-law, which sometimes even contributes to high divorce rates in the Korean society.

Viki: Because they're protective of their sons, but I think sometimes you have to wait a generation to move on, and you have to look at the next generation and teach the next generation. I remember when I first became a feminist, and I was very gung-ho about everything, I remember somebody telling me that any movement takes a hundred years for that movement to realize its goals.

Kim: Do you agree with that?

Viki: Yes, I do. So the current women's movement in the United States started in the late 1960s early 1970s, so it's only been about 45 years.

Kim: But we've made a lot of progress here in the United States, haven't we?

Viki: We have made a lot of progress, but we still have more to do… so we still have 55 more years of this movement for us to really achieve all of the goals in a very significant and deep way.

Kim: Do you think if Hillary Clinton becomes the President of the United States, most of the sexism issues will be solved?

Viki: I think it will be like Obama becoming president. A lot of people thought because there would be an African American president, it would resolve a lot of racism issues in the United States. We can tell that has not happened.

Kim: Ha ha ha…

Viki: However, I think the fact that Obama is an African American president, little kids say, "That's the president of the United States." As they grow up, they will have a different feeling about what African American people can achieve, who they are, their intelligence, I mean…everything. They will think it's natural for an African American person to be the president of the United States. Unlike maybe somebody who's 75 years old and grew up in the South who thinks "Oh, how could Barak Obama become the President of the United States?" It will just be a totally different attitude, and I think that will be the beauty of Hillary Clinton becoming the president of the US. It's the same kind of deal.

Kim: Actually, I asked you the question because…did you know that the current president of S. Korea is a woman?

Viki: Now that you're saying that, I do remember reading it.

Kim: Yes, but still sexism exists in S. Korea, and it didn't really solve any sexism issues there, but do you think Korean children will have different views about women because they have a female president now?

Viki: It will affect them. Yes! When they grow up, they're going to think the head of our country was a woman. They won't think that's unusual.

Kim: I do hope so. Now this is going to be my last question. How do you define happiness in life?

Viki: Hmm...first, I'm going to say that happiness in life was never the most important thing to me.

Kim: Interesting! Then, what is the most important thing to you?

Viki: Satisfaction!

Kim: Okay. How are they different from each other? To me, it feels like there's just a very fine line between them because when I'm satisfied, I'm happy.

Viki: Well, for me, satisfaction is something like this. Trying really hard, doing a job well, feeling like you're making a difference, that what you're doing has meaning just like an art work. I think happiness is sometimes not necessarily those things. Those things I'm talking about often have hardship attached to them. When you take on a goal and want to make a difference, you may achieve, or you may fail...but satisfaction is maybe knowing that you gave it your all, that you really worked at it, and that you really tried, so satisfaction to me is a little different than happiness.

Kim: Then, what is happiness to you?

Viki: I guess when I think of happiness, it's more contentedness… and not feeling conflicted…internal conflict…feeling a little more carefree…and I have a feeling I'm never going to feel contented or carefree.

Kim: Ha ha… Really?

Viki: Yeah, I feel like there's always going to be something to work on. I feel like I'm always going to be striving to make some kind of change…but I think maybe I don't know…I could change my definition of happiness.

Kim: I guess so. Actually, my last question was going to be, "Are you happy now?", but I believe you've already answered this question. Viki, this was a great interview, and I loved it. Thank you so much for your time.

Viki: Sure, it's my pleasure.

아선생의 미국말 미국문화

: 미국의 인종 문제 II —미국의 아시아인들, 그리고 인종차별

인종차별이나 성차별 같은 문제에 있어서는 언제나 민감하게 반응하고 '쌈닭'이 되길 자처하는 아선생이 지머맨 사건에 크게 동요되지 않았던 이유는 그 당시 내 발등에 떨어진 불부터 먼저 꺼야 했기 때문이다. 폴라 딘사태, 그리고 지머맨 판결이 난 그 사이 어디쯤 일어났던 한국 국적 항공사 아시아나 항공기의 샌프란시스코 공항 사고, 그리고 사고 이후, NTSB*와 미국 언론, 그리고 이에 대해 미국 네티즌들이 여론을 몰아가는 작태는 그때까지 미국에서 아시아인으로 살면서 특별히 인종적 편견이나 차별을 느끼지 못하고 살았던 아선생에게는 메가톤급 충격으로 다가오기 충분했다.

일단 사고의 원인이 밝혀지지 않은 상태에서 NTSB는 자국 회사인 보잉사를 보호하기 위해 기체 결함 가능성은 철저히 무시한 채 한국인 조종사의 과실로 몰아가는 이런저런 추측들을 마치 이미 나온 결론인 양 발표했다. 미국의 언론은 이들의 발표를 앵무새처럼 되풀이해서 보도해댔고, 뉴욕 타임즈는 이 사건을 빌미로 우리나라 기업 내의 수직적인 인간관계와 직장 문화를 비판하는 기사까지 실었다. 솔직히 그들의 비판이 완전히 틀린 말도 아니었고, 또 내가 보기에도 조종사의 과실로 사고가 났을 가능성이 커 보이긴 했다. 하지만 그럼에도 불구하고, 블랙박스 분석 아니 현장 조사마저도 끝나지 않

---

* **National Transportation Safety Board**
: 미국의 교통안전국

은 상태에서 미국 정부와 언론이 자국의 이익을 위해 모든 다른 가능성은 배제한 채 아시아나의 잘못으로만 몰아가는 그 모양새는 너무도 노골적이었다. 그것은 미국에 살고 있는 한국인의 입장에서는 여간 비위에 거슬리는 것이 아니었는데, 급기야 미국 내 한인 단체들은 정식으로 NTSB와 미국 언론사들에게 공식적인 항의 성명서를 발표했다.

예상은 했지만, 그럼에도 달라지는 건 아무것도 없었다. 오히려 당시 인터넷 세상에서는 인종차별주의 악플러들이 물 만난 물고기들처럼 활개치고 다니며 이곳저곳을 아시아인들에 대한 끔찍한 인종차별적 정서로 오염시키고 있었다. 도대체 그 이유를 모르겠지만, 미국에는 아시아인들이 운전을 잘 못한다는 편견이 담긴 농담이 많이 있는데, 아시아인들이 조종하는 비행기가 사고가 났다는 건 그들에겐 그런 아시아인들을 비하하고 조롱할 절호의 기회 아니 '찬스'였던 셈이다. 그러던 중, 아시아인들에 대한 인종차별과 조롱의 화룡점정을 찍었던 방송사가 있었으니, 이름하야 KTVU! Fox 자회사이면서 샌프란시스코의 지역 방송국 뉴스 채널인 이 방송사가 NTSB를 통해 확인했다면서 다음을 아시아나 사고 항공기의 조종사들 이름이랍시고 보도했다:

Sum Ting Wong
Wi Tu Lo
Ho Li Fuk
Bang Dang Ow

아시아나 항공기에 웬 중국인 조종사들(?)이라고 생각하시는 순진한 독자들은 다음의 영어 표현들을 찬찬히 한번 살펴보시라:

Something wrong! (뭔가 잘못됐어!)
We too low! (우린 너무 낮게 날고 있어.)
Holy fu**! (이런 젠장!)
Bang dang ow! (쿵쾅쾅! - 비행기가 추락해서 부닥치는 소리)

그렇다. 이는 이번 사고를 자신들이 생각하는 대로 요약한 영어 표현들을 아시아의 한 언어인 중국어식 발음으로 중국 이름처럼 만든 것이다. 가장 기가 막히는 건 해당 방송사가 이 엉터리 '정보'를 NTSB에서 '확인'했다는 사실이다. 조롱하고 농담할 사안이 따로 있지, 사람이 죽은 비행기 사고다. 이놈들아! 만일 미국 국적 항공기가 이런 사고를 내서 미국인이 단 한 사람이라도 사망했다면, 니들이 감히 이따위 장난을 칠 생각이나 했겠느냐? 아선생은 그날 바로 해당 방송국과 NTSB에 초강력 항

의 전화를 했고, 그걸로도 분이 안 풀려서 해당 방송국과 그 방송국에서 광고하는 모든 물건들을 불매운동하겠다는 협박성 편지를 써서 아선생이 알고 있는 한국인은 물론, 중국인, 일본인, 베트남, 태국 사람들까지 총동원해서 서명을 받아서 보냈다. 맞다. 아선생은 이런 문제에 관한 한 피곤하게 살기를 자처한다. 미국에 사는 아시아인들이 아선생과 같은 종류의 여러 가지 액션을 취하고 있는 동안, 아시아나 측에서는 그 방송사를 인종차별로 고소하겠다고 했다. 그런데 어이없는 건 이에 대한 일반 미국 대중들의 반응이었다. 다들 아시아나가 별것아닌 일에 과잉대응을 한다는 식이었다. 뭘 그까짓 일로 그리 심각하게 그러냐며 당시 TV의 어떤 코미디 프로그램에서는 이 사건에 대해 아시아인들은 역시 유머감각이 없다는 발언까지 나왔다. 미국의 많은 Dog티즌 반응은 그게 무슨 인종차별이냐며 아시아나와 흥분하는 미국 내 아시아인들을 역으로 공격했다. 여기서 아선생은 그것이 알고 싶다! 만약 흑인들에게 이와 똑같은 일이 일어났다면 어땠을까? 이 사건이 미국 전역을 광풍으로 몰아치게 했던 폴라 딘 아줌마와 지머맨 사건을 목격하고 있던 그 와중에 생긴 일이기에, 이들이 과연 흑인들에게는 이런 사고를 두고 그따위 인종 비하적 장난을 칠 생각을 함부로 할 수 있었을까 하는 의구심이 들었다.

어쨌든 많은 아시아인들이 끈질기게 항의하고 보이콧하자, 해당 방송사는 그 뉴스에 얽힌 3명의 프로듀서를 모두 해고했고 해고된 이들의 이름까지 공개했다. 아시아인들이 더 이상 소수가 아닌 캘리포니아주, 그것도

대도시인 샌프란시스코에서 운영되는 방송사의 입장에서 이런 보이콧을 끝까지 무시할 수는 없었던 모양이다. 그럼에도 불구하고, 흑인 차별과 관련된 다른 사건들과 아시아인 차별이 관련된 이 사건이 너무나도 다르게 다루어지는 것을 목격하면서 개운치 못한 뒷맛이 남는 건 어쩔 수가 없었다. 비교적 오랜 시간 미국에서 자리 잡고 살아온 흑인들과 그들보다는 다소 이민 역사가 짧은 미국 내 아시아인들의 인권이 똑같이 보호받길 바라는 건 너무 큰 욕심일까?

그래도 미국에 살면서 다소 위안이 되는 사실이 한 가지 있다면, 미국 사람들이 아시아인들에 대해 나쁜 편견만 가지고 있는 것은 아니라는 점이다. 일단, 아시아인들은 모두 수학과 과학에 뛰어나며, 공부를 열심히 하고 성실하며, 무엇보다 머리가 좋다는, 비록 100% 팩트는 아니지만 우리 입장에서 보면 달콤한 선입관들이 존재하는 것 또한 사실이다. 예를 하나 들자면, 아선생이 석사 과정 중에 우리 대학 어학원에서 인턴을 할 당시, 베테랑 선생들을 도와 신입생 반편성 고사를 채점한 적

이 있다. 그때 우연히 아선생이 채점을 가장 먼저 끝냈는데, 몇몇 선생들이 역시 한국 사람이라 똑똑하고 일처리가 빠르다며 뜬금없이 칭찬하는 것이었다. 그 말을 할 때 그들은 농담처럼 'made in Korea'라는 표현을 썼다. 정말 아무것도 아닌 일에 칭찬을 받으니 오히려 머쓱해져서 대체 뭐라고 대응해야 할지를 몰랐던 그때가 지금도 가끔 떠오른다. 하지만 미국에서 교육받고 자란 아선생의 남편은 아시아인들에 대한 그런 긍정적인 선입관 때문에 학창 시절 선생님들의 지나친 기대로 수학, 과학 시간이 오히려 부담스러웠던 적이 많았다고 하니, 어떤 식으로든 선입관을 가지고 사람을 대하는 부류들을 상대하는 것은 피곤한 일인 것 같다.

아선생 또한 다민족 국가인 미국에 살다 보니, 이 민족, 저 민족, 이 인종, 저 인종에 대한 여러 가지 편견이 담긴 발언을 듣는 일이 종종 있다. 솔직히 어떤 때는 그런 편견들이 정말로 100% 딱 들어맞는 사람들을 만날 때도 있지만, 문제는 많은 세계인들을 상대하다 보면 그렇지 않을 때가 더 많다는 데 있다. 그렇다면 이에 대해 우린 어떤 태도를 취해야 할까? 이런 인종적 편견과 선입견, 그리고 다른 인종을 대할 때 우리가 취해야 할 태도에 관한 성찰을 할 때면, 아선생은 한국에서 자리 잡고 사는 아프리카 콩고 출신의 난민 이민자 욤비 씨의 말이 떠오른다. "나쁜 한국 사람들도 있었지만, 좋은 한국 사람들을 더 많이 만났어요." 욤비 씨의 이 한 마디에 그 해답이 있다고 나는 생각한다. 나쁜 한국 사람도 있고 좋은 한국 사람도 있듯이, 어떤 나라, 어떤 인종이든

나쁜 사람도 있고 좋은 사람도 있다. 마찬가지로, 어디에나 똑똑한 사람도 있고, 그렇지 못한 사람도 있으며, 어느 인종이든 수학을 잘하는 사람도 있고, 또 다른 과목을 잘하는 사람도 있다. 그렇기 때문에, 비록 통계적인 수치가 그렇다고 할지라도, '편견'을 가지고 사람을 대하는 것은 그 누구에게나 불공정한 처사임이 틀림없다.

이제는 우리가 원하든 원하지 않든, 대한민국도 점점 다민족 다문화 국가로 나아가는 추세다. 이 시점에서 이민자를 받은 역사가 우리보다 긴 미국의 인종 문제와 그로 인한 사회 문제를 타산지석 삼아, 우리도 다른 문화와 다른 인종을 대하는 우리들의 태도에 대해서 깊게 한번 성찰해볼 필요가 있는 것 같다.

한국 드라마에
푹 빠진
미국 아줌마

Denice
Rodriguez

꿈을 따라 가세요. 그리고 절대로 포기하지 마세요.

WHO

2012년 봄, 어학원 영어 수업이 다소 지루해졌던 나는 우리 대학 언어학과의 한국어과 교수진으로 지원하는 새로운 시도를 했다. 사실상, 내 전공이 영어 교육이 아니라 외국어 교육이기 때문에 미국 대학에서 한국어를 미국 학생들에게 가르치는 것 또한 가능한 일이었기 때문이다. 그리고 플로리다 주립대의 미국인 학생들을 상대로 한국어 수업을 하기 전에, 연습 삼아 한국어를 가르쳐볼 기회를 만들기 위해 캠퍼스 여기저기에 한국어 과외 광고를 냈다. 그런데 광고를 보고 제일 먼저 나를 찾아온 사람은 뜻밖에도 우리 대학 학생이 아니라 나이 드신 오십 대 후반의 가정주부였다.

Denice라는 예쁜 이름을 가진 이 아주머니는 나를 만나자마자 자신이 이미 여러 번 읽어서 마스터했다는 영어로 된 두꺼운 한국어 문법책, 이를테면 '성문 종합 영문법'의 한국

IS

어 문법 버전을 내게 보여주면서 자신이 원하는 한국어 공부 방향을 열심히 설명하는 것이었다. 그런데 진지함의 절정에 다다랐던 바로 그 순간, Denice 씨의 휴대폰 벨소리가 크게 울렸다. ♬지~나가버린, 어~린 시절에, 푸~웅선을 타고 날아가는 예쁜 꿈도 꾸었지~♬ 벨소리는 내가 고등학교 체육 대회 때 응원가로 들어본 후 이십여 년 만에 처음으로 듣는 〈풍선〉이라는 곡이었다. 그런데 내가 요즘 아이들 표현처럼 '빵! 터진' 것은, 사실 벨소리보다는 잠깐의 통화 후 꺼진 바로 그 휴대폰 바탕화면에서 웃고 있던 한국 배우, 정일우의 사진 때문이었다. 한국어 문법 공부 방향에 관한 이야기를 하면서 한참 무르익었던 심각했던 분위기가 금세 발랄, 쾌활, 명랑

SHE

해졌던 것이 바로 그 순간이었던 것으로 나는 기억한다. 재미있는 것은 1980년대 그룹 〈다섯 손가락〉이 부른 이 노래를 2000년도 이후에 데뷔한 아이돌 그룹 〈동방신기〉가 리메이크해서 다시 불렀다는 사실을, 나는 나보다 훨씬 나이가 많은 미국인 아줌마인 Denice 씨에게 듣고서 알게 되었다는 거다.

2000년도 이후에 한국어 공부를 시작해서 한류를 접하게 된 Denice 씨가 요즘 아이돌 그룹의 노래들만 아는 것은 너무도 당연한 일이었지만, 그분이 내 어머니 세대이기 때문에 나는 1980년대와 90년대 한국 노래들을 듣기 수업 자료로 써보기로 했다. 김현식의 〈비처럼 음악처럼〉, 유재하의 〈사랑하기 때문에〉, 그리고 우리 어머니께서 무척이나 좋아하셨던 노사연의 〈만남〉까지… 나는 이런 노래들도 너무너무 좋아하시는 Denice 씨를 보면서 괜스레 뿌듯하기까지 했다. 사실 1976년생이면서 95학번인 나는 전형적인 X세대로 서태지와 김건모 음악을 듣고 자랐지만, Denice 씨는 역시 내 어머니 또래시라 그런지, 내가

좋아하는 이런 가수들보다는 옛날 가수인 김현식, 유재하, 노사연의 음악이 더 아름답게 들리며 끌린다고 하셨다. 그리고 플로리다의 이국적인 풍광 속에서 듣는 김현식, 유재하, 노사연의 노래는 서태지 세대인 내게도 색다른 맛과 멋이 있었다.

이렇게 한국어 문법을 하루 한 시간 이상 공부하고, 한국 드라마와 영화를 하루도 빠짐없이 보며, 설거지나 청소 등의 집안일을 하면서 한국 노래를 듣고, 또 한국 스타들의 사진을 집안 곳곳에 붙여 둔 Denice 씨는 플로리다의 자신의 일상 속에서 매일매일 한국을 느끼며 살아간다. 이 챕터에서는 내가 사는 이곳에서 다소 독특한 색깔을 지닌 미국 아줌마인 Denice 씨가 전하는 우리 문화에 대한 이야기를 들어보자.

Interview

Denice Rodriguez

우리말 인터뷰 문장을 읽고 영어로 말하고 싶은 표현을 표시한 후 옆 페이지 영어 대화문에서 어떻게 쓰이는지 확인해 보자. QR 코드로 여러 번 듣고 크게 따라 말해 보자.

Kim: 한국의 독자들에게 자기 소개를 좀 해 주세요.

Denice: 제 이름은 드니스이고, 저는 원래 펜실베니아 출신이지만, 제가 20대 때 우리가 플로리다 남부로 이사 왔어요.

Kim: 드니스 씨, 이 인터뷰에 응해주셔서 정말 감사합니다. 한국어를 오랫동안 공부하셨는데요, 그렇죠? 정확히 얼마나 오랫동안 한국어를 공부하셨나요?

Denice: 한 5년 정도 됐어요.

Kim: 이 세상에 너무나 많은 외국어가 존재한다는 사실을 고려할 때, 드니스 씨께서 그 모든 언어 중에서 왜 하필 한국어를 선택하셨는지 저는 궁금한데요.

Denice: 저는 한국 드라마와 K팝에 관심이 많이 생겼는데, 그것이 한국어를 배우고자 하는 제 열정에 불을 지폈어요. 그때, 저는 저 자신이 노래 가사들과 (드라마) 대사들을 이해하도록 하자는 개인적인 목표 설정을 했지요.

Kim: 그랬군요. 그렇다면, 한국어를 배울 때 가장 힘든 부분이 무엇입니까?

Denice: 문법이 그 첫 번째이고 다음에 언어 습득이요.

Kim: 충분히 이해합니다. 그렇다면, 한국어를 배우기로 한 결정이 드니스 씨의 삶에서 일어난 가장 근사한 일 중 하나라고 느껴지는 순간도 있으세요?

Denice: 물론이죠! 그것은 제 개인적인 만족도를 넓혀주었을 뿐만 아니라, 한국 드라마와 한국 대중음악에 대한 인터넷 토론에 참여하면서 저에게 새로운 친구들을 소개해주기도 했죠.

Kim: Please introduce yourself to the Korean readers.

Denice: My name is Denice, and I'm originally from Pennsylvania, but we moved to South Florida when I was ❶ **in my twenties**.

Kim: Denice, thank you so much for agreeing to this interview. You've studied the Korean language for a long time, right? Exactly how long have you studied Korean?

Denice: I've studied about five years.

Kim: ❷ **Considering** there are so many foreign languages out there, I wonder why you chose the Korean language among all of them.

Denice: I became very interested in Korean dramas and K-pop, which ❸ **fueled my passion** to learn the language. At that time, I ❹ **set a** personal **goal** for myself to understand both lyrics and dialogues.

Kim: I see. Then, what's the most difficult challenge when you're learning Korean?

Denice: Grammar is number one and language acquisition.

Kim: I totally understand. Then, do you ever feel like your decision to study Korean was one of the best things that has ever happened in your life?

Denice: Absolutely! It has not only broadened my personal satisfaction, but it has also introduced me to new friends to engage in K drama and K-pop discussions online.

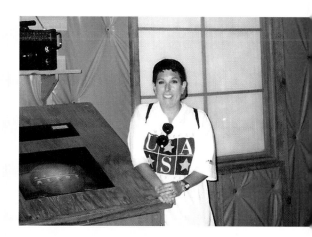

VOCABULARY & IDIOMS

❶ in one's twenties

~의 20대에

* 여기서 잠깐!

물론, in one's teens / thirties / forties / fifties / sixties / seventies와 같이도 쓸 수 있다.

EXAMPLE DIALOGUE

Olivia   Michelle, do you think we should decriminalize marijuana in our country?

Michelle   No, I don't. I feel ashamed, but actually I used to smoke marijuana **in my twenties**.

Olivia   Really? I didn't know that.

Michelle   Smoking pot was kind of like a tool for building camaraderie among my friends at that time, and I don't think such things will happen if we strengthen the law related to marijuana consumption.

Olivia   Well, you have a point, but I'm afraid I have a different opinion. Research shows cigarette smoking is much more addictive, but it's not even illegal. Why is only smoking marijuana illegal? It just doesn't make sense to me.

Olivia: 미셸, 우리나라에서 마리화나를 비범죄화해야 한다고 생각해?

Michelle: 아니, 그렇게 생각 안 해. 부끄럽지만, 실은 내가 20대 때 마리화나를 피웠었어.

Olivia: 정말? 그건 몰랐어.

Michelle: 그때 내 친구들 사이에서는 마리화나를 함께 피우는 것이 우정을 쌓는 일종의 방법 같은 것이었는데, 우리가 마리화나 사용 관련법을 강화하면 그런 일들은 일어나지 않을 거라고 생각하거든.

Olivia: 글쎄, 네 말도 일리가 있지만, 난 미안하게도 다른 의견이야. 연구 결과를 보면 담배 피는 것이 훨씬 더 중독성이 강하지만, 그건 불법이 아니잖아. 그런데 왜 마리화나 피는 것만 불법이지? 그게 난 이해가 안 돼.

❷ considering ~

~를 고려할 때 (considering 뒤에 목적어로 명사 또는 주어와 동사를 갖춘 명사절이 올 수 있다)

EXAMPLE DIALOGUE 1

Customer   Excuse me, we don't have a prescription, but can you please recommend some medicine for him?

Pharmacist Sure!

Customer   He has been coughing day and night for a week, but he doesn't have a fever. Oh, for your information, he's five.

Pharmacist Let me see…. Well, **considering his age**, this cough syrup might be a good option for him, and it's available over the counter.

Customer   Thank you. Have a nice one!

Pharmacist You too!

고객: 실례지만, 저희가 처방전은 없는데, 이 아이가 먹을 약을 좀 추천해주실 수 있으세요?

약사: 물론이죠!

고객: 얘가 일주일 동안 밤낮으로 기침하지만, 열은 없어요. 아, 참고로 다섯 살이에요.

약사: 어디 봅시다… 아이의 나이를 고려할 때, 이 시럽형 기침약이 괜찮을 것 같은데, 처방전 없이 사실 수 있어요.

고객: 감사합니다. 좋은 하루 되세요!

약사: 고객님도요!

EXAMPLE DIALOGUE 2

Teacher   There are so many accents in the United States of America including Hawaiian Pidgin English and various southern accents, and no two accents sound the same.

Student   That's pretty interesting! However, **considering that America is a huge country**, that pretty much makes sense.

선생님: 하와이 피전 영어와 다양한 남부의 사투리를 포함해서 미국에는 너무나 많은 악센트들이 존재하는데, 그 모든 악센트들이 제각각 다 다릅니다.

학생: 정말 흥미롭네요! 그렇지만, 미국이 아주 큰 나라라는 것을 고려할 때 그게 당연한 것 같아요.

❸ fuel one's passion

~의 열정에 불을 지피다

EXAMPLE DIALOGUE

Natalie What's your plan for vacation?

Whitney I'm going to New Orleans for the Jazz festival there.

Natalie How cool! So have you booked a hotel?

Whitney No, 'cause we're staying with my uncle. He plays the clarinet with a jazz band there.

Natalie I love the clarinet sound in jazz! Benny Goodman plays the clarinet as well, doesn't he?

Whitney Yes, he does. Actually, I understand that Benny Goodman's music **fueled my uncle's passion** for jazz.

Natalie: 휴가 때 계획이 뭐야?

Whitney: 난 재즈 페스티벌을 보러 뉴올리언즈에 갈 거야.

Natalie: 좋겠다! 호텔은 예약했어?

Whitney: 아니. 왜냐하면 우리는 삼촌네서 머무를 거거든. 삼촌이 거기 재즈 밴드에서 클라리넷을 연주하셔.

Natalie: 난 재즈 속의 클라리넷 소리가 정말 좋아! 베니 굿맨도 클라리넷을 연주했었지, 그렇지?

Whitney: 맞아. 실은, 베니 굿맨의 음악이 우리 삼촌의 재즈에 대한 열정에 불을 지폈다고 알고 있어.

❹ set a goal

목표를 세우다/설정하다

EXAMPLE DIALOGUE

Daughter OMG! Mom, these brand new pants are giving me a muffin top! This is insane!

Mom Honey, it doesn't look too bad, and if it really bothers you, you can always change the size.

Daughter No, mom! From now on, I'm not going to eat or drink at all until I lose 10 pounds!

Mom Come on, Hayley! You need to **set a** realistic **goal**. Why don't you just work out 30 minutes every morning instead?

Daughter Okay, then, I will jog every morning and try a low carb diet.

Mom That sounds more like a plan.

딸: 세상에! 엄마, 새로 산 이 바지가 제 뱃살을 드러나게 해요! 미쳤어 정말!

엄마: 얘야, 볼 만한데 왜 그래. 게다가 그게 그렇게 싫으면 언제든 사이즈를 바꿀 수도 있고.

딸: 아뇨, 엄마! 지금부터 10파운드(대략 4.5 kg) 뺄 때까지 아무것도 안 먹고 안 마실 거예요!

엄마: 제발, 헤일리! 현실적인 목표를 설정해야지. 그러지 말고, 매일 아침 30분씩 운동하는 건 어때?

딸: 알았어요. 그럼, 매일 아침 조깅하고 저 탄수화물 식단으로 먹을게요.

엄마: 그게 더 나은 계획 같구나.

Interv²ew

Denice Rodriguez

우리말 인터뷰 문장을 읽고 영어로 말하고 싶은 표현을 표시한 후 옆 페이지 영어 대화문에서 어떻게 쓰이는지 확인해 보자. QR 코드로 여러 번 듣고 크게 따라 말해 보자.

Kim: 멋지네요! 제가 보기에 드니스 씨께서는 한국 대중문화에도 푹 빠져 있으신데요, 한번은 제게 한국 드라마를 보시는 것이 일과 중 하나라고 말씀하신 적도 있고요, 그렇죠? 가족분들은 그걸 어떻게 받아들이세요?

Denice: 사실, 제 남편 로저는 현재 두 개의 드라마를 저와 함께 보고 있어요. '신분을 숨겨라!'와 '아이리스 2'요. 제 손녀인 에어리얼은 제 K팝 동지이기도 해요. 그녀는 샤이니의 굉장한 팬이며, 아이돌이 나오는 드라마를 저와 함께 봐요. 우리는 한국의 예능 프로도 많이 보는데, '런닝맨'과 '무한도전', 또 '인기가요'와 'M Countdown' 같은 음악 프로도 봐요.

Kim: 굉장하시네요! 그런데 손녀 따님과도 함께 사시나 봐요?

Denice: 네. 제 딸 제니퍼가 크론병에 걸렸다는 진단을 받아서 매일 하루하루 힘겨운 삶이 되었어요. 그 애는 미혼모이기도 한데, 가족으로서 나서서 에어리얼을 돌보는 것을 도와야 했지요.

Kim: 정말 안타깝네요. 따님께서 병에서 완전히 회복되기를 진심으로 바랍니다. 하지만 사실 우리나라 문화는 할머니가 손주들을 돌보는 것이 그리 특별한 일은 아니에요.

Denice: 한국 드라마를 많이 봐서 저도 알고 있어요.

Kim: 그건 그렇고, 드니스 씨께서 한국 드라마 광이시니, 가장 좋아하시는 한국 드라마가 뭔지 말씀해주시겠어요?

Denice: 제가 좋아하는 드라마가 정말 너무 많아요. '꽃미남 라면 가게', '고맙습니다', '동이', '왕의 얼굴', '돌아온 일지매' 등... 하지만 그 모든 드라마 중에서 제가 가장 좋아하는 것은 '공주의 남자'랍니다.

Kim: Cool! Apparently, you are into Korean pop culture as well, and you've told me one time that watching Korean dramas is a part of your daily routine, haven't you? How does your family take it?

Denice: Actually, Roger, my husband is currently watching two dramas with me, "Hide your identity!" and "Iris II". My granddaughter, Ariel's also my K-pop buddy. She is a big fan of SHINee and watches idol dramas with me. We also watch a lot of Korean variety shows such as "Running Man", "Infinite Challenge" and music shows like "In-ki-ga-yo" and "M Countdown".

Kim: That's pretty impressive! By the way, you live with your granddaughter as well, right?

Denice: I do. My daughter, ❶ Jennifer was diagnosed with Crohn's Disease, and life has become quite a challenge for her ❺ on a day-to-day basis. She's also a single mother, and as family we needed to ❻ step up and help care for Ariel.

Kim: Oh, I'm so sorry. I sincerely hope she will fully recuperate from her illness. In my culture, however, it's not unusual for a grandmother to take care of her grandchildren.

Denice: I know that from watching many Korean dramas.

Kim: By the way, since you're a K drama buff, can you tell me what your most favorite Korean drama is?

Denice: There are so many dramas that I love. You know, "Flower Boy Ramen Shop", "Thank You", "Dong Yi", "The King's Face" and "Return of Iljimae", but among all of them, ❷ one of my most favorite dramas is "Princess's man".

VOCABULARY & IDIOMS

❺ on a day-to-day basis

매일매일

EXAMPLE DIALOGUE

Patient   Dr. Yu, I don't know why I feel so tired these days.

Doctor   Do you take vitamins **on a day-to-day basis**? As I mentioned before, taking a multi-vitamin **on a day-to-day basis** is very important.

Patient   I'm aware of that, but I keep forgetting.

Doctor   Then, why don't you make it a daily habit to take vitamins after breakfast?

Patient   I think I should. Thank you, Dr. Yu.

> 환자: 유 선생님, 왜 요즘 이렇게 피곤한지 모르겠어요.
> 의사: 매일매일 비타민을 드시고 계세요? 제가 지난번에도 말씀드렸다시피, 종합 비타민을 매일 먹는 것은 매우 중요합니다.
> 환자: 저도 알고 있는데, 자꾸만 잊어버려요.
> 의사: 그렇다면, 아침 식사 후에 비타민 먹는 것을 매일 습관으로 만들면 어떨까요?
> 환자: 그래야겠어요. 감사합니다, 유 선생님.

❻ step up

나서다/(앞으로) 나가다

EXAMPLE DIALOGUE

Peggy Lisa, have you read this article in the newspaper? The Japanese government doesn't have any shame!

Lisa Are you reading the news about comfort women?

Peggy Yes, I am. Actually, they say "sex slaves" is the right term in this article. In any case, the Japanese government keeps saying the women are protesting to gain more financial compensation, but the crux of the matter is not money. It's that they've been denying this historical fact and haven't apologized yet.

Lisa Unfortunately, there are so many people who live in denial in this world.

Peggy I really think we should **step up** and help out these poor ladies not only for them but also for justice.

Lisa Count me in!

Peggy: 리사, 신문의 이 기사 읽어봤어? 일본 정부는 너무 뻔뻔해!

Lisa: 지금 위안부에 관한 기사 읽고 있는 거지?

Peggy: 맞아. 사실, '성노예'가 정확한 표현이라고 이 기사에서 말하네. 어쨌든, 일본 정부는 계속해서 이 여성분들이 금전적인 보상을 더 받으려고 항의한다고 하지만 문제의 핵심은 돈이 아니라고. 그건 일본 정부가 이 역사적 사실을 부정하고 있고, 아직 사과하지 않았다는 사실이야.

Lisa: 불행히도 이 세상에는 사실을 부정하고 사는 사람들이 많지.

Peggy: 난 우리가 나서서 이 불쌍한 여성분들을 도와야 한다고 생각해. 그들을 위해서 뿐만 아니라 정의를 위해서라도.

Lisa: 나도 동참할게!

Interview 3

Denice Rodriguez

우리말 인터뷰 문장을 읽고 영어로 말하고 싶은 표현을 표시한 후 옆 페이지 영어 대화문에서 어떻게 쓰이는지 확인해 보자. QR 코드로 여러 번 듣고 크게 따라 말해 보자.

Kim: 그거 사극이죠, 아닌가요?

Denice: 네, 저는 한국의 사극 드라마에 완전히 푹 빠졌어요.

Kim: 흥미롭네요. 왜냐하면 저는 한국 역사에 대한 배경 지식 없이 사극을 이해한다는 것이 어렵다고 생각하거든요. 한국의 사극 드라마가 왜 그렇게 좋으세요?

Denice: 학교에서 한국 역사는 교과 과정에 없었어요. '공주의 남자'에 관해 말을 하자면, 그 드라마는 제게 새로운 세상을 열어줬지요. 저는 조선시대와 그들의 의복, 풍습, 왕실 역사 등을 공부하기 시작했어요.

Kim: 그렇다면, 눈에 띄는 역사적 인물이 있으세요? 그러니까, 지금까지 보신 한국의 사극 중에서 말이죠.

Denice: 물론 수양대군과 세종대왕입니다.

Kim: 왜죠?

Denice: 수양대군은 제가 느끼기에 권력욕에 완전히 사로잡혀서 합리적인 생각이 결여된 교활한 폭군이었던 왕족이라 눈에 띄었어요. 그는 왕좌에 오르기 위해 자기가 가는 길을 가로막고 있는 자는 누구든 확실하게 제거했죠. 반면, 세종대왕은 과학과 기술, 특히 제가 상당히 관심 있는 천문학에 큰 업적을 남겼고, 또 그분의 주목할 만한 한국어 글자 발명도 그렇고요. 한글말이에요!

Kim: 우와, 한국 역사에 대해서 심도 깊은 공부를 하신 것 같아요. 매우 인상적이네요. 어쨌든, 제가 '공주의 남자'를 아직 못 봤으니 내용 요약을 좀 해주시겠습니까?

Denice: 그것은 수양대군의 딸과 그의 정치적 라이벌인 김종서의 아들의 금지된 사랑을 중심으로 펼쳐지는 시대극이에요.

Kim: 그러니까, '로미오와 줄리엣'의 한국판 같은 것이군요, 맞나요?

Denice: 네, 그래요.

Kim: **①** It's a **❼ historical** drama, isn't it?

Denice: Yes, I'm completely **❽ absorbed in** Korean historical dramas.

Kim: Interesting! Because I think it's hard to understand historical dramas without having the background knowledge of Korean history. Why are you into Korean historical dramas so much?

Denice: In school, Korean history was not part of the curriculum. Regarding "Princess's man", it **❾ opened a new world** for me. I started to research the Joseon Dynasty and their clothing, customs and royal history.

Kim: Then, is there any historical **❿ figure** that stands out to you? I mean…from all the Korean historical dramas you've watched so far.

Denice: Definitely Grand Prince Su-yang and King Sejong the Great!

Kim: Why is that?

Denice: Grand Prince Su-yang stood out for being a devious, tyrannical royal who I felt **⓫ was** totally **consumed with** power and void of any rational thoughts. He certainly eliminated anyone who stood in his way to capture the throne. Then, King Sejong the Great for his great achievements in science and technology, especially astronomy which holds great interest for me and his notable invention of the Korean alphabet: Hangul!

Kim: Wow, it seems like you've made a profound study of Korean history, and I'm super impressed! In any case, since I haven't watched "Princess's man" yet, can you please give me a brief summary of it?

Denice: It is a period drama revolving around the forbidden romance between the daughter of Grand Prince Su-yang and the son of his political rival, Kim Jong-seo.

Kim: So it's kind of like the Korean version of "Romeo and Juliet", right?

Denice: Yes, it is.

VOCABULARY & IDIOMS

➐ historical

역사의/역사에 관련된

EXAMPLE DIALOGUE

Dr. Kelch   *(The phone is ringing)* Hello.

Katherine   Hello. May I talk to Dr. Kelch, please?

Dr. Kelch   This is she.

Katherine   Hello, Dr. Kelch! My name is Katherine Coy, and Howard gave me your contact information to connect with you.

Dr. Kelch   Oh, yes. He said someone would call me regarding a movie or something.

Katherine   Yes. I'm currently working on a **historical** documentary and was wondering if you would serve as a scholarly consultant for us.

Dr. Kelch   Sure! I enjoy watching **historical** documentaries so much and have always wondered how people produce such documentary films.

Katherine   Super! So if possible, when can I visit you?

Dr. Kelch   Since I have a class to teach tomorrow, what about Friday afternoon? Maybe 4 p.m.?

Katherine   Friday 4 p.m. works for me.

Dr. Kelch   Great! Then, I'll see you on Friday!

Katherine   Okay, see you then!

Dr. Kelch: *(전화벨이 울리고)* 여보세요.

Katherine: 여보세요. 켈치 박사님과 통화할 수 있을까요?

Dr. Kelch: 제가 켈치 박사입니다.

Katherine: 안녕하세요, 박사님! 전 캐서린 코이인데, 하워드가 연락처를 줘서 연락드립니다.

Dr. Kelch: 아, 네. 그분이 누군가 영화에 관해서인가 하는 일로 제게 전화할 거라고 했어요.

Katherine: 네. 제가 현재 역사에 관한 다큐멘터리를 찍고 있는데, 박사님께서 학문적 고증 담당을 해주실 수 있으신가 해서요.

Dr. Kelch: 물론이죠! 제가 역사 관련 다큐멘터리 보는 것을 무척 좋아하는데, 사람들이 그런 다큐멘터리 영화를 어떻게 만드는지 항상 궁금했어요.

Katherine: 잘됐네요! 그럼, 가능하시다면 제가 언제 방문할 수 있을까요?

Dr. Kelch: 제가 내일은 수업이 있어서 금요일 오후는 어떠세요? 한 4시쯤?

Katherine: 금요일 4시 괜찮아요.

Dr. Kelch: 좋아요! 그럼, 금요일 오후 4시에 봐요.

Katherine: 알겠습니다. 그럼, 그때 뵙겠습니다.

❽ be absorbed in ~

~에 푹 빠져 있다/심취하다

EXAMPLE DIALOGUE

Meggie Jeez, I am so tired. My jetlag is killing me.

Natalie So why did you have to go to Russia out of the blue?

Meggie You know, my mom's into classical music, and she's totally **absorbed in** Borodin's music these days.

Natalie You're talking about the Russian composer, Borodin, aren't you?

Meggie Yup! And she wanted to go to Borodin's hometown so badly that she begged me to be her interpreter since my minor was Russian in college.

Natalie Sounds just like your mom!

Meggie: 휴, 나 너무 피곤해. 시차 적응이 안 돼서 죽겠어.

Natalie: 그래, 러시아에는 갑자기 왜 갔어?

Meggie: 우리 엄마가 클래식 음악에 빠져 있는데, 보로딘 음악에 요즘 심취해 있거든.

Natalie: 러시아 작곡가 보로딘 말하는 거, 맞지?

Meggie: 맞아! 그래서 엄마가 보로딘의 고향에 너무 가고 싶어 했고, 나한테 통역관이 되어 달라고 부탁하시더라고. 내 대학 때 부전공이 러시아어였으니까.

Natalie: 정말 너희 어머니다우시네!

❾ open a new world

새로운 세상을 열어주다

EXAMPLE DIALOGUE

Student   Professor Kim, both '은/는' and '이/가' are subject case markers, right? How can we distinguish the difference between them?

Professor   '은' and '는' are used when the speaker wants to emphasize the verb of the sentence. In other words, if the message focuses more on the action that the subject is doing, we use '은' or '는'. On the other hand, if you want to emphasize the subject… I mean who's doing the action, you should use '이' or '가'.

Student   Now I understand! So if someone says, "톰이 청소해," he means that it's Tom who's cleaning, whereas "톰은 청소해." puts an emphasis on the action that Tom is doing.

Professor   Exactly! So the latter could mean Tom is cleaning, not studying or anything else.

Student   Professor Kim, case markers are so interesting to me because the English language does not have them. Studying Korean truly **opened a new world** for me.

Professor   Good for you!

학생: 김 교수님, '은/는'과 '이/가'는 모두 주격 조사인데요, 맞죠? 우리가 이 두 그룹을 어떻게 구분할 수 있을까요?

교수: '은'과 '는'은 화자가 동사를 강조하고 싶을 때 쓰여요. 즉, 메시지가 주어가 하는 동작에 더 중점을 두면 '은'과 '는'을 쓰죠. 반면, 주어를 강조하고 싶다면… 그러니까, 그 동작을 누가 하느냐에 중점을 두려면 '이'나 '가'를 써야 합니다.

학생: 이제 알겠어요! 그러니까 '톰이 청소해.'라고 말하면, 청소하는 사람이 톰이라는 걸 강조하는 반면 '톰은 청소해.'라고 하면 톰이 하는 동작을 강조하는 거죠.

교수: 정확해요! 그러니까, 후자는 톰이 청소를 하지, 공부를 하거나 다른 걸 하는 게 아니라는 의미를 내포하고 있죠.

학생: 김 교수님, 저한테 조사는 정말 흥미로워요. 왜냐하면 영어에는 조사가 없으니까요. 한국어를 공부하는 것은 진실로 제게 신세계를 열어줬어요.

교수: 잘됐군요.

Korean Alphabet

ㄱ	ㄴ	ㄷ	ㄹ	ㅁ	ㅂ	ㅅ	ㅇ	ㅈ	ㅊ
g	n	t	r	m	b	s	ng	j	ch

ㅋ	ㅌ	ㅍ	ㅎ	ㄲ	ㄸ	ㅃ	ㅆ	ㅉ	ㅏ
kh	th	p	h	kk	t	pp	sh	tch	a

❿ figure 인물

EXAMPLE DIALOGUE

Subordinate In our current financial situation, I don't think our plan will fall through.

Boss Is a budgetary deficit the only problem we face?

Subordinate As far as I can tell, everything else looks good. Is there any way that we can get a loan from the bank?

Boss Well, my uncle happens to be a leading **figure** in the financial world, so I'll discuss it with him.

> 부하직원: 현재 재정 상태로는 우리 계획이 실현되지 못할 것 같지는 않아요.
> 상사: 예산 부족이 우리의 유일한 문제인가요?
> 부하직원: 제가 알고 있는 한, 딴 건 다 좋은 것 같아요. 은행서 대출받을 방법이 있을까요?
> 상사: 글쎄, 마침 제 작은아버지께서 금융계의 거물이시니까 그분과 상의해볼게요.

⓫ be consumed with~ ~에 사로잡히다

EXAMPLE DIALOGUE

Erica Aaron wants to break up with me.

Rachael Oh, no! Why?

Erica **I was consumed with** jealousy and did something stupid.

Rachael Again?

Erica I just can't stand the fact that most of his coworkers are women.

Rachael That's because he's a fashion designer, and you know that he loves only you.

Erica I know, but sometimes I just can't help it. I think I'm just born that way.

Rachael Erica, I keep telling you jealousy is a wasted emotion, and it can ruin your relationship.

Erica You're so right. I think I should consult with a psychologist about this matter.

> Erica: 애런이 나하고 헤어지고 싶대.
> Rachael: 어머나! 왜?
> Erica: 내가 질투심에 사로잡혀서 바보같은 짓을 했거든.
> Rachael: 또 그랬어?
> Erica: 난 그의 동료들 대부분이 여자들이라는 사실을 참을 수가 없어.
> Rachael: 그건 그가 패션 디자이너이니까 그런 거고, 넌 그가 너만 사랑한다는 걸 알잖아.
> Erica: 나도 알지만, 가끔 나도 어쩔 수가 없어. 난 그냥 그렇게 태어났나 봐.
> Rachael: 에리카, 내가 질투심은 헛된 감정이라고 계속 이야기하잖아. 그리고 그게 너와 애런의 관계를 망칠 수도 있어.
> Erica: 네 말이 정말 맞아. 이 문제에 대해서 심리학자와 상의해야겠어.

Interview 4

Denice Rodriguez

우리말 인터뷰 문장을 읽고 영어로 말하고 싶은 표현을 표시한 후 옆 페이지 영어 대화문에서 어떻게 쓰이는지 확인해 보자. QR 코드로 여러 번 듣고 크게 따라 말해 보자.

Kim: 저는 사극을 잘 안 보지만, 그 드라마는 꼭 한번 볼게요.

Denice: 사극을 안 본다고요? 아영 씨는 정말 엄청난 재미를 놓치고 있군요!

Kim: 글쎄, '공주의 남자' 이야기를 들으니 그런 것 같네요.

Denice: 그럼, 아영 씨는 어떤 드라마를 주로 보세요?

Kim: 제가 가장 좋아하는 드라마는 '베토벤 바이러스'예요. 아마도 제가 클래식 음악을 너무 좋아해서 그런 것 같아요. 그 드라마에 대해 들어보신 적이 있으세요?

Denice: 네, 저도 그 드라마 봤어요. 실은 저도 클래식 음악에 익숙하답니다. 왜냐하면 제 아버지가 피아니스트셨거든요.

Kim: 정말요? 그건 몰랐어요.

Denice: 네. 사실 그때 우리 가족들 모두 어떤 형태로든 음악가였어요. 제게는 바이올리니스트와 색소폰 연주자인 삼촌이 두 분 계셨어요. 제 할아버지는 만돌린을 연주하셨고, 할아버지의 형제분은 필라델피아의 다양한 TV 방송국의 음악 감독이시면서 필라델피아 심포니 오케스트라의 단장이셨죠.

Kim: 놀랍네요! 그럼, 어째서 드니스 씨는 악기 연주를 안 하시는 건가요?

Denice: 제가 어렸을 때는 했어요. 초등학교로 다녔던 수녀님들이 운영하는 학교에서 카톨릭 수녀님께 피아노 레슨을 받았어요… 하지만 저는 춤에 더 집중했어요. 3살에서 16살 때까지 재즈 댄스, 탭댄스, 곡예, 발레 레슨을 받았지요.

Kim: 그러니까, 드니스 씨 또한 일종의 예술가이시긴 하셨네요. 어쨌든, 드니스 씨는 한국 드라마의 여왕이신 게 분명한데요, 한국 영화도 보시는지 궁금하네요. 만일 그렇다면, 최근 어떤 영화를 보셨나요?

Denice: 네, 저는 한국 영화의 열렬한 팬이기도 한데, 제가 본 가장 최근 영화 중 하나가 'Commitment'예요.

Kim: I don't usually watch historical dramas, but I'll definitely check it out.

Denice: You don't watch historical dramas? You**'re ⑫ missing out**, girl!

Kim: Well, after hearing about "The Princess's man", I realize that.

Denice: Then, what kind of dramas do you usually watch?

Kim: My most favorite drama is "Beethoven Virus". I guess that's because I love classical music so much. Have you heard of it?

Denice: Yes, I've also watched that drama. Actually, I'm kind of familiar with classical music as well because my father was a pianist.

Kim: Really? I didn't know that.

Denice: Yes. Well, all my family members were some sort of musicians at that time. I have two uncles who played the violin and saxophone respectively. My grandfather played the mandolin, and his brother was a former orchestra leader of the Philadelphia Symphony along with being a musical director for various TV stations in Philadelphia.

Kim: Amazing! How come you don't play a musical instrument then?

Denice: I did when I was younger. I took piano lessons from a Catholic nun at the convent where I went to elementary school...but I focused more on dance. From the age of 3 to 16, I took lessons in jazz, tap, acrobat and ballet.

Kim: So I guess you were some sort of an artist as well, right? In any case, it's obvious that you're the queen of Korean dramas, and I wonder if you also watch Korean movies. If so, what movie have you watched recently?

Denice: Yes, I'm an avid fan of Korean cinema as well, and one of the latest movies that I've watched is "Commitment".

Interⱽiew 5

Denice Rodriguez

우리말 인터뷰 문장을 읽고 영어로 말하고 싶은 표현을 표시한 후 옆 페이지 영어 대화문에서 어떻게 쓰이는지 확인해 보자. QR 코드로 여러 번 듣고 크게 따라 말해 보자.

Kim: 'Commitment'라고요? 그 영화 한국어 제목이 무엇인지 말씀해주실 수 있으세요?

Denice: '동창생'인 것 같아요.

Kim: 음… 저는 한번도 들어본 적이 없는 영화네요. 그래, 그 영화의 어떤 점이 좋으셨어요?

Denice: 그 영화는 아버지의 뒤를 잇는, 북한의 간첩이었던 사람의 아들에 관한 이야기예요. 그 영화는 특히 여동생을 구하려는 과정에서 벌어지는 그의 고군분투를 세밀하게 그려내지요.

Kim: 그렇군요. 다음 질문입니다. 좋아하시는 한국 남자 배우나 여배우는 있으세요?

Denice: 네, 있어요. 정일우인데, 그의 신체적 매력 때문만이 아니라 그가 하는 엄청난 자선 사업 때문이기도 해요.

Kim: 와, 정일우 씨가 자선 사업을 한다고요? 드니스 씨가 정일우 씨에 대해서 저보다 훨씬 더 많이 아시네요. 진실로 그의 팬이 될 만한 자격이 있으세요!

Denice: 그런 것 같아요!

Kim: 마지막으로, 한국 사람들에게 하실 다른 말씀이 있으세요?

Denice: 한국은 그 역사와 사람들과 더불어 아름다운 나라입니다. 저는 앞으로 한국에 꼭 한번 가보고 싶어요.

Kim: 가까운 미래에 저와 함께 가시는 건 어떨까요?

Denice: 좋은 생각입니다!

Kim: 시간 내주셔서 정말 감사합니다, 드니스 씨.

Denice: 초대해주셔서, 감사해요, 아영 씨.

Kim: 한국어로 하시고 싶은 말씀은 있으세요?

Denice: 꿈을 따라 가세요. 그리고 절대로 포기하지 마세요.

Kim: 좋은 말씀 감사합니다, 드니스 씨.

Denice: 천만에요.

Kim: Commitment? Can you please tell me the Korean title of the movie?

Denice: I think it's "동창생".

Kim: Hmmm…. I've never heard of it. So what did you like about that movie?

Denice: It's a story about the son of an ex-North Korean spy who **⑬ follows in his father's footsteps** and is sent into South Korea as an assassin. The movie details his struggles, especially in his attempts to save his sister.

Kim: I see. Here's my next question. Do you have any favorite Korean actor or actress?

Denice: Yes, I do. Jung Il-woo, **④ not only for** his physical attributes **but also for** his immense charity work.

Kim: Wow, Jung Il-woo does charity work? Sounds like you know much more about Jung Il-woo than I do. You're truly qualified to be his fan!

Denice: I guess I am!

Kim: Lastly, do you have anything else to say to your Korean audience?

Denice: Korea is a beautiful country along with its history and people. I would love to be able to visit one day in the future!

Kim: Why don't we go there together in the near future?

Denice: Sounds like a plan!

Kim: Thank you so much for your time, Denice.

Denice: Thank you for having me, Ah-young.

Kim: Oh, would you like to say something in Korean?

Denice: 꿈을 따라가세요. 그리고 절대로 포기하지 마세요.

Kim: 좋은 말씀 감사합니다, 드니스 씨.

Denice: 천만에요.

VOCABULARY & IDIOMS

⑫ miss out

(뭔가를 하지 않음으로써) 좋거나 재미있는 것을 놓치다

EXAMPLE DIALOGUE

(Amy's in the living room, and Jillian's in her room.)

Amy   *(Crying out to Jillian)* Jillian, the movie is starting now.

Jillian   *(After coming to the living room)* Amy, I was really going to watch the movie with you tonight, but I don't think I should.

Amy   Why not? You know we need to return this DVD tomorrow morning, so we'd better watch it now.

Jillian   I know, but I'm slammed at work right now, and I've got this big project that I need to finish by tomorrow.

Amy   Okay, I understand…but this is an amazing movie, and **you're missing out**!

(에이미는 거실에 있고 질리언은 그녀의 방에 있다.)

Amy: *(질리언을 큰 소리로 부르며)* 질리언, 영화가 지금 시작해.

Jillian: *(거실로 와서)* 에이미, 진짜 너랑 오늘 밤 영화를 보려고 했는데, 그럴 수 없을 것 같아.

Amy: 왜 그래? 우리가 이 DVD를 내일 아침까지 돌려줘야 한다는 건 너도 알잖아. 그러니까 우린 이 영화를 지금 보는 게 나아.

Jillian: 나도 알지만, 내가 지금 일이 너무 많은 데다가 내일까지 끝내야 하는 큰 프로젝트도 있어.

Amy: 알았어, 이해해… 하지만, 이건 정말 굉장한 영화이고 안 보면 네 손해다!

⓭ follow in one's footsteps

~의 뒤를 잇다

Meredith   Jessica, your clarinet performance blew me away!

Jessica   Thanks for such a sweet compliment!

Meredith   I have no doubt that you'll become a world famous clarinetist just like your mom.

Jessica   Well, I'm not sure if I'll become as famous as my mom, but I've decided to **follow in my mom's footsteps**.

> Meredith: 제시카, 너의 클라리넷 연주는 정말 감동적이었어!
>
> Jessica: 기분 좋은 칭찬 고마워!
>
> Meredith: 나는 너도 네 어머니처럼 세계적으로 유명한 클라리넷 연주자가 될 것이라는데 의심의 여지가 없어.
>
> Jessica: 글쎄, 내가 엄마만큼 유명해질지는 모르겠지만 나도 엄마의 뒤를 잇기로 결정했어.

GRAMMAR

이 챕터에서 주목할 문법

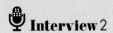 **Interview** 2

① Jennifer was diagnosed **with** Crohn's Disease.

제니퍼가 크론병이 있다는 진단을 받았습니다.

≫ 이 문장은 아시다시피 수동태인데, '~라는 병으로 진단되었다'라는 의미가 있기 때문에 전치사 by가 아니라 **with**를 써야 한다.

EXAMPLE DIALOGUE 1

Lindsey   Dr. Long, my mother was a heavy drinker, and she ended up **being diagnosed** with liver cancer.

Dr. Long   Oh, no! I'm sorry.

Lindsey   I've always said, "I'm not going to end up like my mother!" but these days, I feel like I drink as much as she used to. Is alcoholism genetically determined?

Dr. Long   Well, it's hard to tell because research shows that there are various factors that influence your risk of developing alcoholism.

> Lindsey: 롱 선생님, 저희 엄마는 술고래셨고, 결국 간암 진단을 받으셨어요.
> Dr. Long: 저런! 유감입니다.
> Lindsey: 전 항상 "난 엄마처럼 되지 않을 거야!"라고 말했지만, 요즘은 제가 엄마가 마셨던 만큼 술을 많이 마시는 것 같아요. 알코올 중독이 유전인가요?
> Dr. Long: 글쎄. (그렇다고) 말하기가 힘들어요. 많은 연구 결과 알코올 중독이 생기게 하는데 영향을 주는 다양한 요인들이 있다고 해서요.

> *** 여기서 잠깐!**
> 그럼, 수동태임에도 불구하고 동사 be diagnosed 뒤에 **by**는 전혀 쓸 수 없는 걸까? 대답은 쓸 수 있다! 그러니 **by**한테 완전히 바이바이~는 하지 말고, **by**가 어떤 문맥에서 쓰이는지 공부하자. 어떤 수단이나 방법을 통해서 진단된다는 말을 하는 문장 속에서는 with가 아니라 **by**를 쓴다. 다음의 대화문을 보고 **by**를 써야 하는 문맥을 확실히 이해하고 넘어가자.

EXAMPLE DIALOGUE 2

Paula Dr. Yu, considering that I'm suffering from all these symptoms, do you think I have a stomach ulcer?

Dr. Yu Well, it's hard to tell at this point because most stomach diseases **are diagnosed by** using endoscopy.

> Paula: 유 선생님, 제가 이 모든 증상에 시달리는 것으로 볼 때, 위궤양이 있다고 생각하세요?
> Dr. Yu: 글쎄, 지금으로써는 말하기 힘든 이유가 대부분의 위 질환은 내시경 검사를 통해서 진단되기 때문이지요.

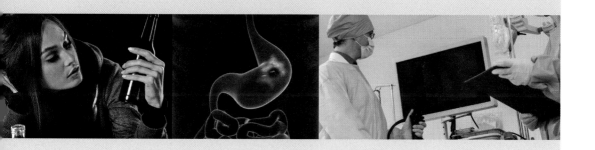

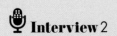

2 **One** of my most favorite dramas **is** 'Princess's man.'

제가 가장 좋아하는 드라마 중 하나는 '공주의 남자'입니다.

》》 **One of** ~는 '~ 중의 하나'이므로 one of 뒤에는 반드시 복수형 명사를 쓴다. 그런데 그 복수형 명사 뒤에는 또 단수형 동사를 써야 하는데, 이유는 여기서 주어가 바로 'one'이기 때문!! 'of 복수'는 수식어이므로 이 부분을 빼고 생각해보면 쉽게 이해할 수 있다.

EXAMPLE DIALOGUE

Emily Jen, Jacky and I are going to the movies tonight. Do you want to join us?

Jen Sure! What movie are you guys watching?

Emily "Assassination". It's an action movie, and the setting of this film is when Korea was colonized by the Japanese. Oh, it's a Korean movie.

Jen Well, although I'm absorbed in Korean movies, I'm not a big fan of action movies.

Emily **One** of my friends **hates** action movies, but she says she still loves this movie.

Jen If that's the case, I'd like to check it out.

Emily Great!

Emily: 젠 오늘 밤 재키와 내가 영화를 보러 가. 너도 같이 갈래?

Jen: 물론이지! 무슨 영화를 보는데?

Emily: '암살'. 액션 영화인데 영화 배경이 한국이 일본 식민지였을 때야. 아, 그거 한국 영화야.

Jen: 글쎄, 내가 한국 영화에 푹 빠져 있긴 하지만 액션 영화는 별로라서.

Emily: 내 친구 중 한 명이 액션 영화를 정말 싫어하는데, 이 영화는 좋대.

Jen: 그렇다면 그 영화 나도 한번 보지, 뭐.

Emily: 좋았어!

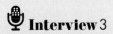 **Interview** 3

③ It's a historical drama.

그건 사극(역사에 관련된 드라마)이에요.

》 이 문장에 쓰인 단어, historical과 반드시 함께 공부해야 하는 단어가 있는데, 바로 historic이다. 둘 다 형용사지만 그 의미와 쓰임새가 조금 다르기 때문에 확실히 익히고 넘어가자. 의미상 차이점은 historical이 중요하든 중요하지 않든 역사에 관련된 모든 것에 쓰이는 단어라면, historic은 '역사적으로 중요한' 즉, historically important라는 의미를 가진 단어이다.

EXAMPLE DIALOGUE

Caroline Lila, I need your help.

Lila Sure, how can I help you?

Caroline I need to write a paper about a **historic** moment in the history of the United States, and I just can't decide what to write about.

Lila A **historic** moment? Well, different people might have different opinions, but for me, it's when Martin Luther King Jr. delivered his famous "I have a dream" speech.

Caroline Brilliant! I also think it was a **historic** event because it got people to pay greater attention to the Civil Rights Movement, right?

Lila Not only that, but the speech affected the lawmakers at that time, and they ultimately passed the Civil Rights Act.

Caroline: 라일라, 네 도움이 필요해.
Lila: 그래, 내가 어떻게 도와줄까?
Caroline: 미국의 역사에서 역사적으로 중요한 순간에 관한 페이퍼를 써야 하는데, 무엇에 관해 써야 할지 결정을 못하겠어.
Lila: 역사적으로 중요한 순간? 글쎄, 사람들마다 다른 의견이겠지만, 나한테는 마틴 루터 킹의 그 유명한 'I have a dream' 연설이야.
Caroline: 맞아! 나도 그게 역사적으로 의미 있는 사건이었다고 생각해. 왜냐하면 그 연설이 사람들이 민권 운동에 더 큰 관심을 갖도록 했으니까, 그렇지?
Lila: 그것뿐만 아니라 그 연설이 그 당시 법을 만드는 사람들에게도 영향을 끼쳐서 그들이 시민 평등에 관한 법률을 결국 통과시켰지.

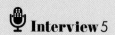
④ ... **not only for** his physical attributes **but also for** his immense charity work.

그의 신체적인 매력 때문만이 아니라 그의 엄청난 자선 사업 때문이기도 해요.

》 'Not only ～ but also ～' (～뿐만 아니라 ～도) 구문의 한 형태로, 이유를 나타내는 전치사 for가 추가되었다.

EXAMPLE DIALOGUE

Jen   Hey, Ja-hyun! I watched "Assassination" with Steve last night.

Ja-hyun   You did? How did you like the movie?

Jen   I loved it not only for the fact that it's an action movie but also for the fact that I was able to learn more about modern Korean history.

Ja-hyun   Fabulous!

Jen   But I've got a question for you. It's about the guy who betrayed the Korean provisional government during the Japanese colonial period. I thought when Korea regained the nation's independence, he would end up in jail or something because that's what happened to the French people who had cooperated with the German Nazis, but this guy was still a high ranking police officer. I mean…is that what really happened, or is it just fiction?

Ja-hyun   Well, unfortunately, that's what really happened in Korea. People like that guy tortured many Koreans who were involved in the Korean independence movement during the Japanese colonial period. However, when Korea became independent from Japan, Korean government hired them as police officers.

PRODUCTION
DIRECTOR
SCENE   TAKE   ROLL

Jen	What? It doesn't make sense to me at all.
Ja-hyun	They did in order to maintain their dictatorship. Many Koreans protested against dictatorship at that time, and those policemen arrested the protestors and tortured them as they had done to the Korean fighters for the nation's independence before.
Jen	Gosh, that's just terrible. As many historians say, I guess history repeats itself. In any case, it's such a tragedy **not only for** the Korean people who fought for the nation's independence **but also for** the whole country.
Ja-hyun	You can say that again!

Jen: 자현아! 나 어젯밤에 스티브랑 '암살' 봤어.

자현: 그랬어? 그 영화 어땠어?

Jen: 정말 좋았어. 액션 영화라는 사실 때문만이 아니라 한국 현대사에 대해서도 더 배울 수 있어서 좋았어.

자현: 잘됐네!

Jen: 그런데, 너한테 질문이 하나 있어. 일제 시대 한국 임시 정부를 배신한 그 남자에 관한 거야. 난 한국이 다시 독립되었을 때, 그 사람이 감옥에 가거나 할 줄 알았거든. 왜냐하면 나치에 협력했던 프랑스 사람들이 그랬으니까. 그런데, 그 남자는 여전히 높은 계급의 경찰 간부였어. 내 말은, 이게 정말로 있었던 일인 거야, 아니면 그냥 영화를 위해 지어낸 허구야?

자현: 그게, 불행히도 한국에서 실제로도 있었던 일이야. 그 남자 같은 사람들이 일제 시대에 한국 독립운동에 연루되었던 많은 한국 사람들을 고문했어. 그런데 한국이 일본에서 해방되었을 때, 한국 정부는 그들을 경찰 간부로 고용했지.

Jen: 뭐라고? 내 생각에 그건 전혀 말이 안 되는데?

자현: 독재 정권을 유지하기 위해서 그랬어. 그때, 많은 한국인들이 독재에 반대하는 항쟁을 했는데, 그 경찰들이 시위하는 사람들을 체포하고 고문했어. 그러니까, 그전에 한국 독립군들에게 그들이 했던 똑같은 짓을 했지.

Jen: 세상에, 너무 끔찍하다. 많은 역사가들이 말하듯이, 역사는 되풀이되나 봐. 어쨌든, 그건 정말 비극이야. 한국의 독립을 위해 싸운 한국 사람들에게 뿐만 아니라 나라 전체에도 말이야.

자현: 정말 그래!

SPEAKING TRAINING

STEP 1 다음 글을 또박또박 정확하게 읽고 암송해 보자. (읽은 후엔 V 표시)

1 한국어를 공부하게 된 이유를 말할 때
문단 읽기 ☐ ☐ ☐ ☐ ☐

I became very interested/ in Korean dramas and K-pop,/ which fueled my passion/ to learn the language./ At that time,/ I set a personal goal for myself/ to understand both lyrics and dialogues.

2 역사적인 인물을 말할 때
문단 읽기 ☐ ☐ ☐ ☐ ☐

Grand Prince Su-yang stood out/ for being a devious, tyrannical royal/ who I felt was totally consumed with power/ and void of any rational thoughts./ He certainly eliminated anyone/ who stood in his way to capture the throne./ Then,/ King Sejong the Great/ for his great achievements/ in science and technology,/ especially astronomy/ which holds great interest for me/ and his notable invention of the Korean alphabet:/ Hangul!

3 가족에 대해 말할 때
문단 읽기 ☐ ☐ ☐ ☐ ☐

All my family members/ were some sort of musicians/ at that time./ I have two uncles/ who played the violin and saxophone respectively./ My grandfather played the mandolin,/ and his brother was a former orchestra leader/ of the Philadelphia Symphony/ along with being a musical director/ for various TV stations in Philadelphia.

4 좋아하는 영화에 대해 말할 때
문단 읽기 ☐ ☐ ☐ ☐ ☐

It's a story/ about the son of an ex North Korean spy/ who follows in his father's footsteps/ and is sent into South Korea as an assassin./ The movie details his struggles,/ especially in his attempts to save his sister.

STEP 2 주어진 단어를 사용해서 우리말을 영어로 말한 다음 빈칸에 써 보자.

1 저는 원래 펜실베니아 출신이지만, 제가 20대에 우리는 플로리다 남부로 이사 왔어요.
(move to / originally from / in my twenties)

_____

2 저는 한국 드라마와 K팝에 관심이 많이 생겼는데, 그것이 한국어를 배우고자 하는 제 열정에 불을 지폈어요.
(fuel my passion / become interested / which)

_____

3 수양대군은 교활할 폭군이었던 왕족이라는 이유로 눈에 띄었어요.
(stand out / tyrannical / Grand Prince Su-yang / devious)

_____

4 그는 왕좌에 오르기 위해 자신이 가는 길을 가로막고 있는 자는 누구든 확실하게 제거했습니다.
(capture the throne / stand in his way / eliminate)

_____

5 그 당시, 우리 가족들 모두 어떤 형태로든 음악가였어요.
(family members / at that time/ some sort of)

_____

6 그 영화는 특히 그가 여동생을 구하려는 과정에서 벌어지는 그의 고군분투를 세밀하게 그려내지요.
(especially in / detail / struggle / his attempts to)

_____

STEP 3 빈칸에 자기 상황에 맞는 어휘를 넣어 문장을 완성해 보자.

1 I became very interested in _____, which fueled

my passion to learn _____.

2 I set a personal goal for myself to _____.

3 _____ stood out for being

_____.

4 All my family members were some sort of _____.

5 It's a story about _____ who _____.

The movie details _____.

6 I felt _____ was totally consumed with

_____ at that time.

7 _____ holds great interest for

_____.

8 I have _____ who _____.

9 I like _____, not only for _____

_____ but also for _____.

10 You're truly qualified to _____.

STEP 4 다음 질문에 답해 보자. (주어진 공간에 할 말을 적어 보기)

1 What's the most difficult challenge when you're learning English?

2 Do you ever feel like your decision to study English was one of the best things that has ever happened in your life?

3 Can you tell me what your most favorite Korean drama is?

4 Is there any historical figure that stands out to you?

5 What movie have you watched recently?

꿈을 따라 가세요.
그리고 절대로 포기하지 마세요.

Kim: Please introduce yourself to the Korean readers.

Denice: My name is Denice, and I'm originally from Pennsylvania, but we moved to South Florida when I was in my twenties.

Kim: Denice, thank you so much for agreeing to this interview. You've studied the Korean language for a long time, right? Exactly how long have you studied Korean?

Denice: I've studied about five years.

Kim: Considering there are so many foreign languages out there, I wonder why you chose the Korean language among all of them.

Denice: I became very interested in Korean dramas and K-pop, which fueled my passion to learn the language. At that time, I set a personal goal for myself to understand both lyrics and dialogues.

Kim: I see. Then, what's the most difficult challenge when you're learning Korean?

Denice: Grammar is number one and language acquisition.

Kim: I totally understand. Then, do you ever feel like your decision to study Korean was one of the best things that has ever happened in your life?

Denice: Absolutely! It has not only broadened my personal satisfaction, but it has also introduced me to new friends to engage in K drama and K-pop discussions online.

Kim: Cool! Apparently, you are into Korean pop culture as well, and you've told me one time that watching Korean dramas is a part of your daily routine, haven't you? How does your family take it?

Denice: Actually, Roger, my husband is currently watching two dramas with me, "Hide your identity!" and "Iris II". My granddaughter, Ariel's also my K-pop buddy. She is a big fan of SHINee and watches idol dramas with me. We also watch a lot of Korean variety shows such as "Running Man", "Infinite Challenge" and music shows like "In-ki-ga-yo" and "M Countdown".

Kim: That's pretty impressive! By the way, you live with your granddaughter as well, right?

Denice: I do. My daughter, Jennifer was diagnosed with Crohn's Disease, and life has become quite a challenge for her on a day-to-day basis. She's also a single mother, and as family we needed to step up and help care for Ariel.

Kim: Oh, I'm so sorry. I sincerely hope she will fully recuperate from her illness. In my culture, however, it's not unusual for a grandmother to take care of her grandchildren.

Denice: I know that from watching many Korean dramas.

Kim: By the way, since you're a K drama buff, can you tell me what your most favorite Korean drama is?

Denice: There are so many dramas that I love. You know, "Flower Boy Ramen Shop", "Thank You", "Dong Yi", "The King's Face" and "Return of Iljimae", but among all of them, one of my most favorite drama is "Princess's man".

Kim: It's a historical drama, isn't it?

Denice: Yes, I'm completely absorbed in Korean historical dramas.

Kim: Interesting! Because I think it's hard to understand historical dramas without having the background knowledge of Korean history. Why are you into Korean historical dramas so much?

Denice: In school, Korean history was not part of the curriculum. Regarding "Princess's man", it opened a new world for me. I started to research the Joseon Dynasty and their clothing, customs and royal history.

Kim: Then, is there any historical figure that stands out to you? I mean…from all the Korean historical dramas that you've watched so far.

Denice: Definitely Grand Prince Su-yang and King Sejong the Great!

Kim: Why is that?

Denice: Grand Prince Su-yang stood out for being a devious,

tyrannical royal who I felt was totally consumed with power and void of any rational thoughts. He certainly eliminated anyone who stood in his way to capture the throne. Then, King Sejong the Great for his great achievements in science and technology, especially astronomy which holds great interest for me and his notable invention of the Korean alphabet: Hangul!

Kim: Wow, it seems like you've made a profound study of Korean history, and I'm super impressed! In any case, since I haven't watched "Princess's man" yet, can you please give me a brief summary of it?

Denice: It is a period drama revolving around the forbidden romance between the daughter of Grand Prince Su-yang and the son of his political rival, Kim Jong-seo.

Kim: So it's kind of like the Korean version of "Romeo and Juliet", right?

Denice: Yes, it is.

Kim: I don't usually watch historical dramas, but I'll definitely check it out.

Denice: You don't watch historical dramas? You're missing out, girl!

Kim: Well, after hearing about "The Princess's man", I realize that.

Denice: Then, what kind of dramas do you usually watch?

Kim: My most favorite drama is "Beethoven Virus". I guess that's because I love classical music so much. Have you heard of it?

Denice: Yes, I've also watched that drama. Actually, I'm kind of familiar with classical music as well because my father was a pianist.

Kim: Really? I didn't know that.

Denice: Yes. Well, all my family members were some sort of musicians at that time. I have two uncles who played the violin and saxophone respectively. My grandfather played the mandolin, and his brother was a former orchestra leader of the Philadelphia Symphony along with being a musical director for various TV stations in Philadelphia.

Kim: Amazing! How come you don't play a musical instrument then?

Denice: I did when I was younger. I took piano lessons from a Catholic nun at the convent where I went to elementary school…but I focused more on dance. From the age of 3 to 16, I took lessons in jazz, tap, acrobat and ballet.

Kim: So I guess you were some sort of an artist as well, right? In any case, it's obvious that you're the queen of Korean dramas, and I wonder if you also watch Korean movies. If so, what movie have you watched recently?

Denice: Yes, I'm an avid fan of Korean cinema as well, and one of the latest movies that I've watched is "Commitment".

Kim: Commitment? Can you please tell me the Korean title of the movie?

Denice: I think it's "동창생".

Kim: Hmmm…. I've never heard of it. So what did you like about that movie?

Denice: It's a story about the son of an ex North Korean spy who follows in his father's footsteps and is sent into South Korea as an assassin. The movie details his struggles, especially in his attempts to save his sister.

Kim: I see. Here's my next question. Do you have any favorite Korean actor or actress?

Denice: Yes, I do. Jung Il-woo, not only for his physical attributes but also for his immense charity work.

Kim: Wow, Jung Il-woo does charity work? Sounds like you know much more about Jung Il-woo than I do. You're truly qualified to be his fan!

Denice: I guess I am!

Kim: Lastly, do you have anything else to say to your Korean audience?

Denice: Korea is a beautiful country along with its history and people. I would love to be able to visit one day in the future!

Kim: Why don't we go there together in the near future?

Denice: Sounds like a plan!

Kim: Thank you so much for your time, Denice.

Denice: Thank you for having me, Ah-young.

Kim: Oh, would you like to say something in Korean?

Denice: 꿈을 따라 가세요. 그리고 절대로 포기하지 마세요.

Kim: 좋은 말씀 감사합니다, 드니스 씨.

Denice: 천만에요.

아선생의 미국말 미국문화

: 체벌을 바라보는 미국인들의 시선

"나말년 선생님, 다시 태어나면 선생질하지 마세요... 당신은 선생이 되어서는 안 됐어요."

2015년 방영된 드라마 '착하지 않은 여자들'에 나오는 대사다. 그다지 심각하지 않고 오히려 다소 코믹하게 그려낸 이 장면을 보면서 나는 눈물을 흘리고 있었다. 개인적으로 참으로 불행하게도 내가 졸업한 고등학교에도 선생질을 하지 말아야 할 교사들이 몇몇 있었기 때문이다.

고등학교 3학년 첫 수능 모의고사를 치러야 했던 날, 나는 주번이었다. 모의고사를 쳐야 하는 날 주번이었던 것도 예민한 내겐 스트레스였는데 아침부터 두통에 복

통으로 인한 최악의 컨디션으로 그날따라 학교 가기가 너무나 힘이 들었다. 학교를 안 가면 큰일 나는 줄 알았던 융통성 없던 그때의 나는 그런 몸을 이끌고서 기어이 늦게라도 그날 학교에 갔다. 가자마자 시험 준비를 하고 있던 내게 같은 반 친구는 주번 담당 선생님께서 내가 주번 모임에 빠져서 화가 났으니 교무실부터 빨리 가보라는 것이었다. 첫 수능 모의고사를 보는 고3 학생에 대한 배려심 따위는 기대할 수조차 없는, 그는 그런 교사였다. 지금의 나보다 12살이 어렸던 그때의 그는 학생들 사이에서 별명이 '미친개'로, 우리 학교의 대표적인 폭력 교사였다. 교무실로 가던 길에 복도에서 그와 마주쳤는데, 나를 보자마자 그는 다짜고짜 내 코부터 잡아 비트

는 것이었다. 주번 모임에 왜 빠지게 되었는지 먼저 물
어보는 합리적인 면모는 도대체 기대할 수 없는 그런
사람이었다. 아무리 학생이었지만 그의 그런 행동을 이
해할 수 없었던 나는 "제가 뭘 잘못했는지 말씀으로 해
주세요."라고 말했고, 그 말에 더욱 화가 난 그는 선생님
한테 건방지게 그런 질문을 한다면서 쌍시옷과 숫자가
섞인 욕설을 하면서 내게 폭력을 휘둘렀다. 내가 지금까
지 살면서 그토록 험하고 상스러운 욕설을 들으면서 손
으로 그리고 발로 그렇게 맞아본 적은 그때가 처음이자
마지막이었다. 한참을 그렇게 맞고 서 있는데 지나가던
다른 선생님께서 내 곁에 와주셨고 시위라도 하듯이 그
를 응시하며 가만히 서 계셨다. 그때까지 계속되던 날것
그대로의 폭력은 그렇게 멈추어졌다.

내가 그날의 일을 20년도 더 지난 지금까지도 이토록
선명하게 기억하고 있다는 사실을 그는 알고 있을까?
그 당시, 건방지다는 이유로 그에게 다리를 다칠 정도로
맞았던 한 남학생이 같은 반 친구들한테 그에게 살의를
느낀다고까지 말했던 것을 그는 알고 있을까? 자신이
가르치는 어린 학생들에게 그런 마음을 품게 하는 그는
대체 어떤 선생이고 또 어떤 '교육자'일까? 체벌이 법적
으로 금지된 지금의 한국 사회에서 여전히 교편을 잡고
있는 그는 현재는 어떤 모습으로 학생들을 훈육하고 있
을까? 더욱 기막힌 일은 내가 다녔던 고등학교에는 학
생들 사이에서 '미친개'라고 불렸던 교사가 그뿐만이 아
니었다는 사실이다.

이렇게 1976년생인 내가 학교에 다니던 그 시절의 대
한민국에는 학생들이 붙여준 그의 별명처럼 '미친개' 같
았던 선생을 어느 학교에서나 어렵지 않게 찾아볼 수 있
었다. 이를 증명하는 것이 바로 내가 대학에 들어간 후
얼마 안 되어서 개봉된 영화, 〈여고 괴담〉이다. 이 영화
는 특히 우리 세대 사이에서 커다란 공감을 이끌어내며
대성공을 거두게 되는데, 공교롭게도 이 영화 속 고등학
교에도 '미친개'라는 별명을 가진 교사가 등장한다. 그
리고 그런 교사들의 정신적 물리적 폭력 때문에 불행한
학교생활을 견디다 못해 자살한 여학생이 귀신이 되어
서 모두에게 복수한다는 그 당시로써는 전혀 새로운 플
롯을 가진, 하지만 우리 세대에게는 결코 낯설지 않았던
학교의 모습을 그려낸 영화였다. 이 영화가 포문을 열면
서 학교를 배경으로 하는 비슷한 부류의 공포 영화들이
줄줄이 쏟아지기 시작하는데, 공포 영화 제목으로는 다
소 어색하다 못해 코믹하기까지 한 〈스승의 은혜〉라는
영화가 그중 대표적이다. 〈스승의 은혜〉에서도 주인공이
처절한 복수를 다 끝낸 후에 그녀의 '스승'에게 말한다.
"다시 태어나면 절대로 선생질 하지 마."

체벌이 금지되고도 여러 해가 지난 2015년의 대한민국은 내가 학교에 다닐 때와는 정반대로 오히려 교사들이 아이들을 훈육하기가 무척 힘든 환경이라고 한다. 한국에서 교편을 잡고 있는 친구들의 이야기를 들어보면, 학부모들의 등쌀에 그야말로 아무것도 할 수가 없다고 한다. 일단 학부모들이 교사를 불신하는 것이 그들을 가장 힘들게 한다고 하는데, 지금 교편을 잡고 있는 내 또래의 교사들이 하는 이 말에 나 또한 100% 공감하고 있다. 게다가 지금의 학부모들이 가지고 있는 교사들에 대한 불신은 불합리하다 못해 부당할 때도 많은 것이 사실이다. 그렇지만 불교의 가르침과 같이, 이 세상에 원인 없는 결과는 존재하지 않는다고 나는 생각한다. 지금 교사들을 불신하는 내 또래의 학부모들이 보는 교사상은 당연히 우리 또래가 겪은 학창 시절을 바탕으로 존재한다. '사랑의 매'라는 말이 빛과 색이 바래다 못해 이젠 냉소적인 개그 소재로까지 쓰이게 된 사실, 그리고 지금처럼 교권이 땅에 떨어지게 된 안타까운 현실은 바로 그때의 '미친개' 같았던 선생님들 책임이라고 나는 생각한다.

그래서 내 또래의 현직 교사들이 짊어지게 된 이 무겁디무거운 짐에 대한 책임을 나는 감히 그들에게 묻고 싶다.

그렇다면 미국의 교육에서 체벌은 어떤 의미가 있을까? 체벌(corporal punishment)에 관한 한 대부분의 미국의 주들은 한국인들의 관점에서 보자면 지나칠 정도로 엄격한 법을 가지고 있다. 내가 살고 있는 플로리다 주의 경우, 교사들은 어떠한 경우에도 결코 학생의 몸에 손을 대서는 안 된다.[*] 단지 법만 그런 것이 아니라 교사들을 포함한 대부분의 보통 사람들 사이에서도 체벌에 대해서 야만적이라거나 세련되지 못한 교육 방식이라는 부정적인 의견들이 압도적이며, 이는 이미 미국에서 하나의 사회적 규범이다. 그래서인지 이곳의 학교에서는 아무리 큰 문제가 생겨도 체벌보다는 대화와 타협으로 아이들을 훈육하는 것 외에 달리 방법이 없는 것이 사실이다. 체벌 이야기가 나온 김에 미국의 문제아들에 관한 이야기를 해보자.

독어, 영어, 불어, 스페인어를 모두 유창하게 하는 내

독일인 친구 줄리아는 미국 콜로라도 주립대학에서 언어학 석사 학위를 받은 후 오랫동안 국제 관련 일을 다루는 회사에서 일했다. 그러다 마흔이 넘어서야 아이들

---

[*] 미국은 주마다 법이 조금씩 다른 나라라서 이 글은 필자가 살고 있는 플로리다 주를 바탕으로 쓰여졌음을 밝힌다

268

을 가르치고 싶다며 플로리다주 탈라하시에 소재한 리커즈 고등학교(Harold L. Richards High School)의 불어 선생님이 되었다. 필요한 시험을 모두 통과하고 처음 그녀가 교사로 임용되었을 때, 우리는 축하주를 마시며 함께 기뻐했지만 그 기쁨은 한 달이 채 가지 않았다. 리커즈 고등학교는 미셸 파이퍼 주연의 영화, 〈위험한 아이들〉에 나오는 바로 그런 학교였다. 영화 속에서 진정한 교육자 상을 그려내는 미셸 파이퍼는 사회가 규정한 문제아들을 서서히 변화시키지만, 현실 속에서의 줄리아에게 그것은 결코 쉽지 않은 일이었다. 고등학생들이 마약에 취한 채 학교에 오는 것은 애교 수준이고, 어느 날은 한 학생이 총을 가지고 학교에 와서 모든 학생들과 교사들이 피신해서 그날 수업을 못하게 되는 일도 있었다고 하니, 이곳은 한국 기준에서뿐만 아니라 보통의 미국 학교에서도 상상조차 할 수 없는 일들이 벌어지는 곳임에 틀림없다. 그런데 선생님에 대한 기본적인 예의는 기대조차 할 수 없는 그런 학생들이 대부분인 이 학교에서도 학생들에게 체벌은 절대로 가해지지 않는다. 이런 극단적인 교육 환경 속에서도 체벌이 아이들을 변화시킬 수 있는 교육수단이라고 생각하는 미국인을 나는 단 한 사람도 만난 적이 없다. 대신, 교사가 노력하다 안 되면, 훈육 담당 주임(Dean of discipline)이 중재해서 교사와 해당 학생과 함께 삼자 대화를 시도한다.

내가 굳이 갱 영화에나 나올 법한 극단적인 문제 학교를 예로 든 이유는, 심지어 이런 학교에서조차도 체벌이 답이 아니라고 생각하는 보통의 미국인들의 사고방식을 보여주기 위해서이다. 물론 다들 알다시피, 미국의 교육 현장도 여러 가지 문제를 안고 있다. 하지만 적어도 때려서 가르치기보다는 어릴 때부터 대화와 타협을 훈육 방식으로 삼는 바로 그런 교육 문화 때문에 대부분의 평범한 미국인들은 토론과 대화로 문제를 해결하려 하는 것이 체화되어 있다. 그리고 내 개인적인 경험으로 보자면, 미국에 오래 살면 살수록 갈등이 일어날 때마다 대화와 타협으로 해결하려는 이런 미국 사람들의 태도에서 많은 것을 배우게 된다.

그럼에도 불구하고, 아이들 훈육에 있어 문제투성이인 현재 한국의 교육 현장을 나는 매우 긍정적으로 바라본다. 체벌이 법적으로 금지된 후 겨우 몇 해가 지난 현재의 한국 학교가 교육의 수단이 '회초리'나 '폭력'에서 '대화'와 '타협'으로 바뀌어 가는 과도기를 겪고 있다고 생각하기 때문이다. 흑인 노예제도를 아무렇지 않게 법적으로 시행하던 미국 사람들이 흑인 대통령을 선출하게 될 때까지 수많은 열병과 몸살을 앓았던 것처럼, 우리 대한민국의 교육 현장도 그런 진통을 겪은 후 한층 더 성숙한 모습으로 다시 태어날 것이라고 나는 믿는다.

Epilogue 에필로그

버락 오바마, 오프라 윈프리, 힐러리 클린턴… 우리가 흔히 읽는 이런 유명인들의 이야기 속에서 어떤 이들은 삶이 송두리째 바뀔 만한 영감을 얻는다고들 한다. 그래서 많은 사람이 이런 이들이 들려주는 이야기에 그토록 관심을 가지는지도 모르겠다.

하지만 필자가 40대에 접어들면서 새삼 깨닫게 되는 사실 한 가지는, 우리네 삶이라는 것은 아무리 인생이 송두리째 바뀔 만한 커다란 사건을 겪게 되더라도, 그 사건이 일어난 이후의 그 모든 일은 다시금 어느새 또 다른 익숙한 일상이 되어 버린다는 것이다. 너무나 상투적인 말이지만, 그래서 결국 하루하루 주어지는 일상의 순간순간에 행복을 느낄 수 없는 사람이라면 그 어떤 환경 속에서도 결코 행복한 삶을 만끽할 수 없다는 것이 내 경우 불혹의 나이가 되어서야 알게 된 행복과 삶에 관한 열쇠이다.

2003년 유학길에 오른 후 어느새 내 삶의 터전이 되어 버린 미국 플로리다주. 이곳에서 13년의 세월을 살아내면서, 내가 보아온 평범한 미국인 친구들의 삶은 한 권의 책을 기획할 만큼 내 마음을 움직이기에 충분했다. 우리들과 크게 다르지 않은, 이곳에서는 그저 보통 사람들인 이 친구들과 일상을 공유하다 보면, 그들이 하루하루를 소중하게 가꾸어 가며

추구하는 작은 행복들이 때론 큰 감동으로 다가올 때가 있다. 그런 연유로 나는 비록 유명인들은 아니지만, 바로 이런 내 친구들의 이야기를 한국의 독자들과 나누고 싶어서 이들과의 인터뷰로 책 한 권을 펴내게 되었다.

흔히 다른 문화에 대한 이야기를 할 때, 서로 다른 점에 집중하고 그 차이를 인정하고 존중해야 한다는 결론을 이끌어내는 것만이 그러한 주제의 토론에서 도달해야 하는 유일한 과제인 것처럼 여겨지곤 한다. 하지만 차이를 인정하고 존중하는 자세가 중요한 것만큼이나 그러한 문화적 차이에도 불구하고 어느 문화권에 살든 인간사에 보편적으로 적용될 수 있는 그 무언가를 발견하는 것 또한 중요하다고 나는 생각한다.

그리고 그것을 바탕으로 문화와 환경이 다른 우리 자신의 삶 또한 다시금 성찰할 수 있는 생각의 힘은 우리에게 소중한 지적 자산이 될 수도 있다. 그런 통찰력이야말로 진정으로 우리 삶을 풍성하게 할 수 있는 원천이라고 나는 믿는다.

물론 대부분의 독자들은 미국의 보통 사람들이 쓰는 영어를 배우고자 이 책을 선택했겠지만, 외국어를 공부하면서 덤으로 얻어지는 이런 보석들도 놓치지 않기를 저자로서 바라본다.

플로리다에서

저자 **김아영**

SPEAKING TRAINING

ANSWERS

CHAPTER 1
SPEAKING TRAINING

STEP 2

1. I got my master's degree in elementary education.

2. One of my favorite jazz singers ever is Ella Fitzgerald.

3. I took a great interest in his life as a Kenyan.

4. If I die today, I won't be disappointed with my life.

5. He and I met through a mutual friend.

6. I think happiness is being at peace with yourself and other people.

STEP 3

예시 답안

1. I got my Bachelor's degree in Economics.
나는 경제학으로 학사 학위를 받았어요.

2. One of my favorite books ever is <The Stranger> by Albert Camus.
내가 가장 좋아하는 책 중의 하나는 알베르 까뮈의 '이방인'입니다.

3. I took a great interest in Tom Hanks as a(n) actor.
나는 배우로서의 톰 행크스에게 대단히 관심이 많았어요.

4. I'm always trying to learn something and be a better person.
나는 항상 무언가를 배우려 하고 더 좋은 사람이 되려고 해요.

5. Happiness is being free from care.
행복이란 걱정이 없는 상태랍니다.

6. One thing I love about my boss is that he treats his subordinates with respect.
제 직장 상사에 대해서 제가 좋아하는 사실 한 가지는 그분이 부하 직원들을 존중한다는 겁니다.

7. I'd like to check out the beauty salon.
그 미용실에 한번 가보고 싶어요.

8. I have a great appreciation for Picasso's art.
나는 피카소의 예술에 대해 깊은 안목을 가지고 있습니다.

9. I'm into Zombie movies these days.

나는 요즘 좀비 영화에 푹 빠져 있어요.

10. Chris and Christina met through a mutual friend.

크리스와 크리스티나는 서로 아는 친구 (공통의 친구)를 통해서 만났어요.

STEP 4

1. 예시 답안

My name is Olivia James. I work with international students and help them enter graduate programs at Florida State University. I'm also finishing up my PhD in International Education. I have two children; one 12-year-old boy and a 15-year-old girl. They're the most important things in my life.

제 이름은 올리비아 제임스입니다. 저는 국제 유학생들과 일하며 그들이 플로리다 주립대의 대학원 과정에 입학하는 것을 돕습니다. 저는 또한 국제 교육학으로 박사 과정을 끝내고 있습니다. 제게는 두 아이가 있어요. 12살짜리 아들 하나와 15살짜리 딸이죠. 그들은 제 인생에서 가장 소중합니다.

2. 예시 답안

In my job, I get the opportunity to meet people from all over the world. The students I work with come to the United States with the purpose of becoming graduate students at an American university. I help them realize their dreams, which is something I love about my job.

제 직업은 세계 각국에서 온 사람들을 만날 기회가 많아요. 제가 함께 일하는 학생들은 미국 대학의 대학원에서 공부하려는 목적을 가지고 미국으로 옵니다. 저는 그들이 그들의 꿈을 실현하도록 도와주는데, 그게 제가 저의 직업에 대해서 가장 좋아하는 부분이죠.

3. 예시 답안

I would recommend any songs from Billie Holiday; she is a famous jazz singer who has a beautiful voice. I would especially recommend the song, "Tenderly". I can listen to this song over and over again and never get sick of the way her voice sounds.

저는 빌리 할리데이의 어떤 노래든 추천하겠어요. 그녀는 아름다운 목소리를 가진 유명한 재즈 가수입니다. 저는 특히 'Tenderly'라는 노래를 추천하겠어요. 저는 이 노래를 계속해서 몇 번이고 또 들을 수 있는데, 그래도 그녀의 목소리에 결코 질리는 법이 없답니다.

4. 예시 답안

In the best case scenario, when there's a conflict with someone else, I talk to that person directly. I wait to confront the person when I'm in an open state of mind where I won't place any kind of judgement on the person. I find that this is the best way to handle conflicts.

최상의 경우에, 제가 누군가와 갈등이 있을 때, 저는 그 사람에게 직접 이야기합니다. 저는 제가 그 사람에게 어떤 종류의 비판도 가하지 않을 수 있을 만큼 열린 마음으로 그를 상대할 수 있을 때까지 기다려요. 저는 이것이 갈등을 해결하는 가장 좋은 방법이라고 생각해요.

5. 예시 답안

Yes, I feel very happy and lucky for the life I'm living. I'm surrounded by people who love me and accept me for who I am as a person. I think happiness is living a life with no regrets. Everybody makes mistakes in life, and everybody can look back at their lives and realize they could've done things differently. However, accepting your choices and being content with the person you've become is what truly makes you happy.

네, 저는 제가 살고 있는 삶에 대해 매우 행복하며 복이 많다고 느껴요. 저는 저를 사랑하고 또 저를 있는 모습 그대로의 한 사람으로 받아 들여주는 사람들 속에서 살아가고 있어요. 저는 행복이란 후회 없이 살아가는 것이라고 생각해요. 모두가 살면서 실수를 하며, 모두가 인생을 돌아보면서 다르게 했었으면 하는 것들을 깨닫게 되지요. 그렇지만, 당신이 한 선택들을 받아들이고 그것들이 만들어서 된 당신이란 사람에게 만족하면서 사는 것이 당신을 진정으로 행복하게 만드는 겁니다.

CHAPTER 2
SPEAKING TRAINING

STEP 2

1. The biggest difference is the pace of life.

2. I have strengths and weaknesses.

3. That's for other people to judge.

4. She has a wonderful sense of humor.

5. Success is not defined by one's profession.

6. I think success is different for different people.

STEP 3

예시 답안

1. The biggest difference between Kal-guk-soo and Jan-chi-guk-soo is the way they make the noodles.
칼국수와 잔치국수의 가장 큰 차이점은 면을 만드는 방식에 있지요.

2. My father has a wonderful sense of humor.
우리 아버지께서는 유머 감각이 뛰어나세요.

3. Success is not defined by how much money you have.
성공은 당신이 얼마나 많은 돈을 가졌느냐로 정의되지 않습니다.

4. For me, success is defined by how content you are with your life.
내게 성공이란 당신이 당신 삶에 얼마나 만족하냐에 따라 정의됩니다.

5. For me, success is to have few regrets in life.
내게 성공이란 삶에서 후회하는 일이 적은 상태를 말합니다.

6. Happiness is different for different people.
행복의 의미는 사람마다 다릅니다.

7. It's for my teacher to judge how much I have improved.
내가 얼마나 실력이 향상되었는지는 제 선생님께서 판단하실 일이죠.

8. Miami is crowded while Tallahassee is quiet.
마이애미는 매우 붐비는 반면 탈라하시는 한산합니다.

9. People are very nice and friendly in Miami.
마이애미 사람들은 아주 친절하고 다정합니다.

10. My child made my life worthwhile.
내 아이는 내 인생을 가치 있게 만들었어요.

STEP 4

1. 예시 답안

I think the obvious difference between a big city and a small town is population, but I think it depends also on the attitude of the people living there. Just pure population can't really define it 100%. A lot of people who might live in a big city have got more opportunities while the people in a small town might feel like there's not enough opportunities in that particular town. So I think it's the combination of the pure quantitative statistics vs. the feelings of the people who live there.

나는 큰 도시와 작은 마을의 두드러지는 차이점이 인구라고 생각합니다만, 또한 그곳에 사는 사람들의 태도에도 그 차이가 있다고 생각합니다. 인구만으로는 그 차이를 100% 정의할 수 없어요. 큰 도시에 사는 많은 사람은 기회가 많이 주어지는 반면, 작은 마을에 사는 사람들은 그들이 사는 마을에 충분한 기회가 있다고 느끼지 않을 거예요. 그래서 제 생각에 그 차이는 숫자적인 통계와 거기 사는 사람들이 느끼는 감정의 조합입니다.

2. 예시 답안

I'd like to answer this question, saying that I'm a good teacher... because I think a lot of the qualities of being a good teacher are very similar to being a good person in terms of patience and compassion.

저는 제가 좋은 선생이라고 말씀드리는 것으로 이 질문에 답을 하고 싶습니다. 왜냐하면 제 생각에 좋은 선생이 되기 위한 많은 자질은 인내심과 연민의 관점에서 볼 때, 좋은 사람이 되기 위한 자질들과 매우 유사하기 때문입니다.

3. 예시 답안

I think sometimes I lack patience. Also, I think I'm so focused on the big picture that I tend to lose sight of the little things that I really need to be focusing on in life. Well, I'm only 32, so it gives me an opportunity to grow in the future.

제 생각에 저는 가끔 인내심이 부족합니다. 또, 저는 큰 그림에 너무 집중한 나머지 제가 삶에서 정말로 집중해야 하는 작은 것들을 보지 못하는 경향이 있어요. 뭐, 전 아직 32살이니까 그건 제가 앞으로 더 성장할 기회를 주는 거죠.

In terms of defining success, I feel like the cliché thing about success is being happy. Happiness is success… but more than that, I think it's being happy and also being engaged. As long as you're happy, and as long as you're engaged in what you're doing, and as long as you want to grow, you're happy and successful.

성공을 정의하는 것에 대해서, 제 생각에 성공에 대한 상투적인 문구가 행복함인 것 같아요. 행복이 곧 성공이죠… 하지만 그보다 저는 성공이 행복하면서도 또 무언가를 열심히 하는 것이라고 생각해요. 당신이 행복하기만 하다면, 당신이 지금 하는 일을 열심히 하기만 하다면, 그리고 당신이 계속 성장하고 싶다면, 당신은 행복하며 또 성공적인 거예요.

CHAPTER 3
SPEAKING TRAINING

STEP 2

1. I think anything worthwhile in life is a challenge.

2. I can express myself through my work.

3. You have to balance in life.

4. Other aspects of life demand time and energy as well.

5. If one goes to New England, they will have a different experience than if they go to Florida or California.

6. Korea is on my short list of places to visit.

STEP 3

예시 답안:

1. I think raising a child is the biggest challenge.
아이를 기르는 일은 가장 큰 도전이라고 생각해요.

2. I can express myself through writing.
난 글쓰기를 통해서 저 자신을 표현할 수 있어요.

3. Watching a movie demands time and energy as well.
영화를 보는 것 또한 시간과 에너지를 요구하는 일이지요.

4. Cleaning the whole house takes a lot of time.
집 전체를 다 청소하는 것은 많은 시간이 걸려요.

5. Korean BBQ & More is on my short list of the restaurants to check out.
Korean BBQ & More는 제가 가보고 싶은 몇 안 되는 식당 리스트에 있어요.

6. Publishing books is the work that I enjoy the most.
책을 출판하는 것이 제가 가장 즐기는 일입니다.

7. We are one of the most beautiful countries in the world.
우리는 세계에서 가장 아름다운 나라 중 하나예요.

8. It is a challenge because nobody gives us financial support.
아무도 우리를 재정적으로 지원해주지 않기 때문에 그것은 힘든 일입니다.

9. I had the chance to taste Cuban coffee.
나는 쿠바 커피를 맛볼 기회가 있었어요.

10. I look forward to seeing you at the press conference.
기자회견장에서 뵙기를 기대하겠습니다.

STEP 4

1. 예시 답안

I'm a civil engineer, working for the state government of Florida. There are many aspects of our work; however, my primary work involves overseeing contracts and utility coordination. We have to ensure that our contractors are doing their work, but at the same time, within the budgeted and agreed cost. There are many utilities that need to be adjusted and coordinated during our construction projects. The planning and scheduling is very critical to ensure citizens are minimally impacted while maintaining construction schedule.

나는 플로리다 주 정부에서 일하는 토목공학기사입니다. 우리가 하는 일에는 여러 측면이 있지만, 제가 주로 하는 일은 계약과 공익사업을 감독하는 것입니다. 우리는 (건설) 계약자들이 그들의 일을 제대로 하고 있는지를 보장해야 하지만, 동시에 그 일들이 협의된 예산 안에서 행해지게 해야 합니다. 우리의 공사 프로젝트 중에는 조정되고 조직화되어야 하는 공익사업들이 많이 있습니다. 그에 대한 계획과 일정 관리는 공사를 진행하면서도 시민들이 최대한 지장을 받지 않게 하기 위해 매우 중요한 일입니다.

2. 예시 답안

The coordination and involvement of various parties is one of the most challenging tasks. This is because when many people are involved, there are more complications with ensuring cooperation and timely responses.

여러 다른 조직들을 조정하고 개입시키는 것이 가장 힘든 일 중 하나입니다. 그 이유는 많은 사람이 개입되면, 서로 협력하는 것과 시간에 맞는 회신을 보장하는 일에 관한 복잡한 문제들이 더 많이 생기기 때문이지요.

3. 예시 답안

Living in Hawaii, which is the 50th state of the U.S., we see many interesting people from the mainland and throughout the world. Hawaii is a welcoming place for tourists, and people are laid back. However, Hawaii is not the representation of the U.S.A. After experiencing life in the mainland, I believe

U.S. has diverse genres of lifestyles and a lot of beautiful places.

미국의 50번째 주인 하와이에 살면서 우리는 (미국) 본토와 세계 각국에서 온 흥미로운 사람들을 많이 봅니다. 하와이는 관광객을 맞이하는 곳이고, 사람들은 느긋해요. 하지만 하와이가 미국을 대표하는 곳은 아닙니다. 미국 본토에서의 삶을 경험한 후, 저는 미국에는 다양한 삶의 방식들이 존재하며 또 아름다운 곳들이 많다고 믿습니다.

4. 예시 답안

Well, Google Earth offers a free trip to nearly every part of this world. However, I would like to visit China. China has become a world power, and they are growing their cities at a very rapid rate. I would like to see some of their cities to experience seeing the growth and expansion and the way they do their work.

글쎄요. Google Earth가 이 세상 거의 모든 곳으로 공짜로 여행하게 해주잖아요. 그래도 저는 중국에 가보고 싶습니다. 중국은 세계 강국이 되었고, 그래서 중국의 도시들은 아주 빠른 속도로 성장하고 있어요. 저는 중국의 도시 몇몇 곳을 보고 싶고, 또 그들의 성장과 확장 그리고 그들이 일하는 방식을 보는 것을 경험해보고 싶습니다.

CHAPTER 4
SPEAKING TRAINING

STEP 2

1. I have two times in my life that I would like to go back to.

2. On weekends, I had time for myself.

3. Relatively speaking, we knew each other for a long time before we got married.

4. I think it's the friendship part of our relationship that has maintained our marriage for 45 years.

5. For a work to be art, it has to carry some kind of message.

6. Satisfaction to me is a little different than happiness.

STEP 3

예시 답안

1. I have one time in my life that I would like to go back to; one of them was when I was publishing my first book.
저는 제 인생에서 돌아가고 싶은 한 순간이 있는데, 그건 바로 제가 첫 번째 책을 출판할 때입니다.

2. I considered it a privilege.
저는 그걸 특권이라 여겼지요.

3. For a work to be art, it has to carry a message.
하나의 작품이 예술이 되기 위해서 그것은 메시지를 담고 있어야 합니다.

4. After my baby fell a sleep in the evening, I really had time for myself.
저녁에 아기가 잠들고 난 후에는 저를 위한 시간을 가졌습니다.

5. Success to me is a little different than happiness.
제게 성공은 행복과는 조금 달라요.

6. So many people say things like "Boys are better at math than girls, and girls are better at language than boys." but I believe it all depends.
많은 사람이 "남자애들은 여자애들보다 수학을 잘하고, 여자애들은 남자애들보다 언어를 잘해."라고 말하지만, 저는 그건 사람에 따라 다르다고 믿어요.

7. Relatively speaking, he became a prominent celebrity chef within a short time.

상대적으로 말하자면, 그는 짧은 시간에 뛰어난 유명 셰프가 되었습니다.

8. My best friend left Korea, but he has stayed in contact.

제 가장 친한 친구는 한국을 떠났지만 그는 여전히 연락하고 지냅니다.

9. If you can't teach your students without using corporal punishment, you are not a true educator.

당신이 체벌을 사용하지 않고 학생들을 가르칠 수 없다면, 당신은 진정한 교육자가 아닙니다.

10. Satisfaction is maybe knowing that you have tried your best.

만족은 아마도 당신 스스로가 최선을 다했다는 것을 안다는 것을 의미하는 것 같습니다.

STEP 4

1. 예시 답안

I would like to be 5 again. The reason for this is simple. Life seems much simpler then. I was carefree, and running inside mud seemed perfectly fine at that time.

나는 다시 다섯 살이었으면 좋겠어요. 이에 대한 이유는 간단해요. 그때는 삶이 단순했던 것 같아요. 난 걱정이 없었고, 진흙 속에서 뛰는 것도 아무렇지 않았거든요.

2. 예시 답안

I would say that a good art work expresses itself well. It embodies a diversity of shapes and shades and helps us to identify itself to us.

나는 좋은 예술 작품은 그 자체로 자신을 잘 표현한다고 말하고 싶어요. 그것은 다양한 형태와 음영을 담고 있으며, 우리가 그것을 식별하도록 해줍니다.

3. 예시 답안

I define happiness as when we are satisfied with ourselves or the situation. Happiness for me is when I am satisfied while accomplishing my personal goals.

저는 행복이란 우리가 우리 자신에게 또는 우리가 처한 상황에 만족하는 것이라고 정의합니다. 저한테 행복은 제 개인적인 목표를 달성하면서 만족할 때입니다.

4. 예시 답안

The most important thing in my life is God. I would like to believe that if God is over me, then I would not be missing the bigger picture in life.

제 인생에서 가장 중요한 것은 하느님입니다. 저는 신께서 제 위에 계신다면, 제가 제 삶의 큰 그림을 놓치지 않을 거라고 믿고 있습니다.

CHAPTER 5
SPEAKING TRAINING

STEP 2

1. I'm originally from Pennsylvania, but we moved to South Florida when I was in my twenties.

2. I became very interested in Korean dramas and K-pop, which fueled my passion to learn the language.

3. Grand Prince Su-yang stood out for being a devious and tyrannical royal.

4. He certainly eliminated anyone who stood in his way to capture the throne.

5. All my family members were some sort of musicians at that time.

6. The movie details his struggles, especially in his attempts to save his sister.

STEP 3

예시 답안

1. I became very interested in Italian movies, which fueled my passion to learn the Italian language.
저는 이탈리아 영화에 많은 관심이 생겼고, 그것이 이탈리아어를 배우고자 하는 제 열정에 불을 지폈어요.

2. I set a personal goal for myself to publish a cookbook.
저는 요리책을 출판하겠다는 개인적인 목표를 세웠어요.

3. Bobby stood out for being the only American student in the entire school.
바비는 학교 전체에서 유일한 미국 학생이라는 이유로 눈에 띄었어요.

4. All my family members were some sort of medical doctors.
제 모든 가족들은 다른 종류의 의사들이에요.

5. It's a story about a cook who makes Korean food. The movie details the recipes of various Korean dishes.
그것은 한국 음식을 만드는 어느 요리사에 관한 이야기예요. 그 영화는 다양한 한국 음식 요리법을 세밀하게 그려냅니다.

6. I felt Jessica was totally consumed with jealousy at that time.
저는 제시카가 그 당시 질투심에 사로잡혀 있었다고 느꼈어요.

7. Buddhism holds great interest for young Americans these days.

불교는 요즘의 젊은 미국인들에게 대단히 매력적이에요.

8. I have a brother who is an air-traffic controller.

나에게는 관제사인 남동생이 하나 있어요.

9. I like my English teacher, not only for the way she teaches English but also for her sense of humor.

나는 내 영어 선생님이 좋은데, 그녀가 영어를 가르치는 방식뿐만 아니라 그녀의 유머 감각 때문에도 그래요.

10. You're truly qualified to be a mother.

넌 진정 엄마가 될 자격이 있어.

STEP 4

1. 예시 답안

Since I've studied English for such a long time, I'm kind of knowledgeable in English grammar. However, the grammar-in-use part of language acquisition is still difficult for me. For instance, I understand the rules of articles and prepositions very well, but when I interact with native speakers in English, I sometimes forget to use the indefinite articles or use wrong prepositions. So I'm always trying to monitor myself when speaking English in order to polish up my grammar-in-use.

저는 오랫동안 영어를 공부했기 때문에 영문법에 관한 지식은 많은 편입니다. 하지만, 문법 사용 부분에 해당하는 언어 습득은 여전히 제게 힘듭니다. 예를 들어, 저는 관사와 전치사에 대한 문법을 아주 잘 이해하고 있지만, 원어민들과 대화를 할 때, 가끔 부정관사를 빼먹거나 혹은 틀린 전치사를 쓸 때가 있습니다. 그래서 제 문법 사용을 다듬기 위해서 항상 제가 영어로 말할 때 모니터합니다.

2. 예시 답안

Yes. Actually, I feel that way pretty often. I'm very fortunate to have so many great friends, and a lot of them are English speakers. I would never have made friends with them if I were not able to speak English.

네. 사실 저는 매우 자주 그렇게 느낍니다. 저는 운 좋게도 많은 훌륭한 친구들을 가지고 있는데, 그들 중 많은 수가 영어가 모국어인 사람들입니다. 제가 영어를 못했다면 그들과 친구가 될 수가 없었겠죠.

3. 예시 답안

One of my favorite Korean dramas is "Heard It Through the Grapevine", which was released in 2015. I really enjoyed watching that drama because it's hilarious and full of satire on people with authority in Korea.

제가 좋아하는 한국 드라마는 2015년도에 했던 '풍문으로 들었소'입니다. 저는 그 드라마를 정말 재미있게 봤는데 왜냐하면 웃기기도 하면서 한국의 권력을 가진 사람들에 대한 풍자로 가득했기 때문입니다.

4. 예시 답안

Yes, and I'd like to say Nam Ja-hyoun (1872~1933) is the one who stands out among all the important figures in Korean history. She fought for independence while Korea was colonized by the Japanese. She was brave enough to attempt to assassinate the Japanese Governor-General at that time, and I think that's probably why some people call her the female version of Ahn Jung-geun. I understand Ahn Yun-ok's character in the Korean movie, "Assassination" is based on her as well.

네, 저는 한국 역사 속의 모든 주요 인물들 중에서도 남자현이 특히 주목할 만하다고 말씀드리고 싶어요. 그분은 한국이 일본 식민지였을 때, 독립을 위해서 싸웠습니다. 그분은 그 당시 일본 총독 암살을 시도할 만큼 용감했는데, 아마 그래서 어떤 사람들은 그분을 여자 안중근이라고 부르는 것 같습니다. 저는 한국 영화 '암살' 속의 안윤옥 캐릭터도 그분을 모델로 했다고 알고 있습니다.

5. 예시 답안

I've recently watched "The Intern" starring Robert De Niro as a senior intern and Anne Hathaway as his boss. It's a fabulous movie, and what I particularly like about the movie is the way they describe the friendship between the elderly intern and the young business woman.

저는 최근에 로버트 드 니로가 노인 인턴으로 나오고 앤 해서웨이가 그의 직장 상사로 나오는 '인턴'을 봤습니다. 정말 멋진 영화인데, 제가 그 영화에 대해 특히 좋아하는 점은 그 영화가 나이 든 인턴과 젊은 여성 사업가 사이의 우정을 그려내는 방식입니다.